U0067274

道德發展

研究與理論之進展

張鳳燕　總校閱

呂維理、林文瑛、翁開誠

張鳳燕、單文經　合　譯

MORAL DEVELOPMENT

Advances in Research and Theory

James R. Rest

In collaboration with Robert Barnett, Muriel Bebeau, Deborah Deemer, Irene Getz, Yong Lin Moon, James Spickelmier, Stephen J. Thoma, and Joseph Volker

本書獻給
明尼蘇達大學倫理發展研究中心的參與者──
一個「學者社區」的具體顯現

作 者 簡 介

Robert Barnett 一九八五年於明尼蘇達大學獲得諮商哲學博士學位。他現時任職於 MDA 顧問團體公司，這是一間位於明尼阿波里斯（Minneapolis）的工業／組織心理學顧問公司。

Muriel Bebeau 明尼蘇達大學牙醫學院的副教授。她負責一項牙醫倫理的研究與課程發展研究專案。先前，她也負責「國家牙醫品質保證課程研究」專案。她的倫理及品質保證課程資料被全美牙醫系採用，並為她贏得一九八四年的 Lever Brother 的傑出教育革新獎。她是「倫理發展研究中心」的教育主任。

Deborah Deemer 現時任教於明尼蘇達聖保羅的 Macalester 學院，其將完成明尼蘇達大學教育心理系的博士論文。

Irene Getz 不久前於明尼蘇達大學完成其諮商博士學位。她對道德判斷與宗教關係的回顧文章，被 *Counseling and Values* 期刊評為當年度的傑出文章。她現職是位於明尼阿波里斯的美國路德教會國家辦公室中的行政人員。

Yong Lin Moon 是韓國教育發展研究院中，道德教育與研究的資深研究員。一九八一年以前他是韓國漢城 King Sejong 大學的心理系副教授。他最近將完成明尼蘇達大學的博士學位。

James R. Rest 明尼蘇達大學教育心理系教授。諮商及學生人事心理學課程的協調者，亦是「倫理發展中心」的研究主任。

James Spickelmier 為 Bethel 神學院（位於明尼蘇達州聖保羅）的實

地教育與安置主任及神職人員課程主任。

Stephen J. Thoma 不久前完成明尼蘇達大學教育心理的雙主修——發展心理學及測驗統計學博士學位。他現時在明大教授有關人格－社會發展及測統課程。

Joseph Volker 是 Cleveland 州立大學諮商中心的心理學者，亦是俄亥俄州 Cleveland 州立大學心理系的兼任助理教授。

譯者簡介 （依姓氏筆畫順序排列）

呂維理

學歷：中正理工學院應用物理博士

現職：海軍軍官學校一般學科部暨通識教育中心主任

林文瑛

學歷：日本應慶大學教育心理學博士

現職：佛光大學心理學研究所副教授

翁開誠

學歷：美國明尼蘇達大學哲學（諮商心理學）博士

現職：輔仁大學心理學系副教授

張鳳燕（總校閱）

學歷：美國明尼蘇達大學哲學（教育心理學）博士、國立政治大
　　　學教育博士

現職：屏東師範學院教育心理與輔導學系教授

單文經

學歷：國立台灣師範大學教育博士

現職：國立台灣師範大學教育學系教授

前　言

　　一九六〇年代及一九七〇年代，社會正義的大旗促使人們在民權法案運動、反越戰運動、黑人運動及女權運動中採取行動。一九八〇年代，宗教與政治權利的興起，挑戰了許多在十年前被視為平常、毋庸爭辨的基本設定。當社會正義成為大眾主要關切的同時，道德判斷研究也在一九七〇年代蓬勃發展。今日，社會正義不如往昔為大眾所關注，支持道德判斷的研究似乎也隨之衰退。然而，道德判斷研究的核心問題──人們如何判定道德上的對錯，在今日卻比往昔更重要。今日的政治與社會爭議，並非僅是方法的選擇與時機適切性的問題，它們也涉及在我們的社會中，何者是對及何為正義的根本差異。因此，理解人們道德感的來源及理解道德直覺如何運作，的確比以往更為重要。

　　本書基本上是以「界定問題測驗」（Defining Issues Test, DIT）為工具的研究（參見附錄中的 DIT 及對其特性的摘要討論）。來自全美各州及海外二十餘國的五百多篇使用 DIT 的報告被納入。這樣的資料庫構成了今日最大、最多樣的道德判斷訊息。這些研究由於使用相同方法測量道德判斷，因而它們之間可被互相比較與摘述。但是由於個別研究報告分散四處，而且其中有許多尚未發表，使得文獻回顧的工作甚為困難。這本書統整了文獻、自類似的研究中摘述重複發現，並以理論將之彙整。

第一階段的研究

　　這本書引用上百個研究者的發現。它代表著一九七九年我的書《判定道德議題之發展》（*Development in Judging Moral Issues*）出版以來，另一個研究的新階段。一九七九年的書集中於測量問題的討論，諸如如何蒐集可能用以推論樣本道德判斷的資訊、測量過程中的信度問題、內在效度的威脅因素以及道德判斷測驗效度建立的理論基礎。在此早期研究階段，DIT 的效度是奠基於以下四類主要證據：

　　1.樣本的道德判斷（在經過一段短暫時日）呈現相當的一致性與穩定性。

　　2.經過一段時日後，展現與理論所謂「向上發展」特性的一致成長。我們檢視了橫斷性資料（cross-sectional data）、長期研究資料，以及長期資料的序列分析。我們也對照比較被認為是「專家」（道德哲學與政治科學的博士班學生）及「新手」的團體間的差異。

　　3.與其他心理測量，展現幅合—擴散（convergent-divergent）型態的相關。換言之，我們檢視 DIT 分數與理論上和道德判斷相近的其他心理測量的相關是否較高；而與理論上較不相似的其他心理測量的相關是否較低。更進一步地，我們檢視 DIT 分數是否不同於其他建構，如一般認知發展、IQ 或 SES（社會經濟地位），或政治的自由主義／保守主義。我們發現雖然DIT分數與上述建構有關，但在與這些建構的共同共變量之外，DIT 仍呈現獨特有用的訊息。

4. DIT 分數顯示它可因實驗處理而改變。這些實驗就理論而言是為道德成長而設計的（適當之道德教育課程）；相對地，DIT 分數卻不回應不應該能改變它的實驗操弄（如教導受試者「假裝」他們以更高道德層次思考——請注意，新近有些研究再次肯定如此的解釋，參見第五章）。

總之，作了許多研究，匯集了許多研究發現及不同研究者的重複發現，使我們結論道德判斷（為我們的心理建構所定義者）是一強韌的心理現象，而 DIT 為其提供了有用的測量。

第二階段的研究

自一九七九年後，研究興趣從以測量與效度為主的問題轉移至其他問題。自一九七九年，DIT 被研究者認為具有適切的信度與效度，並發展出新研究問題（Berndt, 1985）。新的研究試圖回答什麼生活經驗似會影響道德判斷；不同人是否全遵循同樣的發展路線；道德判斷在真實決策與真實生活行為中扮演（如果有的話）何種角色；以及何種道德教育課程可以促進發展等等。本書各章試圖對這些問題，提出我們的答案。

第一章呈現有關道德心理歷程之回顧。第一章始自這個問題——「什麼歷程或功能必已產生，致使個人表現出道德行為？」第一章提出至少有四個主要歷程，其中之一是個人在某一特定情境下，判斷何者是道德上應做的事。這即是道德判斷建構的特別功能。第一章將道德判斷置於一個大架構下，並將之與其他歷程作理論連結。第一章也提出「四要素模式」（Four-Component Model）如何指引計畫性的研究與教育課程之發展。

　　第二章為道德判斷自然發展的研究回顧。換言之，道德判斷如何隨著時日，循著理論所言的方向而改變。這樣的討論是在處理理論層面的問題，即如何對促進發展的自然情境，加以概念化；以及在方法論上，如何就與道德判斷發展的相關生活經驗訊息，加以蒐集與分類。有篇長期研究即就一群高發展趨勢者與低發展趨勢者在生活型態與活動類型上的相異處，提供了清楚的敘述。

　　第三章是討論專為促進道德發展設計的計畫性教育介入。此章摘述了現時我們就何種教育課程對何種人有效的了解，並且也討論了這類研究的一些問題。

　　第四章討論文化／國家、性別、宗教的差異效果。此處有個理論上的核心問題，那就是發展的一般階段模式，是否可應用於生活於不同情境下的所有人，或只能適用於特定生活情境下的某些人。這讓我們考慮某種形式的泛文化論是否為我們結構—發展取向（structural-developmental approach）基本假定的理論所必須，或是此一取向亦可容許某種形式的相對論。

　　第五章討論道德判斷與行為的關係。首先，我們回顧了幾篇顯示兩者存有實證關聯的研究。再者，我們從理論及實證方面，略述一個如何探察道德判斷與行為關聯的策略。

　　第六章從三方面摘述了我們的進展：現時相當確定的主要實證研究發現、概念的精煉與新的理論觀點及研究的新方向。有些讀者或許會在閱讀其他章之前，想先讀此章，以對全書的總結有一般性的了解。

雖然 DIT 研究與 Kohlberg 體系（及其同僚所使用的新計分系統，如 Colby, Kohlberg, Gibbs, & Lieberman, 1983）密切相關，但以下理由仍可出版一本以 DIT 研究為重點的書：第一，在明尼蘇達這裡，我們顯然存有只能運用 DIT 研究及其相關知識的實際限制，而無法同樣握有使用 Kohlberg 計分系統的文獻之「內線」。其次，DIT 自一九七〇年代早期一直被使用，而 Kohlberg 計分系統直至最近才被標準化。使用 DIT 的研究已逾五百篇，但使用 Kohlberg 系統的研究，卻未達此數字。相較於最近的 Kohlberg 測量方式，DIT 有足夠的現成資料可用以摘論。但是，就更深層而言，DIT 與 Kohlberg 系統（參見附錄）卻有方法論上及概念上的重要差異。這兩個測驗的相關，一般是介於 0.3 至 0.7 之間，端視所使用的 Kohlberg 計分版本及樣本的同質性。因此，這兩種測驗不可等同視之。基於上述差異，對測量相同主要變項而可互為比較的研究，作成摘論，應可對道德判斷作更清楚的敘述。不熟悉 DIT 的讀者（及對那些想對它作簡要回顧者），本書附錄提供了一份 DIT 問卷的式樣，討論它的主要特性，並將其與 Kohlberg 測驗作比較。

本書的撰寫是希望鼓勵其他的研究者——特別是對這領域不熟悉的學生——能對此領域有所貢獻。因此，我們試著幫忙他們獲致工具及研究策略，以及相關文獻。更重要的是，我們試著說清楚什麼研究趨向已有充分的、重複發現的實證資料支持。這些結論可作為新研究的基礎，也是新研究者可相當確信者，而非只是一些尚未成熟的觀點。

校 閱 者 序

　　筆者一年中總有數次會接到不同領域的研究者詢問如何使用DIT。的確，DIT 可團體施測、可電腦計分，在使用上異常方便，不僅受到研究一般道德判斷學者的青睞，也讓專業倫理的研究者考慮使用。這些詢問者多半對道德認知理論認識有限。每一次筆者都覺得若是他們能好好讀完此書，那麼他們在短時間內對 DIT、甚至道德判斷理論有一定程度的了解。

　　這本書是 James R. Rest 道德判斷書籍中的一本。Rest 不僅深富智慧，為人也謙沖溫厚，還記得他在一九九四年書出版前，他會將出版商轉來各個學者的書評，影印告知我們每位撰文者。筆者記得最清楚的是有位評論者寫道：「Rest 為文及出書態度一向嚴謹，值得稱許。」的確，Rest 一生研究道德判斷，他不僅繼承 Kohlberg 道德認知理論，並且也開展道德判斷的理論與研究方向，對道德判斷理論的貢獻實不可沒，而其永續深耕的為學與研究精神亦可為後學之典範。

　　就明尼蘇達團隊而言（Rest 常用此語），此書不是第一本，也不是最後一本。Rest 一九七九年的書旨在探究 DIT 的信效度。此書則是在確認 DIT 信效度後，匯整五百多篇實徵研究，而以理論之貫穿，回應學界對道德判斷的關切。雖然，Rest 於一九九四、一九九九年又出新書，走出與道德判斷不同的研究方向與理論；但是，此書仍有它不可忽視的價值，實可作為深入道德判斷的入門書。

　　Rest 在本書第一章「道德心理學回顧」中提出「四成分模式」，

x

釐清以道德論述的紛雜。其後各章則分別探討道德判斷與實際生活經驗、文化、性別、宗教、道德促進的實驗課程之關係。

記得當筆者跟隨他寫論文時，他有天在談笑間淡淡地說「你可省了二十年光陰！」筆者在此也對讀者說「這下你可省了好長一段獨自摸索的時間了！」不論您是道德判斷論的初探者，或是有意從事專業倫理的研究者，這本書都值得您閱讀。在此也非常感謝本書各章的譯者願意在教學與研究之餘，撥冗為文。他們關切、也是先從事道德判斷的研究者。也謝謝心理出版社工作同仁鉅細靡遺的投入。譯文若有疏漏謬誤，實為筆者疏忽，敬請原諒並祈指正。

張鳳燕

謹識於二〇〇四年

致　謝

　　我要感謝許多研究者，包括明尼蘇達大學（University of Minne-
sota）及其他地方學者的重要貢獻。首先，感謝許多研究者送來他們
使用 DIT 的報告。他們的研究總結起來計五百篇，以此為基礎，我們
作了回顧。他們之中很多人的名字在本書的回顧文章中，被冠以文章
作者的頭銜。其次，感謝明尼蘇達大學的學生與同事們，他們以「倫
理發展研究中心」（Center for the Study of Ethical Development）為
名，聚集了好幾年。這個團體是「學者社區」理想的實現，他們的聚
會是為了分享並增進彼此對一個值得投注時間與精力的主題之理解與
興趣。本書是獻給這個團體的。再者，感謝一群扮演特別角色，肩負
本書編纂的工作者，他們在不同章中，被列名為共同作者。上述這些
人的原創研究，文獻的回顧與討論形成了本書的主要骨架。

目　錄

第一章
道德心理學之回顧

James Rest、Muriel Bebeau 及 Joseph Volker 著

張鳳燕 譯

道德的領域

　　道德植基於社會情境及人類心理。道德源起於社會情境乃因人為群居動物，個人所作所為勢必影響他人——如某人喜歡在鬧區中開槍，其他人可能因此而受傷；某人在他自家後院傾倒化學毒品，鄰人可能因此中毒；某間房子著火了，不加撲滅的話，其他房子也可能遭殃；又如某人發明了某種藥，那麼保護每個人的最有效方法，就是把藥分給大家以消滅此一疾病。人們生活在一起互有往來，如果他們想要避免彼此對抗，那麼就必須先確定合作與協調彼此活動的基礎。

　　道德的功能在於化解人類彼此利益的衝突及謀求不同群體的利益，使其效果達到最大，並為之提供基本指引。道德為社會組織提供了最根本的原則；它也存在於政治學、經濟學及社會學中，為組織的成立、角色結構及實施情形等特定事項，提供第二層次的理念。就如 Turiel、Nucci 等人所言（Turiel, 1978; Nucci, 1981），道德與其他社會功能領域（如禮儀、社會習俗及經濟）有別。道德的特定職責即在為誰虧欠誰，以及為合作群體的權責當如何分配〔引用 Rawls（1971）的語詞〕提供指引。就下列各種情況而言，我們可以說某個道德系統運作得很好——當所有社會成員皆了解管理他們彼此行為之原則；當他們珍視他們的利益被納入考慮時；當他們認為團體權責的分配，並無任意不公平的現象；以及當他們感覺此系統是在謀求團體的最大利益，而願意支持這個系統。

　　道德除了是合作性社會組織之基本要件外，道德也植基於個人心理。此可由下推論：一、「利他行為」研究領域的浮現，顯示同理心若非人性本具，亦是在幼年即已學得（請參閱如 Eisenberg, 1982; Hoffman, 1981; Radke-Yarrow, Zahn-Waxler, & Chapman, 1983）。換句話說，當人們目睹別人沮喪消沈時，他們也不好受。二、關懷與互相支持是人類基本的善。因此，當人們在評量某一套社會措施如何處理他們的利益時，其中他們所關切的一點是此一社會措施如何鼓勵成員間的親近關係、情感聯繫與忠誠。換言之，與他人維持良好關係（人們間的社會關係）是一個社會系統的重要福利結果之一。三、愈來愈多的證據顯示當個人的人格系統（包括自我觀念）發展過程中，人們基本上通常把自己想成是正直、公平和有道德的。證據也顯示當個人視自己為一有道德者，這亦是使他成為有道德者的動機之一（Damon, 1984; Blasi, 1984）。四、人們反省其社會經驗，從而發展出更豐富、更透徹的社會觀。他們運用社會資訊，作出更複雜的推論，規畫出更完整計畫的能力。有些人甚至於能建構出理想的社會藍圖。就某一程度而言，社會認知的發展是從自我中心出發，以至能從更廣闊的社會網路來看自己所屬的位置。

　　除了上述這四項外，人類發展的其他層面也與道德心理學有關；但上述例證已足以說明道德發展是植基於個人發展的天生傾向中。當然這並不意謂人們每天很自然地以各種方式變得更好。有利於道德發展的發展傾向也可能被引導至其他方向，發展也因而變得扭曲或為其他傾向所取代。如：同理心可以被轉成偏見；親密關係可以變為具壓迫性的；自我概念系統也可環繞非道德的價值觀而開展；以及複雜的社會認知也可為道德的目的服務，或用以剝削他人。無論如何，我主張我們的道德發展概念與這些成分有關，而且本書中的「道德」一詞是指某種特別型態的社會價值，那是有關人們為增進人類福祉，如何合作及統整彼此活動，以及人們如何裁定彼此之利益紛爭（進一步的道德定義之討論，請參見 Frankena, 1970 論著）。

四成分模式

　　道德發展的各成分彼此互相交錯、交相作用。我們在鑽研道德的複雜性時，發現問下列問題是有助益的：當一個人表現道德行為時，其心理歷程為何，方足以導致此行為？我們對此問題的回答（雖然仍帶點試驗性質）是有四種主要的心理歷程必已發生，才能導致道德行為的產生。為便於記憶起見，我們稱以上觀點為「四成分模式」（Four-Component Model）。

假設某人剛剛在某一特別情境，做出了我們所謂的「道德行為」時，在邏輯上我們會說那人至少歷經四種基本心理歷程：

1. 此人能就此特別情境有所解釋：什麼是可能採取的行動，誰（包括自己）在不同的抉擇行動中將受到影響，以及每個有關人員將如何看待他們利益所受到的影響。

2. 此人已能就每一個選擇行動，就道德上是正確的（或公平的、公正的或好的）觀點加以判斷，進而選出在那情境下，他認為他應該（道德上的應該）去做的一種行動。

3. 此人一定視道德價值高於其他個人價值，因而決心要去從事在道德上是正確的行為。

4. 此人一定有足夠的堅持力、自我強度（ego strength）及種種處事技巧，以致能將其善意付諸實施，並能堅忍以克服困難。

「四成分模式」在整理與組織既有道德心理學研究、或作為討論理論所存問題的分析工具（如認知、情感和行為間的關係）、或為規畫研究的架構，以及作為德育課程目標形成之基礎等，皆有助益。在更詳細敘述此模式之前，仍須事先說明如下：

005

　　第一，請注意「四成分模式」不承認道德發展或道德行為是單一或獨立的歷程，雖然其中任一成分與其他成分，有交互作用且影響其他成分，然而這四種心理歷程各有其獨特功能。某人能輕易表現其中一種心理歷程，但不必然在其他成分上也如此。我們都知道很多人能提出繁複的判斷，但卻從未執行或完成其所說的任何行動；我們也知道有些人可以徹底實行且不屈不撓，但他的判斷卻過於簡單。簡言之，道德心理學是不能由單一變項或心理歷程加以代表。

　　第二，請注意我並未根據認知、情感和行為，來描述道德的基本元素。道德研究的評論者通常說認知發展論者研究思考；心理分析論者研究情感；以及社會學習論的心理學者研究行為。他們同時也假定認知、情感和行為是基本的且獨特的元素，以及此三者各有不同發展方向。相反地，我認為道德認知不能完全不涉及情感，道德情感也不能全無認知成分，以及任何道德行為不能與促成此行為的認知及情感分開。雖然有些為了理論及研究目的，可能特別強調認知、情感或行為；但在道德實際現象中，認知永遠與情感互相關聯；反之亦然。兩者也總是涉及道德行為的產生。我認為當我們仔細考慮道德的四個基本歷程時，我們發現其中有很多認知─情感相互關聯。認知或情感從未單獨存在。這每一個成分都包括不同的認知─情感的相互關係，其間並非只是一種關係而已。在下面的討論中，我將試著舉例說明此一觀點。

　　第三，請注意這四個成分是代表道德行為產生時所包括的歷程，而非人們的一般特質。這四個要素也不代表構成理想道德人的四種德性，而是追蹤分析在某種情境下，行動是如何產生的主要單位。這四成分是描述在某一特定情境下，道德行為產生之完整過程。

最後，請注意我並無意營造這四成分於真實情形中是循直線發生的印象——換言之，微觀分析（microanalysis）會顯示個人將先執行「成分一」，然後再順著二、三、四的順序發生。事實上，研究指出不同成分間存有複雜的交互關係。比如說，個人定義什麼在道德上是正確的（「成分二」），可能影響個人對情境的解釋（「成分一」）。這四個歷程是以邏輯順序（logical sequence）方式呈現，作為描述道德行為產生的分析架構。

以下就各個成分作進一步描述。在每個成分項下，將引用研究事例以說明這成分的意義，及指出不同研究傳統（research traditions）在協助我們了解每一成分上所作的貢獻。我也將試著就每個成分提出例證，以說明認知—情感的相互關聯性。

成分一

解釋情境包括能想像可能的行動，以及每一種行動對有關人員福祉的影響與結果。有人或許會對他／她自己說「這是個道德問題」，或想到適用於此事件的某些特定的道德規範或原則，但這卻非必須或必然的。「成分一」的最低標準是個人明白他／她所將做的，可能會影響其他人的利益、福祉或期望（請注意：明白自己行動可能違反某些道德規範或原則，即是察覺個人行動會影響他人的方式之一。就此而言，此一行動牽涉到與一般社會民眾的利害關係，因為一般法規、規範或道德原則皆與其有關）。

　　心理學研究上有幾種發現與「成分一」特別有關。第一是很多人甚至對單純情境的解釋都有困難。旁觀者對緊急事件的反應研究即指出上述現象，如 Staub（1978）指出，協助行為與情境線索的明確性有關──假如受試者不清楚發生了什麼事，他們是不太可能進行協助的。我們不可低估解釋社會情境的困難性；也不要因為人們有時因為出於防衛心理未能面對良心，以至「視而不見」，因而認為所有錯誤解釋的本質上是出於防衛。我們現在才對社會情境理解之困難性開始有所了解，許多社會認知（如 Collins, Wellman, Keniston, & Westby, 1978; Shantz, 1983）的新興領域明白指出，解釋社會情境與相關線索的覺察、訊息統合及作出推論的複雜性有關。

　　第二，研究顯示人們對他人需求與福祉的敏感程度之個別差異相當明顯。對有些人而言，他們必須看到流血，才會想到此可能涉及道德論題。相對地，有些人卻特別敏感，以至於認為每個行動、工作或輕蔑表情，皆具有重大道德意味。Schwartz（1977）的研究即在他所謂的「後果的察覺」此一變項上，陳述此一方面的個別差異。

　　第三個研究發現是社會認知在完整認知編碼（encoding）之前，情境可能已先引起強烈感覺。譬如幾乎就在見面的一剎那，我們就感覺十分不喜歡此人，或感覺突如其來的同理心。這些感覺在我們對此一社會情境思考或深思之前即已出現（Zajonc, 1980）。此非意謂著感覺獨立於認知而存在，而是較原始的認知

〔它可能是靜默（tacit）和自動的〕和它所伴隨的感覺，不待周慮的反省、判斷以及仔細衡量事實，即已開始進行運作了。因此，當我們面臨社會難題時，這些第一印象和直覺也需納入「成分一」而加以解釋。有時候，這些感覺指出了情境中重要的層面，並提供動機使我們變得更好——如我們同理一位受難者，並前往幫助。然而，有時候從情境中引發的情感，會阻礙我們作更好的判斷——如我們對某人的第一印象不佳，繼而企圖否認此人的權利。在任何情況下，我們必須注意且明確辨認我們的第一印象，同時我們也得明白第一印象常是差勁的行動指引。無論如何，情感的激起常常是不請自來，而這些感覺則是我們對情境所必須加以理解的一部分（換句話說，我們立即的感覺是「成分一」所須加以解釋的一部分）。總之，「成分一」包括確認在某一情境下，我們可以做什麼，弄清楚每個行動對所有相關人員造成何種結果，以及辨認並試圖了解我們對此事的直接感覺。

「成分一」中認知和情感的交互關聯，在 Hoffman（1976, 1981）對同理心的研究中，得到例證。Hoffman 提出同理心（自己在目睹別人苦惱後所引發的苦惱）的基本原理是一種原始的情感反應。小嬰兒可以被誘出此種反應，誘發它僅需極微少的認知發展。舉例言之，新生兒在聽到其他嬰兒的哭聲，也會跟著哭。Hoffman 對幼兒期所出現的原始情感反應，如何與認知發展相互作用，進而產生更複雜的同理心，特別感興趣：

1. 在幼兒的第一年，他／她會因看到別人苦惱，覺得不舒服

並顯得驚慌。然而，此階段的幼兒尚無法明確區辨自己與他人的分別，也不清楚到底誰發生了什麼事情。

2.然後，幼兒逐漸明白自己與他人間，有著明確不同；因此，當別人受傷時，這小孩知道不是自己受傷，但仍同情受傷者。無論如何，這小孩可能以能安撫自己，但對別人卻不適切的方式，去對別人做反應（如看到媽媽悲傷，就拿自己的洋娃娃給媽媽玩）。

3.在二、三歲大時，這小孩已經知道他人的感覺和需求與己有別，且開始運用與這世界及他人相關的訊息，推論情境所需並有效幫助他人。

4.在兒童後期，兒童已經發展出對他人的概念，知道每個人皆有其特殊生活歷史與認定。此階段兒童可能因察覺對方生活情境中的某部分被剝奪，而非就對方苦惱的樣子，引發其同理心。如某人可能因為目睹智障兒，即使是看到他在遊戲場上玩得很快樂，而為他覺得悲哀。因此，Hoffman的研究在於描述情感反應（同理煩惱的激起），如何與對他人概念的發展相互作用。情感（同理心）從未與認知分離過，而認知也會使情感變質。

成分二

讓我們回想一下，「成分一」的結果是個人知覺不同行動的可能性，以及知道每個行動對有關者福祉的影響。現在，個人如何決定這些可能的行動，何者就道德意義而言是對的？這就是「成分二」的要務了。

　　道德判斷對人們而言，似乎是自然的事。即使幼童在感受他們受到不公平或錯誤對待時，他們似乎也會表現出道德的憤怒。成人在面對醫療保險費用的分配、武器競爭、少數民族的社會正義、軍隊武力的使用時，也面臨相當困難的道德問題。然而，除了上述這些較複雜的議題，大部分人似乎在有關墮胎、徵兵、少數民族工作權保障法案（affirmative action）及其他議題上，至少能直覺到何者在道德上是對的或錯的。人類似乎在遺傳上已能作道德判斷，或很快為社會經驗所制約，以進行道德判斷。同樣令人訝異的是，人們的道德直覺竟然有極大的差異。甚至於人們在非常複雜的事件上，仍可以相當熱烈地確信自己所持的道德觀點。當一個人可以完全相信某個問題的解決方式是對的同時，另一個人卻也可能完全相信另一個全然不同的解決方式才是對的。簡言之，人們早就準備好作道德判斷（或至少就對錯有其直覺），作道德判斷的行為似乎始自兒童發展早期。人們對什麼是對、什麼是錯的直覺之差異相當大，同時他們都相當確信自己的道德信念。心理學家的工作即是弄清楚人們是如何作這些判斷（道德直覺是如何作用的）、解釋不同判斷間的差異，以及弄清楚人們即使在面對相當複雜的事件時，仍確信自己判斷的原因。

　　認知發展心理學者（包括Piaget、Kohlberg及DIT的研究者）在此領域一直有其貢獻。雖然我不認為 Piaget 或 Kohlberg 的（或DIT的）研究，可以構成整個道德發展（從四成分來看）理論；上述的研究卻一直對「成分二」的解釋貢獻頗多。認知發展的研究者在研究道德判斷現象時，一直以非常率直的方式——經由呈現道德問題，問受試者何者為是何者為非，以發現人們在界定「對」、「錯」時的策略。人們所提的解釋及辯解理由構成基本資料，並在此基礎上建構道德判斷的不同系統特徵 *1*。請注意，這種資料是針對「成分二」的歷程，而不適合對其他成分提供任何訊息。「成分一」不能以此方式加以研究，因為呈現道德難題（如以文字寫成，或由訪談者以口語方式所呈現的短文），已將情境先予譯碼和解釋（即已確認什麼行動是可能的，確認誰參與此情境及提示每種行動的結果為何）。既然這些訊息都已在刺激材料中出現，因此我們已無法發現受試者是如何進行「成分一」的歷程。另外，有關「成分三」及「成分四」的訊息，也不能由一般道德判斷的程序而獲得。道德判斷的工作是要求受試者說出什麼是應該做的，什麼就道德而言是對或錯的。故此種程序不適合用以決定受試者在真實情境下，如何將不同價值按重要順序排出（「成分三」），或者用以決定受試者是否有精力、決心和技巧，以實際達成既定目標（「成分四」）。無論如何，除了上述限制外，道德判斷的認知發展研究已對「成分二」的過程，提供非常有趣的發現（這也是本書想要有所貢獻處）。

本章無意評述道德判斷的認知發展研究（Rest, 1983 作品即有此意）。然而，為了激起對「四成分模式」的討論，在此將簡述

---

1 譯註：如第三階段的道德是以人際關係來定義道德，而第四階段則以法律秩序來定義道德。

道德判斷研究的一般成果。理解認知發展論對「人們如何決定什麼是對的或錯的」此一問題，所作貢獻的關鍵是先了解以下幾個假定。第一，人們因其社會經驗而發展出更精細的社會概念，特別是如何組織人們協同合作的概念。此即人們自動反省其社會經驗，並賦予意義以組織其社會經驗。社會概念中有個重要的概念是人們如何協商合作與達成正向社會關係（一個人可以很容易地從進化論及社會情境壓力的觀點，以思考此一問題。譬如有人時常忘記與人和好相處這件事，他的人生將會如何是相當清楚的）。根據認知發展觀點，幼童早期已有非常單純的概念：個人可以經由放棄己意或遵守重要他人的命令，以與重要他人相處；個人也可經由協商及交換利益而與他人相處。及長，較複雜的概念會演化而生：基於相互了解、忠誠與情感，而與他人建立長期正向的關係；更年長時，根據正式制度、角色系統及公眾所立之法，以社會網路為著眼的概念，也逐漸浮現。對少數人而言，他們組成合作的思考是可發展至以謀求人類最大福祉為原則，形成其理想社會的藍圖（更詳盡的討論，請見 Rest, 1979a，第二章）。此處最基本的論點是人們具備社會經驗後，對如何組成合作，有更精細概念。因此，隨著社會經驗的累積，個人不僅學得一長串的是非對錯而已，同時也發展出如何組成社會合作的概念。

　　認知發展論者的第二個重要的假定是，相應於每個社會組織的概念，各有一個獨特的公平觀念。那是一種「我欠別人什麼，別人也虧欠我什麼」的概念。譬如，在簡單直接的利益交換（此理論的第二階段）觀念中，公平的概念是當我把某樣有價值的東西給人時，我也要得到某樣東西以為回報。因此，價值交換價值的相互性是使得這項安排變得公平之所在。就維持正向長期關係（階段三）的觀念而言，公平的概念來自於體認我知道我可以依賴你，你也清楚你可以依賴我，轉成信賴我們對彼此的忠誠和互為對方的福祉而奉獻。就社會網路的合作觀念（階段四）而言，公平的觀念是因為領悟到我會做好我的工作、遵守法律，也期望社會上其他人也如此做。同樣地，對組成社會合作的其他概念（其他階段）而言，仍有其獨特的公平觀及對相互合作的獨特認識。

　　認知發展論中第三個重要假定是，在某一社會情境中，個人面對就道德而言什麼是正確的時候，將因其組成合作的特別概念所衍生的公平觀念，驅策出道德判斷。讓我就以下方式來描述某位受試者所面臨的工作（task）：我知道在某一特別情境下，我可能採取的行動，我知道我所做的會影響不同的人，我的工作是決定何種行動就道德上來說是正確的。認知發展觀認為不同的社會合作概念及所伴隨的公平觀，為問題解決提供基礎。受試者必須確認何種考慮是相關的，以及為不同人的訴求找出平衡點，或將之排出先後順序。假如受試者能將某一社會問題納入某個合作概念及所相應的公平觀念中，那麼，這個受試者就尋得基礎，以進行道德判斷。的確，將情境納入一般基模 2 的合適度，可給受試者堅信和確實的感覺。比如說，若我能將某個社會問題，完全同化於階段四的正義觀中，那麼我將很確定自己所作的道德判斷。

2　譯註：此指道德判斷的三層次六階段說。

　　下面將舉一個例子，以協助澄清上述的說法。讓我們假設有位受試者正在作 Kohlberg 有名的「韓士與藥」（Heinz and the drug）的道德兩難問題（假如讀者尚未聽過「韓士與藥」的故事，請先看這故事情節：韓士的太太罹患絕症，生命垂危，鎮上的藥劑師所發明的藥或許可救活她。但是這藥劑師卻漫天要價，韓士無法籌得所需款項以購得此藥。韓士是否應該去偷藥劑師的藥，以救活她垂死的太太？）讓我們假設這位受試者長期記憶基模中的階段四（「法律與秩序」階段）已經出現，此一架構使得受試者注意到考慮社會的維持與法律的遵守。此例中的重要考慮是假如韓士偷藥，他將違法。這位受試者可能在故事中尋找藥劑師拒絕給藥，是否為法律所允許，但這個故事讓讀者推論藥劑師是在法律內行事。當然，這位受試者明白韓士的太太需要此藥；但是假使有人將這位太太的需求，與其他無以計數者的利益同繫於法律之維持，而將此二個關切並列考慮時，那麼，從階段四基模導出的問題解決方法，將是以法律為重。韓士偷藥將是錯誤的行為（雖然這人會同情韓士，並也明白此例中韓士的道德何以會弱到違反法律）。

　　總之，認知發展論認為經由社會經驗，人們如何組織合作的概念亦隨之發展。伴隨這些不同的概念而生的是不同的公平觀（通常稱之為道德判斷的「階段」）。這些「階段」基模存在於長期記憶中，常被用以了解社會問題情境，而作出正確的道德判斷。這些「階段」基模指導受試者特別注意某些考慮因素，及對不同人的要求排出重要順序，以至於最後能擁護某種行動。「階段」

基模在解決道德問題時，扮演捷思（heuristic）角色，當情境很容易或完全為某個基模所同化時，受試者能很肯定和堅信其所作的道德判斷。因為不同人有不同的基模，以及因為不同人也可能以不同方式，將同樣的基模應用於同一情境。因此，雖然每個人都相信他／她所持立場正確無誤，但人們在判斷何種行動於道德上是正確的觀點上，卻是相當不同。

在「成分二」中，認知和情感的交相關聯，被假定先存於個人組織社會的合作概念和相應的獨特公平觀之前。對某一形式社會組織的認知理解，伴隨的感覺是參與者皆負有相互道德責任，應做其份內之事；否則他們是不公平地侵占別人為合作所付出的利益。

在概略描述認知發展論後，讓我在此很快地補述一些其他理論者或研究者所提出的在作道德判斷時的其他心理歷程。Lawrence（1979）對激進基本教義神學院學生（radically fundamentalist seminarians）所作的研究中，為道德判斷的不同歷程提出一些有力的證明。她的研究清楚顯示，這些樣本有意且自覺地，將其公平觀擱置一旁。這些神學院學生告訴她，他們的個人觀點不應介入決定何者在道德上是對的，因為所有的價值問題，早已為一更高權威所決定（真理的啟示來自上帝）。因此，他們決定對錯的方法，是將問題情境同化於某一教義或聖經引文，而讓這些教義決定他們的道德判斷。

Lawrence 的研究意味著在作道德判斷時，除認知發展論所描述的正義「階段」基模外，似乎存有不同種類的問題解決策略。

Lawrence 研究指出在決定道德正確性上，對自己的信仰體系及意識形態的忠誠，是可以凌駕個人的公平觀。我們不需將此機制限於右派的意識形態；左派的意識形態，也有可能在決定什麼在道德上是對的時候，取代個人的公平觀。

此外，在正義及公平之外，仍有其他概念被用以決定什麼在道德上是正確的主要關鍵。哲學家和神學家都提出其他概念作為道德的基礎。比如，基督教「愛的情懷」（agape）凌駕正義，定義出何者就道德上而言是對的。Gilligan（1982）主張女性有別於 Kohlberg 的受試者，而提出「不同的語音」。非西方樣本的研究者提出不同文化的人們所發展的道德發展觀，與西方社會的道德觀有根本差異。在本書第四章中，我們會再回顧這些證據，並再次提到這些重要觀念。

成分三

「成分二」已明白指出在道德上有一個正確的可能選擇。可是道德價值並非人們唯一的價值，人們珍視他們事業、藝術及各種計畫的進行，這是他們長期努力工作所追求的——很多是公平及道德以外的價值。這些價值可能會與道德價值互相牴觸。合乎道德的行為有時使人無法實現其他的價值。非道德價值可以是非常強烈及具有吸引力，以致人們選擇了不同於道德理想或將道德理想予以妥協的行為，此亦非特異之事。譬如 John Dean（1976）在他《盲目的野心》（*Blind Ambition*）一書中，寫著他作為尼克森（Nixon）總統特別顧問時所從事的活動，是他想自尼克森政府中脫穎而出的動機使然。所謂的道德和正義，早就臣服於他一心要別人相信他是個能玩「硬球」（hard ball）的人的想法。有個實徵研究方面的例子也與此有關，Damon（1977）就十根棒棒糖應如何分配給製作手鐲的小朋友一事，對幼兒加以訪談。在訪談時，這些孩子描述各種不同方法，以公平地分配這些棒棒糖。孩子們也解釋了「應該」如何分配的理由。然而，當這同一群孩子實際在分配這些棒棒糖時，他們卻不遵守原先他們所信奉的正義；相反地，他們分給自己較多棒棒糖。在這件事中，這些幼兒所信奉的道德理想，已為其他的動機（在此事中是想將好吃的棒棒糖占為己有）所妥協。

　　假設某人知覺在某一情境下，有種種不同可能的行動途徑，而每個途徑都將導出不同的結果或目標；那麼，為什麼有人會選擇道德抉擇，尤其是這項選擇犧牲了某些個人價值，或個人將因此受苦受難？到底是什麼使人選擇了道德價值？當我們對這些問題愈加以深思，我們愈能體認它對心理學理論的挑戰性。

　　無論如何，在心理學理論中一直有許多觀點，解釋為何道德價值能凌駕其他價值。我在此簡述一些主要理論及其主張〔欲見較完整的討論，請閱 Rest（1983）著作〕：

　　1. 人們能依道德而行，是因為進化過程使得「利他」已深植於我們基因遺傳中（Wilson, 1975）。

　　2. 「良心使我們大家變得怯弱」。那就是說羞恥感、罪惡感以及害怕激發了道德（Aronfreed, 1968; Eysenck, 1976）。

*3.*實際上也沒有任何特別動機要成為有德者。人們僅對增強及楷模學習加以反應，並「學得」社會行為。這些社會行為，非科學家或許希望將它們稱之為「道德」（Bandura, 1977; Goldia-mond, 1968）。

*4.*合作功能及個人對組成理想社會負有責任的社會觀，激發了道德（Dewey, 1959; Piaget, 1965）。這種自由啟蒙精神的傳統認同教育即在擴展經驗，能夠克服偏見和卑鄙，並強化社會責任感。

*5.*道德動機是源自於對一個比自我更偉大者的敬畏與臣服感。一個人可以認同某個改革運動、自己的國家或神明（Durkheim, 1961; Erikson, 1958）。

*6.*同理心是利他動機的基礎（Hoffman, 1976）。

*7.*生活於正義和關愛的關係及社區裡的經驗，導致道德承諾（Rawls, 1971; Kohlberg, 1985）。

*8.*在意個人的自我統整和認同自己是道德的代理人，是促成道德行為的動機（Blasi, 1984; Damon, 1984）。

這八種有關道德動機的理論，顯示彼此間的不同。直至目前為止，無論何種理論的實徵研究都並未有多大進展。研究道德動機之不易的部分原因是個人在任何時間下，都不是只有一個決定因素參與運作。因此，研究者的任務不在於證明何者理論為對或錯；而是在某個特定情境下，找出如何評量某個（或某些個）動機來源的強度。

在「成分三」中，認知與情感有甚多關聯。有一個最明顯的關聯是，想像一個可欲的目標或結果，即意味著心存有某種形式的認知表徵，「可欲的」即意味對它存有正向情感。另一個較不明顯的關聯，則在 Isen 及她的同僚（1970）之研究中有所討論。Isen 發現經由提供成功經驗（告訴受試者他們的知覺動作工作，做得十分好）而引發愉快情緒的受試者，較失敗經驗（被告知他們做得十分差）的受試者，及較控制組的受試者，捐出更多的慈善金。其他相類似的情形，如兒童在保齡球比賽獲勝後，捐贈更多的慈善金；大學生在得到糕餅後，更願意自動參與研究；在公用電話拾得一毛錢後，更願意協助路人撿起被風吹落的報告；兒童在回憶愉快經驗後（詳見 Staub, 1978 的評述），捐出更多的慈善金。以上例子的共同發現是人們在較佳情緒時（來自愉快的記憶、新近成功的經驗或被贈與某些東西等），通常較積極、慷慨和合作。研究者稱此為「眼望光明面的正面效應」（positive effects of looking on the bright side）。研究者認為情緒在認知提回（retriev-ability）中，扮演某種角色，並且影響凸顯助人與合作的益處之認知出現的可能性；壞情緒也凸顯了助人的可能壞處之認知再現的可能性。以上的例子是情感與認知（在此例中為「成分三」）的相互關聯。

成分四

「成分四」包含了執行和實施行動。如同格言所謂善意離善行尚有段距離。「成分四」包括了釐清一系列的具體行動——處理阻礙與意料外的困難，克服疲憊與挫折，抗拒分心與誘惑，堅守最後目標。堅持、果決、能力及品格都是「成分四」成功的特質。心理學家有時稱「成分四」的心理歷程為「自我強度」或「自我調節」（self-regulation）。聖經稱「成分四」的失敗為「人性的弱點」。果決、堅持、鋼鐵般意志、堅強性格和自我強度可為善或為惡。自我強度可用於搶劫銀行、準備馬拉松長跑、為鋼琴演奏排練，或執行消滅他人種族的行為。

在一項以第四階段「法律與秩序」受試者為樣本的研究中，發現自我強度高的第四階段受試者，較同階段自我強度低的受試者，表現出較少欺騙行為。研究者推測此乃前者深信其信念，而後者雖然有此信念，卻未將之付諸行動（Krebs, 1967）。其他的研究也指出某種特定的內在力量，一種能促發行動的能力，也是道德行為的促成因素之一。Barrett 與 Yarrow（1977）的研究發現社會性肯定（social assertiveness）是兒童做出有利社會行為的重要因素之一。London（1970）對被納粹迫害的猶太人伸出援手的救援者進行訪談，亦為這些援救者的愛心及其冒險特質留下深刻的印象。

新近有一「自我調節」過程的研究，描述了改進或改變自我調節的技術。其中有個技術即包括對目標物的「認知轉換」（cognitive transformation）。例如，Mischel（1974）研究年紀小的受試者等待酬償物（棉花糖）的能力。有些受試者被教導把棉花糖想成棉花，另有些受試者則被教導想像棉花糖的柔軟與香甜。結果發現專心想像棉花糖消費特質（柔軟、香甜）的受試者，無法像其他受試者那樣久等。Mischel 及 Mischel（1976, p. 94）因此論道：

　　知道認知轉換的有關規則，並將之應用於自我控
制，個人或許能在面臨極度不利的情境壓力下，仍能獲
致相當程度的自我主控，以追求他們的目標。

　　Staub（1979, p. 134）也提到「在助人的過程中，協助者腦中
所想的，可能對其助人的堅持度深具決定力」。值得我們注意的
是，這位研究者以例證說明「成分四」中認知與情感的關聯性，
並提及教育介入之途徑。

　　Masters 及 Santrock（1976）也以例證說明此技術。自我調節
的控制過程，可以經由教導受試者把自己的工作想成很好玩、很
容易或令人滿意的。如從事某項工作時，有些兒童被教導告訴自
己「這真有趣，實在有趣」；另外有些兒童則被教導告訴自己「糟
糕，這工作真無趣」。研究顯示前面的兒童顯然較後面的兒童，
對此工作做得更久。因此，被某種認知誘出的正面情感狀態與其
努力的堅持度有關。個人若能給自己鼓勵與打氣，似乎能增加其
能量。Bandura（1977）提及效能期待（expectations of efficacy）
（如「我能做到」、「這真好玩！」）可以在面對逆境時，決定
當事者是否作出因應行為，盡多大努力以及到底可以支持多久。
理性情緒治療學派（Rational Emotive Therapy, Ellis, 1977）也對較
年長的受試者，援用與 Masters 及 Santrock 同樣的技術，企圖引起
個案的效能期待而改變其行為。

成分間的交互作用

　　我們已經看到工作中所需的堅持以及自動為某一目標而工作，是相當要求個人的注意力和持續的努力。有時候，受試者為執行某項任務，需要付出甚多的注意力和努力，以致他們無法注意其他事務。Darley 及 Batson（1973）發現這正是普林斯頓神學院學生的情形。這些神學院學生被要求從一棟建築物走到另一棟建築物的短距離內，準備好一篇有關和善的撒馬利亞人 *3* 的寓言，以便在抵達時演說他們剛準備好的短文。Darley 及 Batson 將此短距離的步行，比喻成介於耶路撒冷和傑瑞寇（Jericho）*4*。研究者在同時間內，請一位研究共謀者在同一路上假裝成受難者，這位學生共謀者身上穿得破破爛爛，邊咳嗽邊呻吟。Darley 及 Batson 想知道到底受試者會幫助這受難者到什麼地步？結果發現幫助行為的最大差異是來自於這些受試者的時間壓力。承受較大時間壓力的神學院學生，比給予較多充裕時間以構思其短篇演講稿的學生，顯然較不會幫助這位受難者。高時間壓力的神學院學生，因為全神貫注於完成第一項任務（準備講稿），似乎未曾處理新情境（受難者）。的確，有好幾次的情況，神學院學生在匆忙趕路時，幾乎從這位受難者身上踩過（Darley & Batson, 1973, p. 107）。我對這情形的解釋是，承受時間壓力的受試者是如此投入他的第一項

3　譯註：救助窮困者的善人，出自新約路加福音。

4　譯註：聖經上的撒馬利亞人常自耶路撒冷至傑瑞寇幫助窮苦受難者。

責任（對第一項情境的反應是將大部分精力都分配給「成分四」），以至於他們對新情境一點也不敏感（新情境屬「成分一」的心理歷程）。這研究顯示不同情境在時間上的重疊，可以決定一個人的反應（因全心貫注某項道德關切，致使在完成這事情前，個人對其他事件表現得不敏感）。集中精力在某一成分上，亦會降低對其他成分的專注力（堅定踏實是會干擾個人的敏感性，反之亦然）。

　　這四個成分彼此間的交互作用在 Schwartz（1977）之研究中也可得證。其研究指出受試者會援用防衛性評量（defensive evaluations），以否認或降低其道德義務感。當個人知曉道德行為所須付出的代價時，他可能經由否認行為的必要性、否認個人責任或重新評量情境，以扭曲其道德義務感。這使他能更有理由去採取其他行動。換言之，當受試者認清「成分二」與「成分三」的意義，以及個人也清楚將為道德行為付出代價時，他們可能會很防衛地對情境再予以評量，和改變他們原先對情境的解釋（「成分一」），以致他們能付出較少代價卻仍自覺正當。其他的研究者也對防衛機制及低估受難的心態有所研究（Bandura, Underwood, & Fromson, 1975; Walster & Walster, 1975）。

　　我們仍可以再引用其他的例子，以說明這四個成分互相關聯的本質；然而，本章旨在說明道德行為是一非常複雜現象，以及沒有任何一個變項（同理心、有利社會傾向、道德推理的不同階段等）能夠十足完整地代表道德心理學。

以「四成分模式」作為研究指引

「四成分模式」對協助我們將道德判斷研究，置於一個更大道德心理學的歷史架構中，一直有其助益，且對未來研究設計也提供新觀點。認知發展傳統論的研究者一直未能從此一更大的道德心理學架構，來看他們所處的位置，因而有時將道德判斷的研究認為是整個道德心理學的全部，而將「道德判斷發展」與「道德發展」兩個辭彙互用。因此，其他層面的研究成果，則被視為與道德心理學無關，甚或是錯誤的研究。某些認知發展學者的這種態度，部分原因是源自於為其他學派所激怒，這些學派認為道德思考的研究是不恰當或是錯誤的（Bandura & McDonald, 1963）。其後二十年，無以數計的研究一直試著提出所謂「決定性的實驗」，以推翻整個認知發展取向或整個社會學習取向的觀點。這些研究各持一方理論互相論戰，認為若某方就道德現象的某層面提出了有用觀點，那麼另一取向一定全然是錯。

Pittel 與 Mendelsohn 曾於一九六六年，回顧道德心理學自本世紀初至一九六〇年代早期所作的研究。他們認為從受試者的言詞，以預測其行為一直是失敗之舉。他們建議若欲在此領域有所改進，研究者應將道德價值本身視為個體之主觀現象，而加以探究。Pittel 與 Mendelsohn 特別對 Piaget 道德判斷之拓荒研究，留下深刻印象。事實上，Pittel 與 Mendelsohn 的建議，成為日後幾近二十年認知發展論者的主要觀點——換言之，不論道德判斷與道德行為的關係如何，本身即值得研究。道德判斷研究者忽略道德其他層面，將研究範圍限於要求受試者就假設性道德難題做決定，並提出辯解理由，而在研究道德推理的主觀現象上一直前進。有時認知發展傳統外的其他研究者的批評，亦讓人覺得討厭（如道德不只是認知的決策而已；人們實際上如何做，比他們口頭上所說的來得重要）。但是這些批評並沒有使道德判斷的研究焦點有所偏離。

　　回顧以往，我們可以發現以道德判斷為焦點的研究，已有了很大進步。現在我們的確對人們如何達成對錯行為的判斷，有更多的了解；但在同時，認知發展論者也必須承認這種研究一直未與其他道德歷程整合。「四成分模式」即可協助道德判斷與其他必須注意的歷程，加以整合。

　　在進入一九七〇年代時，認知發展論學者主要集中在發展測量工具。在 Kurtines 與 Grief（1974）對 Kohlberg 研究所做具有傷害性的回顧報告中，大部分是針對測量道德判斷方法的信度和效度。這篇回顧性報告認定認知發展論者未能證明道德判斷發展是可以被測量的。這使得 Kohlberg 及其同僚幾乎花了十年的時間，以發表他們那篇量多質佳的反論證（Colby, Kohlberg, Gibbs, & Lieberman, "A Longitudinal Study of Moral Judgment," 1983）。DIT 的研究始自一九七〇年代早期，而《判定道德議題之發展》（*Development in Judging Moral Issues*）（Rest, 1979a）一書也以大部分篇幅討論測驗問題。一九七〇年代的主要問題是，道德判斷的階段論是否可以發展出令人接受的測量工具。

　　然而此一研究焦點已漸有改變。在新近的一項年度學術討論會上（1985），Thomas Berndt 認為道德判斷研究者已走過了測量工具問題的階段：

　　在一九七〇年代，道德發展研究的一個主要問題
是，道德判斷或推理的個人特質形式，是否可以有信度
和效度地被測驗出來……我相信大部分的心理學家現在
已相信道德推理的個人形式，可以被有信度和效度測驗
出來……簡言之，測量道德推理的爭議已沉寂下來，結
束了道德發展研究的舊階段。

　　那麼，什麼研究主題將為新的階段下定義？……基
本問題是有關增益於道德推理的經驗，以及能增加或減
少個人對道德經驗開放的個人特質……（Berndt, 1985,
pp. 1-3）。

　　Berndt所說的道德判斷研究的新階段，是這本書的主要推動力
量。我在本書中將引用大量研究，以使討論主題從測量工具，轉
移至生活情境如何影響道德判斷，以及道德判斷如何影響生活方
向更實質的理論性問題。本書所討論的研究，實際上是假定DIT的
有效性，並繼續研究道德判斷的本質及與其他事件的相互關聯。
我們現時已跨越就主觀道德價值的本身來作研究了。

　　與某些早期道德判斷研究有異的是，我們並不認為道德判斷
是道德心理學中唯一的心理歷程。我的同僚及我在明尼蘇達大學
（University of Minnesota）一直利用「四成分模式」，作為進一步
計畫研究的指引，最終目的是理解與預測實際的道德行為和決策。

假設性道德兩難問題的語詞測驗為道德心理學提供很多理解，但是我們萬萬不可就停在這裡，我們最根本的希望是發展出理論與研究方法，以研究實際生活中的道德事件。道德判斷及道德心理的其他歷程之研究提供很多指引，以建構出這個複雜現象的不同面。然而，從對假設性道德兩難問題語詞性的辨解研究，進入實際生活中道德行為的研究，其間不僅複雜性增加了，同時也需巧妙處理許多變項和心理歷程。我們希望能以過去幾十年的研究發現（如在四個成分模式所摘述的）為基礎，以指引我們未來的研究。

　　我們早先的決定之一是從醫療專業人員（health care professionals）的決策情境，來研究真實生活中的道德。從專業人員做決策著手研究，似乎具有以下的益處。第一個利益是專業人員他們工作中所作的決定，多經反省、深思，個人也可以清晰解釋其思考。事實上，很多這樣的決定是根據個人如何辯護其所作決定，並提出正當理由而達成。決策者預期他／她可能被召去說明理由；因此，其在最初選擇行動時，已將行動的支持理由納入考慮了。研究者要受試者就其決策說明理由，而此為受試者早已考慮過的，而非應研究目的而重新獲得的。值得注意的是，我並沒有宣稱所有的道德決策都是如此深思熟慮、反省的、且可加以明晰辯解的；我只是說明我們是基於研究策略，而從深思熟慮、反省、可明晰辯解的道德決策入手。在我並不認為我們之中的任何一個人全然清楚他／她的思考的同時，我們若從人類行為中最具公眾性、理性及具深思性的領域著手，較從神祕、非理性及不可碰觸的領域著手，是更具道理。

　　研究專業決策的第二個利益是，可以選擇不似介於「個人利益」與「做對事情」之間強烈衝突的事件或事例作為研究。換句話說，在很多情況下，專業人員的自我利益即是在找出什麼是對的，並選擇最具正當理由的行動。舉例言之，醫師在面臨是否要把生命末期病人的人工呼吸裝置插頭拔掉之抉擇時，其最關注的是「做對事情」；醫生本人在拔不拔掉插頭間，並沒有攙雜私人利益。同樣地，在很多專業決定中，決策者的自我利益是在弄清楚什麼是對的（或至少最具正當理由，或至少在將來最不可能為之糾纏）。研究此類的道德兩難問題的好處是這些決策主要關鍵是「成分二」，而非也涉入使決策愈形複雜的「成分三」歷程（這是我們最不知道如何著手研究處）。

　　研究醫療專業（醫生、牙醫、護士等等）的道德決策的第三個利益是，這群人一直都願意與我們一起合作，以試圖明瞭道德決定是如何達成的。即使一個不是很認真看報的人也知道現今醫療專業所面臨的艱難道德兩難情境；如 Karen Quinlan 事件、Baby Doe 事件、醫療費用節節升高中醫藥保險的展望、墮胎等等。醫護專業人員已察覺並關切到上述問題，而我也發現他們之中有很多人願意挪出時間作心理學研究，希望研究結果能使他們作出更好的決策，以及設計出更好的教育課程，使醫療專業人員更能處理他們工作中不可避免的道德問題。

　　因此，我們研究計畫的第一步一直在確認一個情境，以對實際生活的道德決策進行研究。下一步則是試著為四個成分設計出測量方法。「成分一」的研究已經進行了好幾年了，主要是由明尼蘇達大學牙醫系的 Muriel Bebeau 博士主持研究。她的研究將在下節中予以簡述。

真實生活情境中「成分一」的研究

　　Bebeau 開始在執業牙醫中，辨認什麼是一再重複出現、重要的兩難問題。她訪談了執業醫師，並對全州七百位牙醫師作調查，以發現在醫療專業中出現何種情境和爭議。舉例言之，她提及有位牙醫師發現前一位牙醫師為病人做了不合標準的醫療時，不知該如何處理的兩難困境；病人要求有違其長期健康利益的診療（如拔掉所有牙齒）的兩難困境；出現在辦公室的病人，有嚴重健康問題（已不只是牙科方面問題），但是病人卻抗拒地不去注意它；也有高價而較佳治療與價格低廉但妥當治療的兩難問題等等（Bebeau, Reifel, & Speidel, 1981）。

　　Bebeau 辨認出此專業中重要的道德難題後，Bebeau 將之改寫。改寫後的劇本內容即是一般牙醫診所中牙醫師和病人的對話。腳本發展後，由演員將它唸出並加以錄音。腳本就成為刺激材料，在受試者聽完後加以測驗，以決定他們如何察覺發生了什麼事；劇情中所呈現的問題為何；以及受試者（通常是牙醫系學生）如何在此情境中，繼續角色扮演其診療方式。例如，其中有一劇情是描述鎮上的新搬來者 Harrington 太太，第一次去看她的新牙醫師。在檢查開始時，受試學生聽到許多常見於牙醫辦公室典型的禮貌性談話。然後，劇中的牙醫開始評論這病人先前所做的多重診療（無疑是昂貴的診療），在進一步檢查後，更說到病人有些部分的鑲牙已開始脫落，若不重新再製則無法修補。劇中的牙醫師也看出 Harrington 太太已有牙周病的跡象（顯然地，對牙醫系學生而言，先前的牙醫師並沒有注意到這牙周病的存在）。當劇中醫師提到這些問題時，Harrington 太太就開始提出尖銳的問題，如「我最近才付錢做好牙齒診療，而你現在說我必須再換掉某些鑲牙，你到底是什麼意思？」聽完錄音帶的學生被要求假設他是劇中的牙醫師，就此情境他如何加以處理。研究者隨之訪談這些學生，以測定他／她如何解釋此情境，以及他／她是如何來了解情境中所出現的情節。

請注意此種刺激材料與一般 Kohlberg 的訪談或 DIT 問卷，在以下幾項重要層面有所不同：(1)未曾替受試者將情境先加以解釋，也未建議可行方式。刺激材料只包括兩個人之間的談話，而非一個兩難困境的濃縮摘要。(2)挑中這情境是由於它的真實性及發生的頻率。劇本也是藉由此一領域執業醫師的協助而發展出來，以描述與真實生活相似的情境與對話。(3)此一程序的主要目的不在於引出受試者對某一問題的解決方法，及某背後的支持理由；其目的在於決定受試者是如何對此情境加以解釋或編碼。(4)為了要處理此情境，受試者必須同時探尋技術層面的訊息及問題解決（如牙周病的症狀及不當的鑲牙處理），以及道德／價值問題。我們相信專業難題通常是混合技術和道德問題。然而個人所受的專業教育通常卻只強調其專業技術層面，以至於學生已被教導不去辨認和處理工作中的道德層面。但若不注意此層面教學，現行的專業教育將過分強調技術層面，而使專業人員無視於專業道德的存在。

Bebeau 發現牙醫系學生對 Harrington 太太的兩難問題反應不一。有些學生無法想出有什麼可能的行動途徑。譬如說，有些學生沒想到這位新醫師或許可以聯絡先前那位醫師，詢問是在何種情況下才會導致不合標準的鑲牙做法；有些學生也沒想到這位新醫師可以為 Harrington 太太與先前那位醫師協商，要求某種形式的經費補償，以減輕本來第一次治療就應做對，現在卻需為同一治療而再次付費；有些學生沒想到這個案例或可提至同儕評議委員會中。Bebeau 發現有些學生不清楚誰與此情境有利害關係，以及是什麼樣的利害關係；譬如說，有些學生不清楚整個牙醫專業與健康服務的品質有關，以及公眾有權預期得到某種程度的服務。

Bebeau 為「成分一」設計了計分系統。清楚可能採取行動的受試者的分數高於那些不甚清楚的受試者。有些受試者明白誰與此情境有利害關係，以及應當如何將每個有關人員的特性納入考量，這些人的分數將比其他不如此清楚的受試者來得高。計分技術首先是分析受試者在每一個兩難問題的訪談資料，將其分為六個不等的計分標準點，在每點上給予 1 至 3 分不等的分數。在第一回合的研究中，共用了四個劇情，總計受試者在這套情境故事上的得分為 34 至 102 分。另一套四個情境的故事，也被發展出來了（Bebeau, Oberle, & Rest, 1984）。不論在哪一套故事中，高分皆代表受試者在「成分一」歷程中有較高的能力，或具較高的「道德敏感性」；值得注意的是，此計分標準是由執業醫師共同合作，並且得到道德哲學家的協助而完成的。

　　Bebeau 測量方法的可信程度，已有數篇研究加以報導（Bebeau, Oberle, & Rest, 1984; Bebeau, Rest, & Yamoor, 1985）。這四個故事的評分者一致性之平均係數是 0.87；在另一項研究中，則得.865 的一致性；而在另一項研究中，得.898 的一致性。內部一致性的數次分析，所得到的 Cronbach α 係數，其平均值是介於 0.70 至 0.78 之間；經過數個星期的重測相關係數，平均值是 0.68。而以 Spearman-Brown 公式來看整個測驗的一致性，所得的估計值是 0.90。簡言之，此測量顯示具有適切的心理測量特性。

　　探討專業情境下道德敏感性評量特性的研究仍在進行。有些研究結果指出以下幾點：

　　1. 道德敏感性（Bebeau 在牙醫情境中所測量的「成分一」歷程）與 DIT 分數，只呈現中度相關（介於 0.2 到 0.5 之間）。此發現進一步支持「『成分一』歷程與『成分二』歷程是可分離的」之觀點，以及支持「道德並非單一或一元的歷程」。某人或有很高的道德敏感性，但卻可能不擅於推理而未能獲致一個合於正義之平衡觀點；反之亦然。

　　2. 研究同時也顯示此測量具有聚斂和擴散效度。美國牙醫學會及明尼蘇達大學牙醫系的執業醫師，再度檢視先前受試者對這些劇情化牙醫情境所作的反應錄音帶。這些執業醫師並沒有利用 Bebeau 所設計的計分方式，他們直覺地將這些訪談，依據道德敏感性將受試者加以排序。Bebeau 的道德敏感測量，與這些執業人員對道德敏感性的直覺排序，呈 0.69 的相關。測量分數與受試者的語彙流暢、技術知識及受試者反應中的字數多寡，僅呈 0.20 至 0.40 的相關（Tsuchiya, Bebeau, Waithe, & Rest, 1985）。這些執業人員同意 Bebeau 方法的程度，高於他們同意彼此的程度。簡言之，研究顯示牙醫師倫理敏感測驗（Dental Ethical Sensitivity Test, DEST）與理論上相似的變項有關，而與理論上相異的變項不同。

　　3.證據顯示每一種類型的情境，皆對道德敏感性構成獨特變異因素。我們不認為情境獨特性的證據意指道德敏感性缺乏基本建構（因為其 Cronbach α 係數已夠高）；相反的，我們將之解釋為道德敏感性並非是堅強而根深蒂固的人格特質。「成分一」的歷程似乎受不同情境的影響。因此研究的下一個目標，即是設計出方法，以確認影響「成分一」的情境特質與個人歷史因素。假使我們最終是想在真實情境中，對道德行為有所了解；那麼，我們必須清楚是什麼影響其對面對情境的最初編碼及解釋。

　　源自於 Bebeau 的開創性研究，Joseph Volker 博士設計出一種評量諮商員道德敏感性的程序。諮商亦是助人專業，其所關切的是不同層面的健康。Volker 利用諮商員訓練過程中常使用的治療錄音帶（諮商員和當事人的對談），要求諮商員分析其他諮商員的諮商過程。Volker 發展出兩卷錄音帶，在這兩卷錄音帶中，當事人說出有關可能危及第三者的訊息。在其中一卷錄音帶中，當事人說出讓人聯想到對第三者性虐待的訊息；在第二卷錄音帶中，當事人是位實習醫師，她提及自己以前在醫院中，因為她生活中的巨大壓力所引起的精神渙散，曾危及她的病人。然而，這些危及第三者訊息的呈現，是以一種很巧妙的方式出現，而且也僅占諮商的一小部分。在聽完錄音帶後，受試者即就一連串的探測問題加以回答。這些問題包括這錄音帶中的諮商員，下一步所應採取的步驟。受試者並不明白此研究的目的，而且他們也沒有被特別引至回答諮商事件中的倫理問題。研究者旨在發現受試者是否僅關切諮商員與當事人的關係；或是他／她也關切處於危險狀態中的第三者，進而能建議錄音帶中的諮商員所應採取的行動，以確保第三者的安全。

Volker 的程序與 Bebeau 的評量，有以下幾點不同：

1. 兩者有專業領域（諮商與牙醫）的明顯不同。

2. 在 Volker 的錄音帶中，倫理問題是很巧妙的、不顯眼的，且隱藏於更大事件中；得到高分有賴於注意到錄音帶中的倫理問題，能打破一般人將焦點置於諮商對話，並且能跳出諮商關係，干預諮商情境外的世界。在 Bebeau 的錄音帶裡，倫理兩難問題是錄音帶的焦點，而且所有受試者都看出其中存有某種價值／道德問題；得高分者在於他能從不同人及其特性的相關訊息加以推論，以及對行動的可能性有全然理解。

3. Volker 程序的成功，有賴於受試者不明白資料蒐集的真正目的。但 Bebeau 的程序卻非如此。

4. Volker 的計分系統是在每個道德兩難問題上，得出一個總評量分數（1 至 5 分），其評分基本上是針對受試者覺察、關切和

代表第三者行動的意願。Bebeau 的計分系統則將各層面分成更多點（每個兩難問題大約分成七至十二個層面），其計分是較針對兩難問題中的某些特性，而非整體反應的特質。

　　一如 Bebeau 的測量，Volker 道德敏感性計分的評分者信度亦佳（其相關係數平均值是 0.86）。同時，和 Bebeau 一樣，Volker 也發現道德敏感性並不等於 DIT 分數，同時也發現道德敏感性中撬雜相當程度的情境特殊性。同樣地，Volker 也請有經驗的諮商師，就受試者在道德敏感性的訪談錄音謄本加以評量（這些執業人員事先並不知悉 Volker 的計分系統）。Volker 將此與他自己計分系統所得的分數加以比較（相關係數是 0.95），由此證明他對道德敏感性的正式測量方式與有經驗臨床人員直覺的判斷，是相當一致的，因而也證明他測量的聚斂效度。在另一方面，他也證明了道德敏感性分數並不因冗長句子而有優勢，因為此兩者的相關為 −0.52。此外，Volker 也進行有經驗與沒經驗諮商員的比較。然而，出乎意料地，在道德敏感性上並未發現兩者的顯著差異（雖然「新手」與「專家」組在 DIT 上有顯著差異）。Volker 就這些發現加以討論，並從他的兩個難題之道德敏感性的情境差異，提出解釋。

　　Bebeau 和 Volker 的研究，雖然在某層面上有其不同，但都說明我們在研究專業人員於工作情境中，所作道德決定的一般策略。當然，直至目前，我們只對「成分一」開始研究，尚未研究在特定工作情境中其他三個成分的歷程。同時，我們也還沒開始研究不同成分間的互相影響，或如何從這些成分去整合訊息，以對行為作更佳的預測。但是，令人感到樂觀的是，我們的整體計畫是明晰的。第五章則是描述另一層面有關道德判斷研究與其他心理歷程或事件的關係。

本章的目的旨在呈現我們對道德研究的組成之一般觀點，以及呈現我們過去的研究與未來展望。以後的幾章將對較特定論題作更仔細的探討，以及對以 DIT 為工具的幾百篇研究，作一評論與摘述。

第二章
生活經驗與發展的途徑

James Rest、Deborah Deemer、
Robert Barnett、James Spickelmier 與 Joseph Volker 著

翁開誠 譯

道德發展的年齡趨向

在認知發展的傳統中，幾乎所有的研究一開始就在尋找年齡趨向（age trends）。也就是要看年紀愈大的受試者所表現出的反應，是否屬於理論上所界定的愈高層階段反應。一個發展理論，假如沒有得到像這樣的實徵性支持，就很難開展起來。Piaget（1965）早年在道德判斷的開創性努力時，就已經提供了這類的實徵性支持。一九五八年，Kohlberg 在他那傑出的博士論文中，也已經包括了年齡趨向的資料。二十五年之後，Kohlberg 與他在哈佛

的同事（Colby, Kohlberg, Gibbs, & Lieberman, 1983）所發表的報告中，年齡趨向正是其實徵性發現的重點。在此研究中，他們以當年相同的樣本，做了更為精確而且細緻的縱貫性研究。不僅如此，由此原始樣本所發現的年齡趨向，也在許多其他的樣本，甚至包括其他國家縱貫性的研究，使用新的計分程序，結果仍然重複多次地發現相同的結果（例如：Nisan & Kohlberg, 1982; Snarey, Reimer, & Kohlberg, 1985; Gibbs & Widaman, 1982）。對於發展理論而言，證明人們的確是如同其理論所提的隨時間而改變，可說是最為關鍵的事了。同樣的，對道德判斷的測量而言，其效度上的首要問題就是，此測量是否顯示出年齡的趨向。

對於有關「界定問題測驗」（Defining Issues Test, DIT）的研究，尋找年齡趨向的證據，也正是第一階段時的焦點。在我一九七九年的書中，使用了橫斷法、縱貫法以及序列分析（sequential analyses）所蒐集到的資料，呈現了 DIT 測量所顯現的年齡趨向。橫斷法所得資料，以次級分析（secondary analysis）針對大約三千個受試者，摘要出年齡／教育因素可以解釋 DIT 分數 38%到 49%的變異量。而縱貫法的研究顯示出向上動向（upward movement）（而向上動向約是向下動向的十倍）。至於序列分析（由 Baltes 於一九六八年與 Schaie 於一九七○年所建議），其結果也指出，這種向上動向的趨勢，是不能以文化變遷或特定族群（cohort）的因素加以解釋的。多重的分析結果也指出這種向上動向是不能歸因於測試的效果。

近年來有關 DIT 的年齡趨向，也呼應著早年的研究成果。Thoma（1984，見第四章），以橫斷法資料所做的後設分析（meta-analysis），其樣本超過六千人，顯示出年齡／教育因素可解釋 DIT 分數的 52% 的變異量。而跨文化研究（cross-cultural studies）的結果，也顯示出 DIT 有著相似的年齡趨向（見第四章）。由橫斷法研究所得有關 DIT 的年齡趨向的成果可謂不可勝數，單是列出名稱就要好幾頁；所幸，有兩個大規模的後設分析可作為代表。

　　另外，還有上打的縱貫性研究，也顯示出 DIT 的向上動向（見表 2-1 的描述）。在表 2-1 中顯示，所有的縱貫研究都呈現出隨著時間推移而有向上動向，而且當測量時間的間距超過二年時，其趨向亦是達到顯著的。再者，最近我們剛完成一個歷時十年的追蹤研究，這群超過一百人的樣本，他們在一九七○年代首次完成 DIT 的測量，十年以後，再次測量的結果，仍然一如其他的成果，呈現出向上的趨向。t 考驗（95 d.f.）結果，整體 $= -9.7$，$p < .0001$；男性樣本，$t = -3.2$；女性樣本，$t = -5.6$。

　　總而言之，若將 Kohlberg 與 DIT 的研究，橫斷與縱貫研究，再加上跨文化的研究全都合併在一起考慮，任何人都必須達至一個結論：道德發展的發展性趨向的證據，實在是太多太多了。當然爭議之聲仍然存在，例如是否有倒退的現象，或倒退的程度問題，以及測量誤差的程度，或是何種的測量誤差等問題。儘管如此，依據理論所指出的整體性、向上的改變趨向是非常清楚的。少數從根本上否認道德發展的人士（如：Beck, 1985; Emler, Renwick, & Malone, 1983），他們的聲稱，不但沒有考慮這些年齡趨向的資料，也沒有找到任何與此趨向矛盾的發現；他們的論述可說是完全根據他們個人的主觀論斷。假如有人仍然堅持懷疑道德發展上的年齡趨向，那不知道所有社會科學還有任何的發現是可以被接受的了！

　　總之，道德發展研究的第一階段的成果之一，就是道德判斷與年齡是相關聯的，而這項發現是一次又一次地重複地被驗證。

表 2-1　縱貫研究的回顧

作者、年代 (研究時間長度)	樣本的特徵	n	施測時的平均數				統計考驗	機率
			T1	T2	T3	T4		
Kitchner 等人 (1984)(二年)	初中	16	43.34	46.93	—	—	$F(1,106)=4.92$ 時間	$p=.05$
	專科院校	26	44.61	49.51	—	—	$F(2,106)=20.85$ 群體	$p=.001$
	研究所	14	60.54	69.98	—	—		
Bridges 及 Priest (1983)(五年)	西點軍校							
	樣本一	24	—	38.3	39.8	41.5	$F=0.6$	
	樣本二	37	33.0	—	37.8	41.8	$F=5.8$	$p<.05$
	樣本三	17	32.6	—	—	41.4	$F=2.5$	
	樣本四	113	36.7	38.5	41.3	—	$F=9.2$	$p<.05$
	樣本五	27	34.9	35.3	40.8	45.9	$F=5.8$	$p<.05$
Mentkowski 及 Strait (1983)(四年)	大學生	140	39.24	46.61	48.94	—	$t=40.79$ T1-T2 $t=4.48$ T2-T3	$p=.001$ $p=.05$
McGeorge (1976)(二年)	大學生	93	42.7	44.2	—	—	NA	NS
Rest 等人 (1978)(八年)	混合教育程 度 13-23 歲	41	36.5	47.5	49.8	51.3	$F=17.6$	$p=.0001$
Kraack (1985)(二年)		117	22.5	28.4	—	—	$t=6.19$	$p=.00$

Spickelmier (1983)(六年)	大學生	24 42.46 48.09 46.80 —	t=1.048	p＝NS
Thoma (1983)(一年)	大一新生	44 45.34 50.35 — —	t=5.92	p=.02
Whiteley(1982)	大學生	187 38.12 42.20 — —	t=15.88	p=.001
Sheehan、Husted 及 Candee (1981)(三年)	醫學院學生	52 53.7 58.0 — —	t=6.4	p=.02
Biggs 及 Barnett (1981)(四年)	大學生	82 38.6 48.03 — —	NA	p=.001
Broadhurst (1980)	社會工作員	52 43.54 47.36 50.56 —	t=2.82	p=.01

NA：無；NS：不顯著。

資料來源：作者自行編製。

🍄 造成發展的因素：正式教育

　　年齡趨向的資料指出了人們隨著時間而改變，但是這並沒有說明「為何」（why）或是「如何」（how）；也就是發展的原因、條件與機轉為何，是無法單從年齡趨向的現象描述足以說明的。當研究者跨過了工具的效度這項問題後，有關發展本身的性質問題就愈顯得重要了。

　　根據 Piaget（例如：1970），認知發展之所以發生是由於人們主動地解釋其經驗。人們為了理解其經驗而建構出各種意義；人們把其複雜的經驗同化（assimilate）成各種意義化的類別，人們也由此而形成對未來的預期。當新的經驗無法被同化成既有的類別時，人們會嘗試去修改他們原有的分類，由此新的經驗可以再次地被理解，也可被預期。因此，認知上的改變是由於所經驗到的與原先所有的（較為簡單的）觀念不合時開始的。也就是說「認知失衡」（cognitive disequilibrium）是發展的條件。

而依據Kohlberg（1969）的看法，某些特殊的「社會性」經驗對道德思考的發展而言特別有建樹，這特殊的社會性經驗就是「角色取替」（role-taking）的經驗。「角色取替」經驗就是設身處地把握到別人觀點的社會性經驗。因此，在兒童時期，分享朋友間彼此的信任就是一種角色取替的經驗；親子間討論道德規範也是學習別人觀點的機會；承擔工作時，必須考慮到同事、上司與下屬的立場，也是個磨練角色取替能力的情境。由此推而廣之，愈豐富的角色取替機會，就愈能促成原本不同的人們以更為多元、細緻的方式，彼此和而不同地相處；而且更以此基礎而推向形成更為成熟的正義（justice）觀念。

然而，道德研究人士卻尚未能直接地測量認知失衡或是角色取替。例如：Berkowitz（1980）就曾描述，他曾嘗試去測量在道德教育課程下認知失衡的現象。結果，他與他的研究助理間對何時有認知失衡發生都無法取得協議[1]。同樣地，許多研究者也都無

---

[1] Turiel 在他一九六六年的經典性研究中，使用了實驗性操作的設計，將認知失衡加以操作化。一組受試者所面對的陳述，其階段是受試者自己所屬階段高一階層；另外一組受試者面對的陳述則是比自己所屬的階段低一階層。預設的是前面一組所產生的認知失衡比後面一組的失衡更多。然而這項假設一直沒有被檢驗過。對其操作沒有檢驗，對認知失衡也沒有獨立的測量。由此，不同的解釋是可能的。

法成功地測量出究竟在一個人身上經驗了多少的角色取替的經驗。上述二種努力,對於直接地測量而言,似乎都太過於籠統;也都仍然停留在理論的層次,而非操作性的建構(operational constructs)。研究工作者有必要將促成發展的特定經驗,加以具體操作化(operationalizing);而這些所謂特定的經驗,或許就是認知衝突與角色取替,於其中扮演中介性的功能吧!

由相關性研究中發現,與道德判斷發展具有最強相關之一是接受正式教育的年數(years of formal education),其相關的強度甚至高於年齡。由各項研究成果中所顯示出正式教育的力量是著實驚人的。在Colby、Kohlberg、Gibbs與Lieberman(1983)的研究中顯示道德判斷發展與正式教育間相關為 0.53 與 0.60。在有關DIT 的研究(1979a)所作的次級分析,發現在所有人口變項中,與 DIT 相關最強的就是正式教育。在我們近來有關 DIT 十年縱貫性研究中發現,正式教育更顯示出了戲劇化的成果。在圖 2−1 中,呈現了四次測量 DIT 的分數(大約是由一九七二到一九八三年)。受試者也依其教育程度分成三組。最高的那條線代表在高中之後有較高教育的受試群發展,中間那條線是在高中以後具有中等教育程度的受試群的發展,而最下面那條是所受教育程度最少受試群的發展。高教育程度組,一直隨著時間而提高分數;中教育程度組,開始有些增加,之後就平平了;低教育組,則只有離開高中後的頭二年有增加而已。在最初於高中時所得分數三組間所具有的差異,由於教育的程度而急劇地擴大。換句話說,高中之後,是否繼續受教育,似乎就決定了一個人在(道德判斷)發

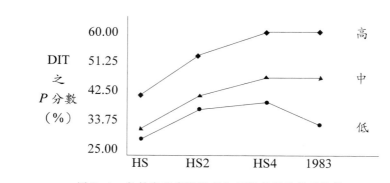

圖 2-1　依教育程度所呈現之 DIT 的縱貫性平均數

展上的基本動向。

　　因此，由實徵的資料上看，接受正式教育的年數與道德判斷分數間是具有明顯的關聯性的。然而這個實徵性的發現，在理論上該如何解釋卻不清楚。我們不知道正式教育年數究竟代表什麼？是經驗？是學科活動？是心理歷程？還是心理的機轉（有關這方面更詳細的討論，請見 Rest & Thoma, 1985）？以下是一些可能性：

　　1.或許大學的環境「社會化」出來了某些特別的態度或是特殊的表達形成。在大學中時間愈久，愈有增強（reinforcement）與模仿（modeling）的學習機會，去學會成為一個「大學人」（而 DIT 或許所測得的正是一個人具有多少大學人氣息的工具吧）。

　　2.另外一個可能是，在大學中所教的是某些特殊的技巧或知識（如美國的歷任總統的名字，或解平方根），而前面所發現的向上趨向，或許反映出了隨時間推移，有愈來愈多的學生在學習這些技巧（由此，預設的是 DIT 所反映出的是某些特定的知識或技巧）。

　　3.或許，大學的各種活動以潛移默化的方式，影響著學生形成某種基本的觀點。在此另類的世界裡，並非是將大學視為教導一組特定的價值或信念的場所，而是在此會間接地影響出某種基本的世界觀（這也就預設了 DIT 所反映出的是某種基本的世界觀）。

　　4.也有可能是在大學裡，所提供的只是一個刺激豐富的環境，在此學生各自醞釀出自己對道德的想法。在此想法下，不認為大學環境是在促成某種特定的意識形態（如前述三點所言）；反而是在提倡內省與自我發現（此種觀點預設的是在道德判斷上，自我建構式的發展，自然地就促成了原則式的道德思考）。

　　5.更有一種可能，所謂「受教育的年數」其代表的不是環境本身（學校），反而是這群追求增進學養人們的某種特徵。或許這群會選擇去唸大學的人，本來就比較會省思，比較追求知性的刺激，比較自動自發地追求認知上的發展。而大學只不過正巧偏態地、有選擇性將這群人吸引在一起的一個場所而已。由此，在大學時期，人們所受與所得，不能歸因於大學本身，而是這群特別的人，而這些人他們自己選擇了進入大學而已。

　　上述任何一種解釋，或某幾種的合併，要來說明實徵上所發現道德判斷與正式學校教育年數間的相關，都是言之成理的。助長的關鍵，可能是課外的活動，可能是大學的氣氛，可能是在咖啡屋內的聊天，可能是正式的課程與指定的閱讀，可能是大學生的生活方式，可能是校園附近戲院內所放的電影，也可能是這些大學生本來具有的好奇、好學與深思的氣質（跟大學情境一點關係都沒有）。

　　為了進一步理解正式教育與道德判斷發展間的關係，若干研究浪潮已經展開，使得我們對何種生活經驗會促成道德判斷的發展有了基本的了解。而這許多正式教育與道德判斷很一致而且高相關的實徵性研究，正是個很好的出發點。Barnett 與 Volker（1985），最近回顧了十篇研究，表 2-2 與表 2-3 摘要了他們的發現。

　　第一類的研究在探討特定的活動、興趣與生活方式與道德發展間的關聯性。基本上要問的是：道德判斷上分數高的人與分數低的人之間的興趣與所從事的活動是否不一樣？參與研究的受試者，填答一份有關於興趣與所從事活動的檢核表。例如：Biggs、Schomberg 與 Brown（1977）的研究中有關於「學院─觀念」層面，就像是否曾閱讀有關於：(a)馬克思主義，(b)數學歸納法，(c)心理分析，(d)維多利亞時代，或(e)週期表。在此檢核表上勾取愈多項目的，其「學院─觀念」層面的分數就愈高。同樣地，也有一堆的人名給受試者，是否他們聽過這些人名，如：(a)U Thant（宇譚，六〇年代聯合國祕書長）、(b)Earl Warren（華倫大法官）、(c)毛澤東、(d)Melina Mercouri、(e)James Shannon。若認得的人愈多，那在「社會／政治人物」這一項的分數就愈高。在表 2-2 中

表 2-2　生活經驗與道德判斷程度之關係

研究	研究方法上的問題	樣本數	樣本來源	評量經驗的方式	與高道德判斷有關之經驗	與低道德判斷有關之經驗
Biggs、Schomberg 及 Brown（1977）	A, C	767	大學新生	檢核表	學院——觀念[a] 社會／政治人物[a] 文學[a] 藝術[a]	
Schomberg（1978）	A	407	大學新生	檢核表	學院——觀念[a] 研究[b] 藝術[a] 文學[a] 跨文化[a] 社會議題[a] 文化事務[a]	
Barnett（1982）	A, C	128	大學高年級學生	檢核表	社會議題[a] 政治運動[a] 文學[a] 社會／政治人物[a] 文化經驗[a]	校內活動[a] 宗教經驗[b]
Spickelmier（1983）	C, D	24	年輕的成人	由訪員評量	強烈的教育傾向[b] 學業上的成功[b] 對多元化的忍受性[b]	微弱的教育傾向[b] 學業上的失敗[b] 冷漠／難以忍受[b]

研究	研究方法問題代碼	樣本數	樣本類型	工具	離校後的學術環境[b]	離校後的非學術環境[a]
Volker（1979）	A, E	42	大學學生	檢核表（MREC）	正式課程[b] 接觸成熟的思想[b] 政治運動 與室友的適應	將責任推給他人[b] 悲慘事件， 使利關係，生涯 抉擇 保守的宗教信念 ／行為
Cady（1982）	A, E	57	神識人員	檢核表（MREC）	教育[b] 選擇一門主修學科[b] 學習了解具爭議性 之議題[b] 接觸不同的觀點[b] 信任而開放的關係[a] 經由工作接觸成熟 的思想[b] 經歷磨難[b] 自由開放的宗教觀[a]	保守的宗教觀[a] 宗教經驗

[a]p<.01.　[b]p<.05.

研究方法問題代碼：A：非隨機或不具代表性樣本；B：顯著的樣本流失（超過40%[b]）；C：沒有對朝向平均數移動做統計控制；D：樣本數不足以進行統計檢定或未進行統計檢定；E：多重統計考驗，具有第一類型錯誤的潛在問題。

資料來源：作者自行編製。

表 2-3　生活經驗與道德判斷改變之關係

研究	研究方法上的問題	樣本數	樣本來源	評量經驗的方式	與道德判斷成長有關的經驗	與道德判斷成長無關的經驗
Rest (1975)	A, B	88	年輕的成年人	由受試者自行提列	正式課程、閱讀研究[a] 新而真實世界的責任感[a]	成熟 擴展社交圈 宗教經驗 參與社區事務 閱讀
Rest (1979)	A, B, C, D	59	年輕的成年人	由受試者自行提列	最近發生的事件 問題沈思 新而真實世界的責任感 為未來作決定 宗教經驗 多與社區事務 個人的壓力 生活型態改變 旅行	正式課程 成熟 新的社會接觸 特殊而具影響力的人物 作決策 離家生活 經歷慘痛事件
Kraack（籌畫中）	B	177	大學部學生	檢核表		工作／非學校活動

參與學校活動

參與程度

參與形式（例如：政治、宗教、體育、協同課程、社交、出版）

領導（自我陳述）

領導（他人評斷）

ᵃp<.01.

ᵇp<.05.

研究方法問題代碼：A：非隨機或不具代表性樣本；B：顯著的樣本流失（超過40%）；C：沒有對朝向平均數移動做統計控制；D：樣本數不足以進行統計檢定或未進行統計檢定；E：多重統計考驗、具有第一類型錯誤的潛在問題。

資料來源：作者自行編製。

050

所列的頭三個研究，都是用這種方式來表示所謂的生活經驗，也就是表中「評量經驗的方式」（Experience Measure）那一項之下，所列的「檢核表」（checklist）。一般而言，這些研究指出，大一新生，道德判斷分數愈高者，也愈愛閱讀，愈有知識，愈投入學術活動，愈積極參與社交活動。而大四學生，道德判斷分數愈高者，也愈投入社會性、政治性、學術性與文化性的活動。然而，這些代表「經驗」的指標效力，比起原先所提的正式教育年數，仍然低了一點。

051

　　第二類的研究採用了「道德推理經驗檢核表」（Moral Reasoning Experience Checklist, MREC），是由 Joseph Volker 所設計的。Volker 的工具，要求受試者回答是否有過某些經驗（例如：上過多元化觀點的課程；在工作中經驗到思考上更為成熟的人；經歷殘忍或痛苦；經歷到有關親人的重大抉擇……等等。請詳見表 2-2）。另外，此工具也問各項經驗對其重要性如何。Volker 這些項目由二種方式所形成，一方面是透過與大學生的深度訪問，另外則是由道德判斷的文獻上整理出來。他這項工具有一創新處是，提供了二套分別的分析：一方面分析受試者是否有過這些經驗；另一方面是分析受試者認為該經驗對其發展的重要程度（也就是說，某些受試者的確有某種經驗，但不一定認為該經驗對其有影響）。儘管在工具發展上煞費周章，這些使用 MREC 的研究成果，卻令人失望。其結果不是彼此矛盾，就是統計上顯著性偏低。

　　第三類的研究特色是直接問受試者，他們主觀上認為什麼影響其道德判斷思考的發展。在這種開放式的問題下，受試者以片語或幾句話來回答，以這些句子把他們的理論說出來，而且說的是他們自認為在其生活中影響其道德發展的原因。然後研究者，再將許許多多的語句，歸納成一個分類系統。這些類別有如：「新而真實世界的責任」，「參與社區事務」，「正式的課程、閱讀與研究」……等等（請詳見表 2-3）。在 Rest（1975, 1979a）的研究中發現，這類的生活經驗與道德判斷分數的確有相關，而且跨越好幾年的時期。也就是說，所謂的相關不是同時間的相關，而是道德判斷分數在縱貫性地提高時，伴隨著與生活經驗間的相關。然而一如 MREC 的研究一般，結果之間仍有不一致之處，也有的成果顯著性太弱。

上述的遺憾，促使我們重新檢討我們的預設。既然，道德判斷與正式教育年數間有著很一致而且很強的相關，那「正式教育年數」這個變項，一定間接表達了某種經驗或心理歷程，而這些經驗或心理歷程應該更能直接地指出促成道德發展的原因。但是，當我們努力於抽取出隱含在這強烈的相關之下更為明確的生活經驗時，卻徒勞無功。這是怎麼回事？到底什麼地方出錯了呢？

有幾種可能性浮現在我的腦海。有一個困難，可能一是因為當我們所尋求的是單一的生活經驗，因而所描繪出的太過於具體與細碎。打個比方，假如說我們想知道什麼原因造成體重增加，我們可能會問受試者，他們是否吃了漢堡、魚、核仁，或草莓……等。有的會回答吃了這個，有的會回答吃了那個。假如我們依這些食物分類，逐一地與體重增加量間求相關，結果，很可能得到的不是低相關，就是彼此不相符合的矛盾結果。這可能是因為有些人只吃漢堡，而且吃了很多，其他都幾乎不吃；也可能是因為有些人每樣食物都吃，但每一種的量，單獨計算量都很少，加在一起卻很多，而其體重也的確增加很多。由此，若單獨一項食物與體重增加間有高相關，那必須是體重增加很多的那群人吃了很多的那一項食物，而且體重增加很少的那群人吃了很少的那一項食物時才有可能。至於我們若發現每個單獨食物項目與體重增加間都沒有高相關，據此，若我們就下結論說吃這些食物與體重增加間沒有關係，那我們可能就犯了錯誤。事實上，有些人是因為吃了許多漢堡而增胖；有些是因為吃了許多的核仁與草莓而增胖；也有些人是因為每種食物都吃得適量，但每種都吃而增胖。我們的錯失可能是在想將每個單獨的食物食用量與全部人體重增加間找相關。比較更適當的描述，恐怕不是各項食物，而是卡路里。假若將各項食物都轉化成熱量單位（卡路里），再以卡路里與增胖間求相關，相信我們就會發現到有明顯的相關出現了（當然，卡路里之外，影響增胖的因素還有其他，如：新陳代謝率、體力消耗……等）。同樣的道理，我們將各種單一的經驗（如：旅行、團體討論……等）逐一地與道德判斷發展間找相關，這就好像我們各別地尋求各個食物（漢堡、魚、核仁……等）與增胖間的相關時一樣。因此我們需要尋找一種不同層次的描述，有如卡路里之於各種不同食物一般。有些人可能從旅行中有收穫，有些人從團體討論中有收穫，也有些人是在真實生活中的責任承擔中而有學習。每個個別地與道德判斷發展間，可能顯示不出強烈的相關。高相關，唯有在全部共通地在某一種特定的經驗累積下才會出現。

簡言之，我們之前的研究策略是錯誤的！

　　另外一個問題是，在描繪經驗時，要客觀或是主觀？若是太客觀，問題會是同樣的事件，對不同的人的影響卻往往是不相同的。比如去旅行，同樣的經歷，一個可能深受影響，而另外一個可能卻絲毫不受影響。由此，重要的可能不只是受試者是否經歷了某些事件，同樣重要的是這些受試者在主觀上如何體驗此事件，如何對此事件反應。然而我們在測量主觀上的影響力時，依賴受試者自己去內省出這些經歷是如何影響到他／她自己。或換句話說，我們要求受試者理論化出其經歷事件如何影響其發展。然而我們卻無法確認每個受試者都是有能力去省察、理解他自己道德發展的現象。事實上，一般人對於自己道德發展背後的結構為何，並不清楚；對於影響此結構的因素為何，就更是不清楚了。因此，我們對於受試者主觀上經驗所造成的影響所作的評估，也是失敗的。

一個新方向

　　由於前面的那些顧慮，我們試著用新的方式去描繪生活經驗。希望是一種不要太過具體，同時包含了主觀上對其經驗的反應，卻又不依賴受試者自己對其發展的詮釋理論。James Spickelmier（1983）完成了一項探索性的個案研究，後續的研究也正在進行當中（Deemer，付梓中）。Spickelmier 的研究是由結構性的晤談所開始，在此晤談中所問的問題範圍很廣，包括了所有預設中會影響到發展的生活經驗。不但問了之前有關道德判斷研究所涉及的問題，還問了廣泛地學生發展（student development）文獻上的問題（例如：Astin, 1978; Bowen, 1978; Chickering, 1969）。晤談所問的內容如下：生活處境、朋友關係、與老師間的關係、在學術性活動的參與情形、學習上的偏好、課堂外的參與、現有的責任、與異性的關係、與家人的關係、職業上的目標、人生的目標與價值觀、危機與傷痛的經驗、大學畢業後的經驗。所問問題的例子如下：(1)請描述大學生活中一個典型的晚上。你或你的室友通常做些什麼？你們聊些什麼？(2)請說出一些在大學裡你最要好朋友的名字，並請比較一下你的這些朋友與其他的大學生之間有何同與不同。(3)請告訴我一個在知性上令你印象深刻的一本書、一場演講或一項問題。(4)你在財務上依賴你父母的程度如何？而大學幾年之間其依賴程度的轉變又如何？

　　由這樣的訪問，蒐集到有關受試者生活中所發生的經驗相當地詳細，而且可以知道其經驗所產生的影響，卻又不受制於其自己的理論的影響。資料分析人員由這些資料，可以引申一些推論與解釋，而 Spickelmier 就由這些推論與解釋來蒐集具體的描述材料。至於 Spickelmier 的受試者，都來自同一所大學院校，因此其問題都繞在大學生活有關的方面。這些受試者在大一時做過一次DIT，大三時再做一次，畢業後二年又再做一次。

　　Spickelmier 為了將晤談資料加以編碼，他反覆嘗試了不知多少遍。因為這個研究屬於探索性，而且其樣本是非抽樣的小樣本，所以我們不打算做太多的統計分析。而此研究的價值在抓取出了與道德判斷發展有關的生活經驗的特徵。經過了多次的分析與嘗試，Spickelmier 發展出了編碼指南，其中包含十二個分類向度。其中有三個與學術相關的向度最能預測道德判斷發展。其一稱做「社會化環境」（socializing environment），其特徵是學生浸淫在大學環境中的程度有多深且廣；相對的是那些僅只是到校，且受到學校以外的社會力量的影響。例如：一個在此項上得分低的學生，可能是每天由鄉下通車到學校，歷經大學歲月，只交了幾個大學朋友，一直保持以家為重、學校其次的生活。相對的，另外一類受試者，他們很高興與高中及家庭的告別，很興奮地去擁抱新環境，也愈來愈融入他們的大學新世界，這些人在此項目上得分就很高。

第二個與學術有關的類別稱做「學業上的成功」（academic success）。這個項目是區分在學業目標上的成敗。一方是具有明確的學業目標，學習成果表現得不錯，而且順利地達成其目標。另外一方是沒有明確的目標，或是在目標追求上是挫敗的。看來，以此項目比用受教育的年數更具有代表性。

第三個有關的項目稱做「教育傾向」（educational orientation），代表的是在學習上用功的程度、是否享受學術性的生活與觀念的世界、是否喜歡閱讀與討論、是否選擇好學深思的同學與朋友。

由 Spickelmier 的研究發現，在大一時 DIT 分數高的在其後來生活經驗中有關上述學術性項目上分數也比較高（也就是說，道德判斷分數可以預測其生活型態）。而縱觀由大一到畢業後二年，與學術有關生活經驗項目得分高者，在道德判斷分數的增加也比較大（也就是說，某些生活經驗可以預測道德判斷的成長）。在複迴歸分析中，以畢業後兩年的DIT分數為效標（被預測的變項），首先以大一時的 DIT 分數進行分析（如此可以在統計上控制最初的差異性），然後以有關學術編碼的項目進行迴歸分析。結果與學術有關項目增加了16%的預測力，遠遠高過大一時DIT分數的預測力。

　　至於Deemer的研究則是在Spickelmier的基礎上接續發展。此研究找到上百個不同背景的受試者，而且歷經了十年的期間。這些受試者，最早是在一九七○年代初，中學時做過 DIT，之後持續地再測，並曾發表出來（Rest, 1975, 1979a; Rest & Thoma, 1985）。其中三十七位未曾進過大學；二十五位曾進過大學就讀，但沒有完成；四十位完成大學學業；而十三位進入研究所。性別分布相當平均，男性五十二位，女性五十位。有五十位目前在婚姻中；大約半數離開了原來高中時的地方；三十八位繼續在都會地區，十二位在鄉下，其餘則居住在都市與鄉村混合地區。Deemer這個樣本的大小、範圍與多樣性，提供了我們一個好機會去深入地探討生活經驗與道德判斷發展間的關係。

　　Deemer修改了Spickelmier的晤談問卷，主要修改之處是在增加了問題，以適用於沒有上大學的受試者，以及加長被問及的時間範圍。這個研究，真是浩大，每個受試者晤談的逐字稿通常都超過五十頁，每個人都被施測過五次，研究的變項有好幾百個。在整理晤談稿時，Deemer引用了大部分 Spickelmier 的編碼與分類，然而不受限於 Spickelmier 的編碼。

　　因為 Deemer 的研究非常的浩大而且複雜，我在此僅能做個浮光掠影、印象式的描繪；至於那些有關研究程序、編碼與統計分析上的細節，就不在此細述了。同時因為整個研究包括許多的部分，由整個故事的結果開始說，或許比從頭說起的方式要容易些。我們先粗略地想像，這一群人可分成二組，一組是歷經十年的發展而在道德判斷上得高分的一群人；另外一組是經過發展而在道德判斷上得得分低的一群人。我們由他們高中時期開始，然後跟著他們成長到快三十歲（為了方便，我們將引用到他們在一九七〇年代初期，當他們還是十七、十八歲的高中生時的測驗結果，以及他們近三十歲，在一九八〇年代時的測驗結果）。在高中時期，這兩組人的差別就已經顯現了，之後，隨著時間的發展，他們之間的差別也愈見明顯。高中時，高分組的成績比較好，比較喜歡閱讀與思考，有計畫唸大學，所交的朋友也比較對學業認真的傾向，這些朋友的 DIT 分數也比較高。高中畢業之後，這些高分組的，比較投入追求新鮮的成長經驗。這些新鮮成長經驗包括：比較會去唸大學、比較喜歡去認識新朋友、比較會去擴展生活經驗、會去試新的工作機會、試著去學習新的事物。這些高分組的人，也比較內省，比較花工夫在理解自己的生命經驗以及所處的社會結構。他們不斷地訂目標與計畫，他們忙於想像自己的未來，並且去試著實現他們的理想。他們對自己身上的遭遇，比較會自我負責。他們似乎比較精力旺盛，比較敢於適度地冒險，比較不會遇到挫折就陷入怨天尤人的狀況。到了他們年近三十時，他們仍然生活在一個社交上與工作上都充滿刺激的環境中（其工作都涉及到高層次的決策與責任，而且都擁有較高的社會地位），所交的朋友也多是喜好知識與思考的類型。這些高分組的人，也比較認同自己的行業，同時在其事業上也比較成功。另外，這群人對政治興趣、意識與參與也比較積極。他們也比較投入公共事務有關的組織，也常在其中負有領導的角色。

　　值得注意的是，上述的描述，並沒有說這二組人之間在休閒、社交與婚姻形態上有明顯的區別。雖然高分組是比較傾向於學術性與知識性，他們並未因此而被描述為「書呆子」、「孤僻」或是只會工作不會享樂。事實上這些人仍然花了適當時間在休閒生活上，例如：運動、看電視與看小說之類的活動。這二組人在婚姻狀況上，也沒有明顯的差別。高分組的人們也經歷了情緒上的低潮、人生的困境與失望等。這些高分組裡，有男有女；有住在城市，也有住在鄉下；有社經地位高的，也有社經地位低的。

　　再值得注意的是，前面的描述，也沒有提到「政治運動者」、「學生激進分子」、「良心反對者」、「宗教傳福音者」，或是Jesse Jackson、Jerry Falwell、Gloria Steinem的跟從者，或是Hari Krishna的成員。正如全國性調查的結果一樣（Levine, 1980），一九七〇年代的青年人，一般而言是沒有英雄的。在本研究中，也顯示出受試者並未提出受到名人（政治的、社會的、宗教的或民俗的）的影響。他們也很少有使命感之類的熱情投入。如同全國性調查所得，本研究中的年輕人們，與我們在媒體中對一九六〇年代年輕人的印象很不一樣，他們不激進、不搞革命，也不搞社會運動。

　　第三個值得注意的現象是，這群人也都沒有提到有關存在性的危機、個人道德上的困境，或其他特定的道德議題（例如：嚴肅地討論是否該服兵役、墮胎問題，或鼓吹某些組織等）。這並不是說我們這些受試者沒有其個人的道德上的兩難處境，而是他們並不將他們的發展歸因於道德困境有何特殊的重要性。很少聽到有人會提到如同當年 St. Paul 在往大馬士革路上所經驗到的信仰上的大轉變。對這些受試者而言，道德議題似乎不是他們關心的重點，而道德上的危機也不是他們生命經驗中的核心。

　　與這些上百的受試者晤談的結果，我們得到一個印象是道德判斷的發展，不是經由特定的道德有關課程、特殊的道德危機，或特定的道德領袖；而是一般社會發展的副產品。可用來區分高分組與低分組的元素，不是特定的道德經驗，而是那些促進一般性社會發展的事件。

　　我們這樣粗略地將整個資料分成兩組，實在是太過於簡陋。這樣的描述，概略地說出了大致的樣子，但無法表現出其繁複多樣的全貌。我們奉勸各位讀者，由這粗略的描述開始，然後仔細注意下面更為詳細的介紹。

　　為了更具體地說明 Deemer 的研究，有幾項她所採用的「經驗」編碼會在此加以討論。表 2-4 呈現了這一章中所挑選出要討論的編碼（請詳見 Deemer，付梓中）。所有這些經驗編碼都具有可接受的評分間的信度（一致性平均是 0.77；Cohen's Kappa 平均是 0.68）。之後的說明，引用了晤談時的一些片段，用來表示受試者是如何說的，還有如何被加以編碼的。為了保護受試者，凡是有易於被辨識出的細節會加以重新編排。為了節省篇幅，只呈現了一部分的編碼，摘述的訪問片段也經過縮減，重點在保留呈現出各編碼的主要特色。

表 2-4　Deemer 研究中的經驗編碼與道德判斷

經驗編碼		
高中	中間期	成年早期
學術傾向	教育／事業的傾向	事業成就
被鼓勵去進修	持續性的知性刺激	政治覺醒
	其他變項	公民責任
DIT	受教育年數	DIT
		Duncan 量表

資料來源：作者自行編製。

高中生活經驗編碼

　　在晤談內容，包括請受試者描述他們的高中生活經驗。其中一項生活經驗的編碼叫做「高中學業傾向」（high school academic orientation）。在此項目上得高分的是那些用功、成績好、喜歡閱讀、選修高挑戰性課程，並且在此課程上得高分的受試者。而在學業上表現差、不用功、選修容易課程而且得分低的受試者，則在此項目上得分低。例如：下面的一段談話就來自一個得高分的受試者：

　　　　因為我的老師太棒了，我覺得整個世界都打開了。

她要我們讀各式各樣的書，要我們盡量地寫。我愛寫，我高三寫了一大本。

另外一些得分低的例子如下：

我所擁有的是快樂。我是有一些遺憾，我高三那年蹺了許多課。另外那二年對我也沒什麼重要的。我的成績中等，嗯！包括了有好幾科是 D。這些都不重要，我的確沒有為了好成績而努力過，但，我還是畢業了，這才是我最大的目標，就是要出來。

我沒有修那些很重的課程，我修的是那些很爛、很容易的課。有些數學之類是必修的，我沒有修得很好，我當時實在沒有認真地試過。

高中那段日子，我遊手好閒，沒有好好把心思放在學校裡。

另外一項編碼叫做「被鼓勵去進修」（further education encouraged）。在此項目上得高分的，代表被父母與師長鼓勵去繼續升學；而得分低的，代表沒有被鼓勵去升學，或者是被要求去做別的事（例如：賺錢、運動等）。例如下面這是一段得分高的敘述：

我父親在我求學過程中，一直協助我，也會給我選課上的建議。但是，遇上修主修這樣的問題時，就得靠我自己了。我想他一直對我有很大的影響。有一次，我想向某個方向走，他對我說：「嗯！這方面的工作機會不太多，或許你可以考慮一下別的方面。」我想，我一直都被鼓勵要好好用功，但並沒有被要求一定要從事哪一種行業。

至於得低分的例子如下：

　　我的父母從來不會坐下來跟我談有關我的未來、人生目標之類的。這好像全是我的事。我若要追求什麼，他們都不會出錢的，全是我自己要負責。他們從來不會在這方面給我壓力，我不知道，這些對他們是不重要呢？還是什麼？

由 Deemer 的分析結果，上述這二項經驗編碼與受試者高中時的 DIT 分數間有著顯著的相關。也就是說，在高中時，具有課業傾向，而且家人鼓勵向學的受試者，他們的 DIT 分數都比較高。更有意思的是，這些測驗還可以顯著地預測十年後的 DIT 分數（相關係數是 0.42 與 0.36），而且這是將其高中時 DIT 分數的差異加以調整之後的結果 2。在複迴歸分析中，高中課業傾向對成年時

─────────

2　因為 Deemer 的研究依然在進行當中，統計分析的數字有可能會因為編碼的修改而改變，所以將來它最後的結果與目前所描述的不一樣，也是有可能的。

DIT 分數單獨的影響力就有 $R^2 = 6.0\%$，$F = 5.81$，$p = .018$（超過高中時 DIT 分數的預測力）。而被鼓勵進修這一項則是：$R^2 = 6.9\%$，$F = 6.40$，$p = .014$。令人不感到意外地，這些經驗編碼，也可預測出其後來實際上所受教育的年數。

中間期的生活經驗

高中畢業之後，這個樣本中過半數的受試者都有再繼續接受某種形式的教育。由之前的研究，我們知道單是受正式教育的年數就與之後的 DIT 分數間有著高相關。而 Spickelmier 與 Deemer 的研究，更進一步地指出，不同的人由其受教育年數中所獲得的好處是不一樣的；關鍵是如何使用其經驗，而非單單是在某個大學註了冊而已。其中一個關鍵是由「教育傾向」這個編碼所代表，也是 Deemer 將 Spickelmier 原來研究加以再修改之後的編碼。在此項目得高分的，他們用功、喜歡學習、喜歡與觀念為伍，朝向學業目標而努力、選擇與認真的人為朋友。而得低分者，很少花時間在唸書上，對學業上的目標不清楚，朋友也多不是學術型的，大學時多半時間也不是花在課業上。在此項目上得高分者的例子如下：

> 我很享受與課業上的死黨及教授們的相處。許多課我都很喜歡，我喜歡在那學術的氣氛中的感覺；在那種氣氛下，你可以遇到許多有意思的人，跟他們討論有意思的事情。生活似乎就因此而達到了高潮。我喜歡這樣的氣氛。

那時，我在榮譽榜中（因此而有特別的課程），那真是很好的訓練，我成績滿好的，大約是 3.7。我很用功，特別是考試之前，我喜歡住在學校裡，因為隨時都有人在，都有人可以討論一些事情。

關於我的室友，我們當時真的是非常緊密。我們在一起什麼都談，譬如：是否應該做器官捐贈？人死了之後會如何？上帝存在嗎？我們也一起聊我們的幻想，那真是很絕很好的經驗。

至於低分者的例子，則如下：

我總是猶疑不決，總是無法決定我的主修。要是有人告訴我某個課很好混，我就修了。於是我什麼都修，但什麼都是皮毛；大部分修的都是入門性的課，沒有集中力氣在一個方向上。（訪問者問：當時你是如何用你的時間？）我什麼都沒做，我有打點工。當時我住在家裡，一週大約有一半的時間在打工。那時候，也花了不少時間在嗑藥上，也常常進出舞會之類的聚會。結果當然也表現在我的成績上。那實在不是快樂的年代，也不是個有建設性的歲月，我真是回想不出什麼可以令我感到快樂的事。

　　高中畢業後，我馬上就去上大學。其實可以說是被我父母逼去的。我當時並不怎麼想唸大學，但是我父母堅持，我只好挑了一個離我家很近的一個學校。我一直沒有選定一個主修，最後還是離開了學校。我先是去上了一、二個學期，然後休學一學期，然後又復學。整個上大學的時期，一直都興趣缺缺，我似乎只是在花錢買時間，根本都沒唸書。

　　（訪問者問：關於學校，你最喜歡的是什麼？）我不知道我最喜歡什麼，大概是：約會、舞會，還有放暑假吧！

　　由此類編碼，Deemer所發現到的結果與Spickelmier一樣：將高中時期最初所測得之 DIT 分數的差異加以調整之後，這些唸了大學的受試者，他們的學習方面的傾向，就可以顯著的解釋之後年近三十時的DIT分數的高低（$r=.50$）。在複迴歸分析中，將高中時DIT分數加以控制之後，單是學習傾向就可以解釋之後成年（近三十）DIT分數的12.6%的變異量。而高中時的DIT分數又可以顯著地預測在大學時的學習傾向（$r=.47$）。

　　Deemer的晤談資料分析中發現了一個交叉的現象，就是那些去唸大學的並不一定都具有學習／教育／課業方面的傾向，因此受正式教育的年數就不必然直接地與道德判斷的發展間存在關聯。另外，那些沒上大學的，其中有一些很投入於具有挑戰性的工作，也在他們的生活中找到成長的機會。Deemer 的研究中，將此類編碼為「事業傾向」（career orientation）。這項編碼的分數，代表的是那些沒有大學學歷的受試者，在工作上有多認真，事業目標有多清楚，上進心有多強，以及是否選擇相同有事業傾向的人做朋友。下面就是一個在事業傾向上得分高的受試者所說的片段：

> 我剛開始的工作只是在檢查供電設備是否安裝好而已。之後，我開始接觸到電腦的程式設計，我也因此而有了突飛猛進。我開始了解電學、電子學，我也因此才開始真正接受了類似於工程方面的訓練。我花了很多的工夫在這上面……我還滿聰明的，我會用我的頭腦，我想用我的手和我的腦，為別人做點事情。

至於得低分者的一個例子如下：

> 當初剛離開高中時，我找到一個坐辦公室的工作，當時認為有個這樣的工作，應該不錯了，但終究還是個無趣的工作。然後我就換到工廠去工作，因為我知道那裡可以賺比較多錢。後來發現，除非你有學歷，否則你也拿不到什麼高薪水。目前我的工作，說實話，實在非常無聊，但是薪水不錯。而這也正是我唯一的要求，我只要拿到我的薪水，工作之外的時間都是我自己的，我可以做我自己愛做的事。我所享受的是工作之後，工作

> 本身實在不是我生命的重心，我也不打算長久待在我目
> 前的工作。工作是我丈夫的事，這就是我的看法。

因為「教育傾向」與「事業傾向」這二個編碼可說是平行的
（一個是大學的情境，一個是非大學的情境），因此這二項編碼
是可以合併在一起。將「教育／事業傾向」合併之後，的確具有
對成年早期 DIT 分數相當高的預測力（簡單相關係數 $r=.53$ ）。
而在控制了最初 DIT 分數的差異之後，可解釋的變異量，也可達
到 18%。

在此有必要說明一下 Deemer 所設計的經驗編碼背後的基本構
想。雖然有些編碼強調的是個人的特徵，有的則強調的是環境特
徵；然而所預設的是人與環境間是複雜的、相互影響的互動關係。
例如：在高中的編碼裡，「學業傾向」基本上是個人變項上的一
個特徵，而「被鼓勵進修」則是屬於環境的變項。這並不表示說，
假如被鼓勵去上大學，則所有上大學的人都會因此而獲得成長；
相等的，也不是因為一個人的學業傾向高，不論他／她的環境如
何，他／她就必然會有良好的發展。我們所預想的是，人或多或
少可以造時勢；人常主動地選擇讓自己進入具有挑戰的情境與機
會。而同時，一個人的發展，也需要某些環境中有利因素的支持。
當一個人主動追求成長，同時所處的環境也是有助於成長時，這
個人的發展是最好的。個人因素與環境因素是互相影響著。最重
要的是，我們並沒有預設一種簡單、單方向的因果關係；也就是
說，我們不認為一定是環境事件造成發展，也不認為一定是個人

特質造就了時勢。我們認為發展是個人特質與環境中的機會與困境相互影響下所編出的故事，因緣際會，各項因素時機正巧配合，於是發展就發生了。

　　另外一項編碼，叫做「持續的知性刺激」（continued intellectual stimulation），代表的是所處環境，十年來持續地提供了知性的刺激。例如：一個人上了大學，然後找到一個專業性的工作，工作中充滿了挑戰，這樣就會在此項目上得高分。另外一個人，假如同樣上了大學，之後卻找了個令人窒息的工作，那得分就會低些了。再如，一個人若是在工廠中一直做著重複、例行性的工作，或是老是失業，就會在此項目上得更低的分數。要想像在此項目上得分者的情況，相信並不難，例如：之前提過在大學裡以及畢業後在工作上都很積極的那些情況。另外，那些沒進大學，但在工作上充滿挑戰的，也屬於高分者。至於中間分數的，則包括一些可能在工作上沒有什麼挑戰性，但是在家庭、社區、朋友這些方面的經驗很豐富的這些人。下面則是二個得低分者的例子：

　　　　我很容易感到無聊，我的工作，總是在這裡做幾個月，那裡做幾個月。我對我手上正要做的事，很快地就覺得無趣了。我不喜歡被卡在同一個軌道上，我在一個地方工作到我不能爬升時，我就離開。

　　　　我的工作就是在家裡帶小孩，帶一個小嬰兒，你實在沒什麼機會去交朋友，除了去買生活所需的雜物外，

　　我根本足不出戶。

　　持續性的知性刺激與成年早期DIT分數間是相關聯的（r＝.58）。在控制了高中時最初DIT分數的差異後，這一項可以解釋的變異量有22%。這不僅僅反映了受正式教育的年數。在複迴歸分析中，當高中時DIT分數首先進入分析，再接著教育年數，然後是持續的知性刺激，這一項經驗編碼可解釋成年早期 DIT 分數變異量的14%，超過前面二項可解釋的變異量。

成年早期的生活經驗

　　針對Deemer的這個長期性縱貫研究的最終目的，我們將僅描述那些可以凸顯出這群受試者是如何轉變成為成熟年輕人的關鍵性經驗編碼。這些經驗編碼是：「事業成就」（career fulfillment）、「政治覺醒」（political awareness），以及「公民責任」（civic responsibility）。在此，理論上所關心的是：道德判斷發展是如何普遍地與一般性的社會發展、負責任的公民品格，以及其他我們所期許的成年早期的特質間緊密相連？

　　「事業成就」這項編碼最適合用五點的評分編碼來加以說明（為了在此項目上完成推論性的工作，大部分的晤談都要考慮進來，因此，前面所用的摘取片段談話作為舉例說明的方式，在此就不合適了。有關給分的描述，請見表2-5）。Deemer發現，事業成就與成年早期DIT分數間有顯著的相關（r＝.43）。當高中時DIT分數與受教育年數的影響加以排除之後，仍然有著顯著的相關

（$F = 11.64$，$p < .001$）。這項編碼，不單只是所受教育的多少，也不是所賺的錢的多少。重點在於評量受試者自我確認（identity）的程度，以及自認所從事工作有意義的程度，而不是金錢上的安全感。另外，Deemer 的這項編碼也不是在反映其職業的社會地位。受試者的職業評分是用 Duncan 量表。Duncan 的量表所採用的

表 2-5　事業成就

分數	描述
5	能認定一種事業對他／她而言是有意義的，而且是有挑戰性的。這包括有些人從事義務性社會服務工作，他們不拿薪水，重要的是這份工作讓他／她們有意義感，讓他／她們的自我有了確認感。事業對他／她們而言，正是他／她自我確認的一部分。
4	對一項工作領域有了長期的認定，但目前正在學校與就業中間銜接階段。他／他們在追求自己生涯的過程中找到了一個可以維持生活的工具。
3	從未計畫過要有自己的事業，或者在所選的領域中不成功的。或是有工作，而且在此工作中已經可以生存，但是並不全心全意地投入，或是並不認同這份工作（這包括已經找到工作，卻又發現不合適自己。也包括家庭主婦卻不甘於相夫教子的。重點在不認同、不投入他／她的工作者）。
2	工作上不穩定者、長期失業的、經常面臨被資遣威脅者，以及在基本生活需要上有真實困難的。
1	沒有有意義的工作、沒有工作收入、長期依靠濟助、依賴性的家庭主婦。

資料來源：作者自行編製。

是有關職業被知覺到的社會地位與聲望。DIT分數與 Duncan 量表間是有相關（$r = .39$），但是其相關不如事業成就與DIT間相關高。總之，在成年早期，道德判斷的發展的確與事業上的成功有關聯。

「公民責任」這個編碼則進一步擴展到對社區的關心，以及積極地為了社區的福利而奉獻。高分者反映了在社區的福利工作上，扛起了領導、推動的角色。中等分數者，反映當社區工作有需求而找到他／她時，會去幫忙；或是會維持社區成員的身分。低分者代表不參與，以及反對公民參與者。以下是一個高分者的例子：

> 快畢業前，我開始積極投入政治。我認識了一位州代表，當時我相信，他是最好的候選人，我就投入了他的競選活動。之後幾乎成了周年性的，每次我找到了某個工作，沒多久最後又都還是去替這個候選人工作。之所以會這樣，其實部分來自我的社會良心，以及對人權問題的關心。我認為在種族之間、兩性之間、工作之中，甚至於國家之間的戰爭……等問題背後都含著一項基本的、共通的問題，也就是人權問題，以及平等問題。我認為這個問題很重要，這大概也是我積極參與政治的理由吧！

得中等分數的一個例子如下：

假如他們要去種樹或做些什麼事，我會去幫忙。我會去幫別人，因為幫助別人而得到快樂，這滿重要的。我不在乎沒有任何回報，一句簡單的「謝謝」就很好了。我很願意義務服務，要是有人從鎮上來邀我去做服務，只要我有時間，我能做的，我會去做。

而得低分者的例子如下：

我避免牽扯到會占用我自己時間的事情裡。

Deemer 的研究發現，公民責任與 DIT 分數間有顯著的相關（$F[4,96] = 4.94$；$p < .001$）。

「政治覺醒」反映的則是一個人對廣大社會議題的關心、資訊，以及能清楚表達的程度。得高分者是那些廣泛吸收各種不同資料來源，並經常投入政治議題討論的人。中間分數則是那些會去看電視新聞、會看報紙，並偶爾加入政治性討論的人。低分者則對政治冷漠、不閱讀相關資訊，也不愛討論。分析結果，政治覺醒與 DIT 分數間有顯著相關，$F(3,93) = 11.13$，$p < .0001$。

簡而言之，成年早期的 DIT 分數與某種生活型態是相關聯的。道德判斷發展的分數高的，似乎在事業上也比較如其所願、比較投入其所屬的社區，也比較對整個大社會的大問題關心，也花心思去了解。

前面的描述，是將有關的經驗編碼，逐一個別地說明。我們還可以將這些合在一起來表示一種更為廣泛性的經驗。一個簡單的方法，就是將這幾個編碼的得分加在一起成為一個變項。我們於是將高中以來代表生活經驗的五項編碼相加在一起。這五項是：「教育／事業傾向」、「持續的知性刺激」、「事業成就」、「公民責任」與「政治覺醒」。然而這五項加在一起的和，代表什麼呢？記得前面我們曾粗略地將整個分成二大組，一組叫做「發展的高層道路」（high road of development）。而五項組合成的變項可以解釋成一個受試者在發展的高層道路上的程度。也就是說，代表了伴隨著道德判斷分數高度發展的各種因素，包括：個人的特質、教育與事業的機會、所處社會環境的支持、刺激與挑戰，以及公民與事業的活動等。分析結果與 Spickelmier 的學術編碼的組合很相似。這個「高層道路」分數與成年早期 DIT 分數間有著高相關（$r = .69$）。經複迴歸分析，當我們事先控制了高中時 DIT 分數後，成年早期 DIT 分數的 26% 的變異量可由「高層道路」分數來解釋（也遠超過最初 DIT 分數的解釋力）。假如再加入第二個控制變項，就是受教育的年數，則「高層道路」的解釋力為18 ％（仍然遠超過高中的 DIT 分數以及受教育年數）。這三項合在一起，與成年時其 DIT 分數的複相關則為 .70。因此，在藉由生活經驗以解釋成人發展上，Spickelmier 與 Deemer 的研究取向，已經被證實是非常豐富，而且有啟發性的。這些由晤談中所得的經驗編碼，顯然比單單是用受教育的年數這個變項，要更有用，也更豐富。正因為這些經驗編碼可以解釋成年時 DIT 分數的相當大的變異量，我們就有理由相信，這種描繪經驗的編碼方式裡，含有促成道德判斷自然成長的重要元素。我們終於成功地越過了「受教育年數」這個「代理性」的變項了！

結語

　　現在我們回到這一章開始所問的問題，什麼是道德判斷發展的原因？我們跟著一群人，由大家成長的基地——高中，開始。隨著時間推移，他們走上不同的道路，做了不同的事，而我們又由此過程中觀察到些什麼呢？那些在道德判斷上有增進的與沒增進的差別又在哪裡呢？

　　一開始，我們發現這與受教育的年數有關，然而我們想要進一步了解在這個代理變項背後究竟是什麼？這籠統的受教育年數，一定間接地表現了某種心理歷程，某種經驗條件，這些才是真正促成道德上發展的原因。我們的研究，開始去傾聽這些受試者的各項詳細的經驗。比如：與朋友間有關道德議題的討論、啟發性的閱讀、旅行、朋友的自殺、對親人的照顧、新工作、搬到陌生地方……等等。我們問受試者，他們哪些有經歷到，哪些沒有經歷到。分析的結果，發現這些特定的經驗對預測道德發展上都沒有什麼用。我們在研究策略上，一定犯了什麼錯。

　　事後反省檢討，我們認為，這些經驗或許對促進發展仍然是有用的，關鍵是要遇到能自覺到這種影響的受試者；同時，各種特定的經驗若與其他經驗相伴隨，並且累積成一種型態，也可能才是我們要找的所謂經驗。因此，我們改變策略，放掉了細碎的特定經驗，改而用更為廣泛，發展有關的社會刺激與社會支持因

076

素。由此，我們在預測力上有了大躍進。當初，對成年早期 DIT 分數，幾乎毫無解釋力（在控制了最初DIT分數的差異性之後）；現在，超越了最初DIT分數的預測力，而能擁有 26％變異量的解釋力。這樣的成果，使得我們相信，在理論的形成上，應該是有些什麼了。

由諸多分析結果，我們所得到的圖像是，道德判斷的發展與一般性社會發展是一起共舞的。關鍵不是特定有關道德的經驗（如：道德教育課程、道德領袖人物、道德上的危機、對道德議題上的思考等）；反而是對所處社會環境覺察上的成長，以及自己真實地活在裡面，是這些促進了道德判斷上的成長。在道德判斷上有所成長的人，通常是：喜歡學習、尋求挑戰、享受知性豐富的環境、會內省、會訂目標與計畫、會冒險、看得到自己所處的體制、組織、社會、文化與歷史的脈絡、會扛起自己該負的責任，也會扛起對社會的責任。至於在環境因素這一邊，則通常被鼓勵繼續升學，環境中充滿豐富的刺激與挑戰，周遭的人支持他們的工作、關心他們，也欣賞他們的成就，在事業上也比較如其所願，生活中持續有知性與挑戰性，比較投入所屬的社區，對大社會也比較關心。這種型態其實就是一種一般性的社會與認知的發展。

這樣的結果，所帶來的好消息是，DIT分數或許可以當做一般性社會發展的間接指標（至少在與我們類似的人群裡）。如同在第一章中所提到，道德判斷在理論上，以及在運作上，都與其他的道德心理歷程是不一樣的，而且當然更不是人格組織的特徵。然而，當前的研究結果，至少在與我們類似的母群中，社會發展似乎與人格發展的許多因素組合在一起。所以，某種程度而言，DIT分數或許可以當做一般性社會發展的一種替代性指標；同時，也是富有刺激性、支持性社會環境的間接指標。

　　另外，帶來的壞消息是，由此研究所得到的線索，並沒有為道德判斷教育帶來更為清楚的努力方向。假如道德判斷的發展，是自然而然地隨著更為廣泛的社會發展而形成，那特別為道德判斷而設的教育課程就沒有必要了。下一章就將針對這個教育問題加以回顧與探討。

第三章

教育課程與介入處理

James Rest 及 Stephen J. Thoma 著

單文經 譯

　　在過去的十年之中，學界人士對於設計道德教育課程，以提
升道德判斷發展的作法，顯得相當有興趣，並且投注了許多的心
力。受到道德發展理論影響的教育工作人員，曾經嘗試提供各種
不同形式的加強型或是激勵型的教育經驗，俾便催化道德判斷發
展的自然增長。過去一些學者就道德教育課程所作的回顧（En-
right, Lapsley, & Levy, 1983; Leming, 1981; Lockwood, 1978; Law-

　　本章是修改自 Schlaefli、Rest 及 Thoma 等人合著的一篇文章：〈道德教
育會增進道德判斷嗎？運用界定問題測驗所從事的介入研究之統合分析〉。
該文原發表於 *Review of Educational Research, 55*, 3（1985）：319-352。本文
的輯印，曾經獲得該刊物的同意。在此，謹向曾經把他們的研究報告寄給我
們的研究同道們，致上最大的謝意。

rence, 1980; Rest, 1979a）皆指出，有一些道德教育的課程對於提升道德判斷的發展是有效的（大約一半左右），特別是這些課程的實施，如果能持續較長的時間，而且這些介入處理的課程又能包括具有爭論性的道德兩難困境的討論，則其效果更好。這些課程的實施，強調道德問題的解決，並且著重同儕之間的互動，顯然會加速道德判斷的自然發展。在少數幾個採用延宕追蹤檢定的研究之中，其課程實施的效果，也似乎可以維繫。

雖然，這些課程實施的效果並不是非常大，比如說，這些課程不至於使初中生的道德推理能力，立刻變得和一般的道德哲學家一樣。但是，這些道德教育的課程所造成的改變，卻相當於四至五年自然成長的結果（如果我們以縱貫式的研究中所顯示的發展速率作為比較的基礎）*1*。在道德判斷的發展上，沒有巨大的改

---

1 雖然某些回顧以四分之一階段，或是二分之一階段等來表示介入處理的效果，但是以一個階段的部分作為測量的方式，有一些特別的問題。主要的問題之一是，向上晉升一個階段，所代表的是在不同的系統中不同的意義。雖然依據 Kohlberg 在一九五八年編製的計分系統而言，一個階段均約需三至四年即可能晉升，但是，在新近編製的計分系統當中，卻需要超過十年才可能晉升。更有進者，「界定問題測驗」還有其他的道德判斷測驗工具，並未以階段類型的方式來表示發展的程度，而是以連續分數為其指標（P％或 D）。另外一個以問題是一個階段的部分作為表達改變的方式是，某些階段的改變比另外某些階段的改變，困難的多（例如：由階段三到階段四，就比階段四到階段五容易）。所以，允許以不同測量工具之間可以相互比較，而且較少問題的作法即是，採用相當於縱貫性研究當中所顯示的成長年限的數目作為指標（這好比以學生的年級的高低，來表示學生的學力高低）。

變，並不值得驚訝，那是因為這些研究所採用的測驗工具（Kohl-berg 的「道德判斷晤談」，或是「界定問題測驗」），原本設計的目的乃是在針對吾人生命過程中，道德思維的改變作一番相當概括式的描述，並且用以呈現吾人的社會思維之潛在結構，而不是針對一些具體明確的概念或觀念，作精緻的描述。換句話說，Kohlberg 陣營的研究者所作的發展研究，好比是舊石器時代、銅器時代、中世紀時代……等等不同時代的文化發展，作「大堆頭式」的對比──而不是就一九六〇年代和一九七〇年代的文化發展，作「細部式」的對比。因此，運用這些測驗工具，來評估一套半年的課程，就和運用標準化的成就測驗不一樣，因為後者的設計目的就是要能敏感地檢定受試者在年度內的改變。不過，即使是在道德判斷發展的量表上有些微的進步，在學理上和實際的運用上也都值得注意，如果這些進步確實能持續累積，而且這些道德判斷發展的分數確實與真實生活情境的作決定能力有所關聯的話，則更有意義了（見第五章）。

　　自從這些較早期的回顧公諸於世之後，又有超過三倍以上類似以介入處理為主旨的研究問世。這些研究不只可以為早期的研究所形成的結論是否具有普遍性，提供一個測試的機會；而且，這些資料也使得我們可以運用一些後設分析的方法，讓我們對於道德教育課程在道德判斷發展上的效果，有更精確且更清楚的了解。本章所回顧的五十五個研究，都是運用同樣的一個研究工具（界定問題測驗），因此，我們可以避免因為測驗的類型不同而造成混淆，而從事許多項目的分析，或是更進一步的分析。

🎞 樣本的特性

依循 Glass（1977）的建議，我們並不把我們蒐集的研究報告，局限於已經發表在期刊雜誌之上的，而是盡可能地將運用界定問題測驗來評估道德教育課程的影響力的有關研究，都加以蒐羅。對我們有最大助益的是由 Kuhmerker 主編的《道德教育論壇》（*Moral Education Forum*），每年一次將刊載的論文整理而成的目錄，以及《國際學位論文摘要》（*Dissertations International*）當中所輯的世界各大學的學位論文摘要。另外，許多研究工作者也主動地把他們的研究報告寄到明尼蘇達大學倫理發展研究中心來。

本文所回顧的這五十五篇研究，只包括了我們所蒐集的研究報告之中，資料最為齊全的篇章[2]。這些包括了以前由 Lawrence（1980）及 Rest（1979a）所回顧的十五個研究。又，其中有些研究報告之中的部分資料不齊全的（例如：前測的平均數），我們也都設法和原作者取得聯繫，設法補足之。也有一些情況是，我們雖然盡力了，但是仍然無法補齊不足的資料。這些研究的某些特性，摘要如表 3-1。

----

[2] 「充足」的資料意指，該項報告包含了足夠的敘述，因而我們可以將它加以分類，或是該項報告包含了足夠的有關受試者的資料，因而我們可以將它們加以分類，而且還包含了足夠的有關「界定問題測驗」分數改變的資料，因而我們可以告訴讀者哪些介入處理會帶來影響。

表 3-1 運用「界定問題測驗」所進行的介入研究

出版品的類型	包括社會科在內的特別領域
博士論文：30*	社會科學：7
期刊雜誌：18	法律，管理：3
未出版的手稿：7	護理：4
樣本	教師：6
6-9 年級「初中階段」：12	**介入處理的時間久暫**
10-12 年級「高中階段」：12	短期的介入：13
學生，多半是大學生：19	中長期的介入：42
成人，超過 24 歲：12	**所宣稱的效果**
教育課程的類型	效果顯著：25
兩難困境的集體討論：29	效果不顯著：30
心理發展的課程：19	**設計的類型**
社會科及人文課程：7	古典的實驗設計：9
	準實驗設計，有控制組：28
	只有後測或無比較組：18
	統計分析的類型
	簡單 t 檢定，前後測比較：36
	共變項分析，二因子變數分析：19

*所列出的數字是指具有該項特性的研究之小計。

研究的總數＝55

資料來源：作者自行編製。

　　大部分的研究都是以學位論文的方式呈現（除了一篇是碩士論文之外，其餘都是博士論文）。受試者的年齡幾乎跨越了「界定問題測驗」可以使用的各個年齡層（因為「界定問題測驗」適用於六年級以上的受試者）。教育課程的類型（以下還會詳細說

明）大部分為兩難困境的集體討論和「心理發展的課程」（這些
教育課程的設計，旨在促進一般性的人格與群性發展，且具有實
驗性質者；請參見下面的取向部分）。大約半數的研究包含了一
些特殊領域的受試者（社會科學、法律、管理、護理、教師），
其餘研究的受試者則較具異質性。大部分的教育課程，都為期若
干週。又，如同從前所作的回顧一樣，大約半數的研究宣稱其介
入處理的結果，對於道德判斷的發展有顯著的影響。

這些研究當中，有許多都存在著方法論上的缺失：

1. 只有九項研究採用了隨機分派的實驗設計。因為大部分的
研究是在學校的自然情境當中進行的，所以比較常採用的是具有
比較組的準實驗設計；不過，其中有十八項研究，連準實驗設計
的條件都不符合。

2. 十九項研究所運用的統計，是共變項分析或是二因子變異
數分析，因此在測定處理效果的同時，對於前測時即存在的差異，
也採取了控制的手法。另外的研究則以簡單的 t 檢定，就實驗組的
前後測進行比較，而未就控制組前後測改變作校正的工夫。

3. 一些研究涵蓋了有關 Kohlberg 的階段理論的教學和討論，
所以對於後測的結果，可能會帶來一些污染（因為道德判斷測驗，
是假設受試者在未接受有關道德判斷理論之指導的情況下，編製
而成的）。

4. 有少數研究報導，他們的受試者對於測驗，並未有真正的
了解；或者，這些受試者的年齡太小以至無法實施測驗；或者，

因為受試者接受的測驗太多，以至於填寫這份測驗的動機有問題。

　　5.大部分的研究都沒有作後續的測驗，俾便確定後測所多得的分數，是否能繼續維持下去。

　　6.大部分的中介處理都是由缺乏經驗的教師進行教學，他們多半是第一次使用該套教育課程，而未經先前的試用過程。

　　7.許多研究的樣本都很小，以至很難進行推論。

　　不幸的是，這些缺失在從前所作的一項回顧（Rest, 1979a）之中，也曾經出現；而且，似乎到目前為止，這些缺失並未獲得改善。不過，我們所作的回顧將會一一檢視這些研究，因為我們對於Glass（1977）所作的結論十分在意，他指出，即使某項個別的研究有些缺失，但是針對所蒐集得來的研究，一一加以檢視，還是能獲得許多有用的資訊。而且，我們也將會針對採用不同方法進行的研究，作事後的分析，以便了解某些設計的特性會不會影響整個分析所得的趨勢。

　　表 3-2 所列的四十項運用「界定問題測驗」所作的介入處理的研究，是時間比較近的，而表 3-3 所列的十五項則是先前曾回顧過的（Lawrence, 1980; Rest, 1979a）。這些表格對於每項研究，皆提供了大量的資訊（只要是能找到的資訊，都列在表中）：

　　1.第一個欄位是作者的姓名，以及出版的年代。

　　2.「研究設計」是採用 Campbell 與 Stanley（1963）所用的符號，R 代表隨機選取，O 代表一次觀察，而 X_1、X_2、X_3……代表不

表 3-2 1977-1983 年間運用「界定問題測驗」的介入處理研究回顧

作 者	研究設計[a]	樣 本	介入處理的久暫
兩難故事討論的介入			
Bridston（1979）[c]	OX_1O OO OX_2O OO	$N=69$，護理學院一年級學生，大約 23 歲	7×30 分鐘的兩難故事討論
Fleetwood 及 Parish（1976）	OXO OO	$N=29$，犯罪的青少年，16-17 歲	每週 $6×1\frac{1}{2}$ 小時，共 4 週
Boland（1980）	OXO OO	$N=52$，天主教初級中學學生	每週各 1 小時，共 12 週
Preston（1979）[c]	OXO OO	$N=69$，黑人高級中學 7-9 年級	24 週
Gallagher（1978）	ROXO ROO	$N=90$，低社經地位區域的 11 和 12 年級學生	每週 2×45 分鐘，共 10 週
Donaldson（1981）	OXO OO	聖經學院的大三和大四學生	1 學期
Shafer（1978）[e]	ROXO ROO	$N=57$，修讀自然科的教育系學生	10 週
Hanford（1980）[c]	OXO OO	$N=32$，護理學院的學生	1 學季（10 週）
Riley（1981）[f]	ROX_1OO ROX_2OO RX_1OO RX_2OO	$N=128$，20-80 歲的成人中產階級，基督徒	每週 60 分鐘，共 8 週
Kenvin（1981）	OX_1OO OX_2OO OOO	$N=30$，私立浸信會中學，10 和 11 年級 $N=60$，10 和 11 年級公立高級中學，中產階級	每週 45 分鐘，共 6 週

介入處理的類型	平均的 $P\%$ 分數[b]		在 DIT 上 改變的效果	研究上 的問題	效果 大小
	前　測	後　測			
X_{11} = 兩難故事的討論 （Galbraith-Jones） 秋季班（E_1） 春季班（E_2） （和健康政策的討論取得聯結）	$N=15$, E_1: 43 $N=16$, C_1: 37 $N=23$, E_2: 32.1 $N=15$, C_2: 35.1	47 39.1 32.6 39.3	ANCOVA $F(1,28)=1.43$ 未顯著[a] $F(1,35)=2.23$ 未顯著	R, F, B, S	.32 .06 .17 .22
X= 兩難故事的討論 （Galbraith-Jones） （E）	$N=15$, E: 20.9 $N=14$, C: 56.8	37.7 56.6	$t(14)=3.31$ $p<.05$ 未顯著	R, A, M, F, S	1.72 −.03
X= Kohlberg 和 Fenton 的假設性兩難故事討論，到 末了，討論真實的兩難困境 （E）	$N=22$, E_1: 19 $N=24$, C: 28	24 26	$t(21)=1.89$ $p<.05$ 未顯著	R, A, F	.31 −.13
X= 在健康教育和體育課程 中進行兩難故事討論（E）	$N=30$, E_1: 18.6 $N=38$, C: 18.3	25.4 19.7	二因子 ANOVA $p<.05$[d]	R, F, A	.80 .16
X= 以高中文學課、角色扮 演和新聞報導中所發現的衝 突故事作引導性的同儕討論 （E）	$N=60$, E $N=30$, C	未報告 未報告	未顯著 未顯著	A, F	−
X= 兩難故事的討論 臨床法（Kohlberg-Fenton）	未取得資料		未顯著	R, M	−
X= 兩難故事的討論 （Galbraith-Jones）	$N=31$, E: 40.8 $N=26$, C: 36.98	48.6 42.2	ANCOVA $F(1,56)=4.03$ $p<.05$	C, F	.58 .33
X= 有關生物倫理的兩難故 事討論；撰寫有關學倫理的 論文；Kohlberg 理論的教學	$N=16$, E_1: 41.6 $N=16$, C: 46.3	55.1 51.0	$t(15)=3.36$ $p<.01$ $t(15)=1.8$ 未顯著	R, A, C F, N, S	.65 .35
X_1= 兩難故事的討論 （Galbraith-Jones） X_2= 控制組——有關教會歷 史的講演	$N=28$, E_1: 27.1 $N=28$, C_1: 24.3 $N=28$, E_2: [c] $N=28$, C_2: [c]	31.9 26.5 33.1 25.1	ANCOVA 以教育程度作 共變項，對後 測作三因子 $F(1,95)=11.11$[g] $p<.01$	−	.57 .20
X_1= 美國史上一般價值的討 論（Fenton）（E_1）	$N=30$, E_1: 30.6	29.8 延宕 (32.5)	二因子 ANOVA	R, B	−.06
X_2= 實教教學，聖經研讀和 討論（E_2）	$N=30$, E_2: 29.4	28.9 延宕 (25.5)	$F(3,117)=.13$		−.04 （續）

表 3-2 （續）

作　者	研究設計[a]	樣　本	介入處理的久暫
	42.8		
Farrelly（1980）	OX$_1$O OX$_2$O OO	N=191，6 年級學生	每週 3 小時，共 4 週
Manville（1978）[c]	OX$_1$O OX$_2$O	N=39，12 年級的高中學生	每週 45 分鐘，共 11 週
Copeland 及 Parish（1979）	RX$_1$O RX$_2$O RO	N=134，監禁 6 個月以下的受刑人	7 週之間共 10 小時
McKenzie（1980）	OX$_1$O OX$_2$O OO	N=46，11 年級的高中生	每週 1 小時，共 16 週
Sachs（1978）[c]	OX$_1$O OO OX$_2$O OO	N=97，9-12 年級的高中學生	每週 4 節，共 20 週
Codding（1980）	OX$_1$O OX$_2$O OO	N=147，10-12 年級的高中生	高 1 學期
St. Denis（1980）[f]	ROX$_1$O ROX$_2$O ROO	N=120，護理學院的學生，平均年齡為 28.5 歲	每週 40 分鐘，共 10 週

介入處理的類型	平均的 $P\%$ 分數[b]		在 DIT 上改變的效果	研究上的問題	效果大小
	前　測	後　測			
	$N=15$, C_1: 24.5	28.1	未顯著		.26
		延宕			
		(29.5)			
X_1 =同儕團體兩難故事討論	$N=15$, C_2	(29.4)	未顯著		
（Galbraith-Jones）（E_1）	E_1×全部階段		$P\%$未顯著	R, A, F	—
X_2 =兩難故事的獨立研究(E_2)	E_2有所報導				
X_1 =兩難故事討論	$N=25$, E_{11}: 32.8	33.9	t檢定未顯著	R, A, C,	.09
（Galbraith-Jones）（E_1）介	$N=14$, E_{12}: 33.5	33.5	未顯著	F, S^a	.00
紹 Kohlberg 的理論					
X_2 =兩難故事的獨立研究未					
作團體討論。介紹 Kohlberg					
的理論（E_2）					
X_1 =兩難故事的討論	$N=50$, E_1^b	33.3	t檢定	A, M, F	—
（Galbraith-Jones）（E_1）	$N=54$, E_1^b	33.6	未顯著		
X_2 =團體諮商的課程（E_2）	$N=30$, C^b	34.2			
X_{11} =價值澄清法和兩難故	$N=15$, E_{11}: 29.1	34	ANCOVA	R, A, F	.36
事討論的組合（Kohlberg-			$P : F = (2,44)$		
Fenton）（E_{11}）			$=4.49$		
			$p<.05$		
X_{12} =兩難故事的討論（E_{12}）	$N=16$, E_{12}: 34.6	29.5	E_1對 E_2後測		−.37
	$N=15$, C: 25.6		t (30) $=2.02$		
			$p<.05$		
		29.2	$E_1=C$: $E_2=C$		
X_1 =高中文學課中，道德論	$N=20$, E_1: 20.3	20.4	未顯著	R, A, F	.46
題進行兩難故事的討論	$N=29$, E_1: 20.2	23.5	未顯著（未取		.01
（Kohlberg-Fenton）			得統計分析的		.32
			資訊）		
X_2 =在各類學校中進行相同	$N=35$, E_2: 32.0	36.1	未顯著		.26
的課程	$N=13$, C_2: 35.6	37.4	未顯著		.17
X_{11} =兩難故事討論	$N=50$, E_{11}: 39.4	43.6	ANCOVA: E_1和 C	R, F	.51
（Galbraith-Jones）（E_1）					.28
X_{12} =一般和個人問題的討	$N=42$, E_{12}: 44.2	46.2	$F(1,107)=6.2$		.06
論（正義社區）（E_2）			$p<.01$		
	$N=55$, C: 38.7	39.2	ANCOVA: E_2和 C		
			$F(1,95)=4.08$		
			$p<.01$		
X_1 =認知導向的道德教者策	$N=42$, E_{11}: 41	50.5	ANCOVA: E_1對	C, F	.71
略（Kohlberg-Fenton）（E_1）	$N=36$, E_{12}: 44	48.1	C		.32
	$N=42$, C: 47.6	42.8	$F(1,74)=35.3$		−.36
			$p<.001$		（續）

表 3-2 （續）

作　者	研究設計[a]	樣　本	介入處理的久暫
Clarke（1978）	OX$_1$O OX$_2$O OX$_3$O	N=617，5 年級學生	每週 1 小時，共 10 週
人格發展式的教育課程 Cognetta（1977）	OX$_1$O OX$_2$O OO	N=31，高中學生	每週 2 小時，共 10 週， 每日上 50 分鐘
Nichols、lsham 及 Austad （1977）[c]	ROX$_1$O ROO ROX$_2$O ROO ROX$_3$O ROO	N=150，初中生	每天 50 分鐘，共 9 週
Wong（1977）[f]	OX$_1$OO OO OX$_2$OO OO OX$_3$O OO	N=29，高中女教師	8 週，共 32 小時，其中 4 週為 E$_2$
Tucker（1977）[c]	OXO OO	N=53，大學生，年齡在 20-29 歲之間	每週 2 小時，共 12 週
Oja（1977）[c]	OXO OO	N=48，在職訓練的中小 學教師	每天 $3\frac{1}{2}$ 小時，共 16 天
Whiteley 等人 （1982）	OXO OO OO	N=187，學生義工	8 個月

介入處理的類型	平均的 $P\%$ 分數[b]		在 DIT 上改變的效果	研究上的問題	效果大小
	前 測	後 測			
X_2＝情意導向的道德教育策略（Rogers）（如 E_1，置於人格發展的課程之下）			E_2 對 C：$E(1, 74)=13.51$ $P<.05$		
X_1＝兩難故事討論和角色扮演（E_1）	未見報導		ANCOVA	R, F	—
X_2＝直接教育學課程（E_2） X_3＝自然發展，無正式的課業活動（E_3）			未顯著		
X_1＝DPE, Sprinthall 訓練：自我反省思考，溝通訓練對自己諮商的回饋（E_1）	$N=15$, E_1: 28.6	35.1	$t(14)=2.31$ $P<.05$	R, A, F, S, C	.35 −.13
	$N=7$, E_2: 39.5	36.7	未顯著		.05
	$N=9$, C: 37.4	38.5	未顯著		
X_2＝心理學課程（E_2）DPE 課程為：	$N=48$, E_1: 8.8	10.31	$t(47)=1.89$ $P<.05$	R, A, F, T	.26
X_1＝個人：有關 7 年級的需求、價值和行為	$N=48$, C_1: 9.6	9.8	未顯著		.03
	$N=46$, E_2: 7.7	11.1	$t(45)=3.48$ $P<.005$		.55
X_2＝團體：有關 8 年級學生的價值和行為	$N=46$, C_2: 9.6	9.6	未顯著		.00
	$N=41$, E_3: 11.3	13.5	$t(40)=1.93$ $P<.05$		.33
X_3＝社會：有關 8 年級的論題和抉擇（皆為DPE處理）	$N=41$, C_3: 11.6	11.7	未顯著	R, A, C, S	.01
	$N=11$, E_1: 56.3	65.6	$t(10)=4.21$ $P<.01$		1.17
以女性角色為主題的 DPE 課程					
X_1＝加上 Kohlberg 理論及溝通技巧	$N=9$, C_1: 52.3	51.8	未顯著		−.03
	$N=8$, E_2: 51.8	53.8	未顯著		.13
X_2＝加上溝通技巧	$N=7$, C_2: 45.1	41.6	未顯著		−.25
X_3＝未加上溝通技巧	$N=10$, E_3: 44	54	$t(10)=4.07$ $P<.01$		.91
X＝有關諮商技巧，同理心訓練	$N=9$, C_3: 47	45	未顯著		−.16
	$N=31$, E: 19.1	22.1	$t(30)=2.04$ $P<.02$	R, A, F, N, T	.40
在DPE課程，強調種族及女性的論題	$N=14$, C: 18.1	20.7	未顯著		.24
X＝有關溝通技巧、個性化教學，理論在班級教學上的應用等 DPE 課程	$N=27$, E: 56.3	63.1	在教學上的檢定 $t(46)=2.08$ $P<.02$	R, A, C, F, T	.59
	$N=21$, C: 46.3	51.5			.32
X＝在特別的住宿大學中，有關心理學的訓練和經驗的課程，討論社會和個人的問題（E）	$N=83$, E 調整後的得分 +6.2 +3.1		ANCOVA $F(2,185)=3.0$ $P<.05$	R, F	.46 .23
	$N=58$, C_1 調整後的得分 +1.2 （$P\%$ 平均數在前後測上的差異）				.08

（續）

表 3-2 （續）

作　者	研究設計[a]	樣　本	介入處理的久暫
Avise （1980）[e,f]	OXO OO	$N=22$，鄉村地區的 15-17 歲學生	1 學期
Wilson （1978）	OX_1O OX_2O OX_3O	$N=41$，9-12 年級高中學生	每週 2 小時，1 年之間共 20 小時
Reck （1978）[f]	OX_1O OX_2O OX_3O OO	$N=135$， 11、12 年級高中生 $X_1=11$ 年級 $X_3=12$ 年級	X_1：在 9 週之間共 15-18 小時 X_2：在 9 週之間共 42 小時 X_3：在 9 週之間共 105 小時
Olson （1982）	OXO OO	$N=27$，大學住宿生和非住宿生	5 個月
學科課程			
Boyd （1980）	OXO OO OO	$N=262$，大學商科學生	每週 1 小時，共 11 週
Finkler 個人通信 （1980）[c]	OX_1O OX_2O OX_3O	$N=99$，修習犯罪學的大二學生，哲學系學生及博士班學生	每週 1 小時，共 1 學期
Willging 及 Dunn （1982）	OXO OO	$N=104$，法律學院第一年和最後一年的學生	在 10 週之間，共 30 小時
Redman （1980）	OXO OO	$N=33$，學生義工，中上階級	每週 2 小時，共 2 學期
Stevenson （1981）[c]	OX_1O OX_2O OO	$N=56$，修習社會科學、人文學科及英語的大學生	每週 1 小時，共 1 學季

介入處理的類型	平均的 P% 分數[b]		在 DIT 上改變的效果	研究上的問題	效果大小
	前　測	後　測			
X＝在階級改善溝通技巧且自我反省思考（E）	$N=7$, E: 25.0	25.44	未顯著	R, A, F, N,	.06
	$N=7$, C: 19.6	18.29	未顯著	S, T	−.18
X_1＝WAY：有關工作和學業的自我反省（E_1）	$N=12$, E_1: 26	23	未顯著	R, A, F, N	−.25
	$N=14$, E_2: 33	30	未顯著		−.23
	$N=15$, E_3: 31	28	未顯著		−.20
X_2＝有關公共健康生涯的學科課程（E_2）					
X_3＝有關公共健康生涯的分類課程（E_3）					
$X_{1,2,3}$＝服務的課程以幫助有需要的人（$E_{1,2,3}$）	$N=34$, E_1: 31.6	32.9	未顯著	R, A, M,	.13
	$N=19$, E_2: 30.1	35.8	$t(18)=2.65$ $p<.05$	F, N, T	.43
X_3＝學習障礙兒童的教學	$N=71$, E_3: 32.8	37.3	$t(70)=3.06$ $p<.001$		.31
	$N=11$, C: 28.18	32.0	未顯著		.34
X＝領導訓練和領導經驗	未取得資料		未顯著	R, A, F, N,	−
			未顯著	S, T	
X_1＝社會—政治的論題（E_1）	D 分數		$t(180)=3.08$ $p<.02$	R, A, F	.19
	$N=181$, E_1:				
X_2＝組織行為課程（C_1）	（22.0）（23.2）				
	$N=41$, C_1:		未顯著		.15
	（21.1）（22.1）		（E 和 C：後測		
	$N=40$, C_2:		檢定 $p<.05$）		.00
	（20.4）（20.4）				
X_1＝人文學科和犯罪學（E_1）	$N=24$, E_1: 44.6	47	ANCOVA $F(1.92)=4.59$	R, M, F, N, A	.17
					.00
X_2＝人文學科（藝術宗教）（E_2）	$N=44$, E_2: 37.1	37.1	$p<.02$ 問題：資料未		−.32
X_3＝犯罪學導論（C）	$N=31$, C: 36.8	33.5	正確敘述		
X＝與律師對社會的專業責任相關的法律倫理學，個案研究（E_1）	$N=41$, E_1: 52.22	52.78	t 檢定	R, A, M, F, N, T	.04
	$N=63$, C: 49.5	52.13	未顯著		.22
	源自縱觀研究（第一和最後一年）		未顯著		
X＝吾人價值觀念的討論；閱讀 Skinner, Freud 著作於不同文化中的價值（E_1）	$N=19$, E_1: 34.6	45.2	$t(18)=3.18$ $p<.005$ C：未顯著	R, A, M, F, N, S, T	.63
	$N=14$, C: 38.5	44.6			.46
X_1＝社會科，討論文學中的問題（E_1）	$N=29$, E_1: 50.1		t 檢定	R, F, N, T	.25
X_2＝人文學科（E_2）	E_1 和 C：DIT 未被應用	53.8	未顯著		
X_3＝英語課程（E_3）					（續）

表 3-2 （續）

作　者	研究設計[a]	樣　本	介入處理的久暫
短期課程 Goddard（1983）[f]	ROX₁O ROX₂O ROX₃O ROO	N＝68，修習心理學、社 會學、歷史學、經濟學的 學生	3×20 分鐘
		N＝62，專士學生的護理 學生	非常短的介入處理
M. Greene, personal communication （June 1980）	OXO OO		
Holley （1978）	OXO	N＝37，24 歲學生	1-13（一個時段的諮商）
Oberlander （1980）	ROX₁₁OO ROX₂₁OO ROX₁₂OO ROX₂₂OO ROX₁₃OO ROX₂₃OO	N＝100，修習心理學概論 的學生，中產階級	50 分鐘的影片觀賞，50 分鐘的兩難故事討論
Adams （1982）	ROXO ROO	N＝72，師範生	在 $1\frac{1}{2}$ 天中共 9 小時
Clark （1979）	OXO OO	N＝36，8 年級的私校學生	5 小時
Laisure 及 Dacton （1981）	OXO OO	N＝18，男學生，宿舍助 理	在 $2\frac{1}{2}$ 週內共 15 小時

研究上的問題一欄中英文大寫字母的意義：

R：受試者未經隨機分派到各種不同的處理組。

A：實驗組的得分未和控制組的得分相比較，或者是沒有前測，或者是沒有控制組。

C：因為接觸了 Kohlberg 有階段的敘述，而使得後測結果被污染。

M：受試者未有接受測驗的動機，或是因為太年輕，而無法了解測驗。

F：沒有後續的測驗，以確定後測的得分是否穩定。

B：敘述太簡略。

N：第一次上課就加以處理，或是由沒有經驗的老師教課。

S：樣本太小（實驗組的人數少於二十人）。

T：在 Kohlberg 的理論和介入處理之間的關聯，未加以說明。

其他英文小寫字母的意義：

a：在實驗設計中的 R，意指受試者確係經隨機分派到各種不同的處理組，而凡是未出現 R 的，則意指受試者未經隨機分派。

b：只有與「界定問題測驗」的分數有關的結果，才予以報導。

c：原始分數經計算為P%的分數。

介入處理的類型	平均的 $P\%$ 分數[b]		在 DIT 上改變的效果	研究上的問題	效果大小
	前　測	後　測			
X_1=有關 Roger 理論中教學原則的影片（E_1）	$N=16$, E_1: 43.3	53.5	$t(15)=3.57$ $p<.01$	A, F, B, S, T	.69
X_2=有關果斷理論中教學原則的影片（E_2）	$N=16$, E_2:	43.6	$t(15)=2.54$ $p<.05$		.49
X_3=寬心劑影片（E_3）	37.8	43.8	未顯著		.33
		44.3	未顯著		.11
X=同理心教學	$N=16$, E_3: 41.3 $N=16$, C:		二因子 ANOVA:未顯著	R, F, B,N	—
X=針對個人問題進行的短期的個別諮商（E）	42.8 未取得資料	54.4	未顯著	R, H, F, B, T	.19
X_{11}=影片：中性的個人決定		38.50	二因子 ANOVA	C, B, N, S, T	−.15
X_{21}=影片：道德的個人決定	$N=37$, E:	42.40	全部未顯著		−.26
X_{12}=影片：中性的一般討論	55.1	40.93			−.19
X_{22}=影片：道德的一般討論		50.55			.03
X_{13}=影片：中性的一致意見	$N=14$, X_{11}:				
X_{23}=影片：道德的一致意見	42.29				
X=工作坊：兩難故事的討論（Galbraith-Jones）（E）	$N=15$, E_{21}:		ANCOVA 未顯著	F, B	—
X=兩難故事的討論（Galbraith-Jones）（E）	46.88 $N=30$, X_{12}:	25.1 23.0	t檢定 未顯著	R, A, F, B, S	−.22 −.34
X=兩難故事的討論，有關性，少數民族等的個案研究（E）	44.77 $N=31$, X_{22}: 49.77	46 54	t檢定 未顯著	R, A, F, B, N, S	.35 −.08

d ：在 ANOVA 當中出現的錯誤。

e ：平均分數是由個別的研究者所提供的資經計算而得。

f ：這些分數在報告之中未加以界定，但它們給人的印象是已經把原始分數經計算為$P\%$的分數。

g ：因為有關交互作用而損失的自由度。

h ：沒有關於前測結果的資料。

資料來源：改編自 Schlaefli, A., Rest, J. R., & Thoma, S. J. 1985. "Does Moral Education Improve Moral Judgment? A Meta-Analysis of Intervention Studies Using the Defining Issues Test." *Review of Educational Research* 55, no.3: 319-52。

表 3-3 1972-1977 年間運用「界定問題測驗」的介入處理研究回顧

作　者	研究設計[a]	樣　本	介入處理的久暫
兩難故事的介入處理			
Goder（1975）	OX_1O OX_2O OO	$N=87$，成人：教育，22-25 歲	每週 2 小時，計 6 週
Panowitsch（1975）	OX_1OO OX_2OO	$N=152$，大學生	1 學季
Piwko（1975）	OX_1O OX_2O OO	$N=68$，大學生	每週 10×2 小時，計一學季
Siegal（1974）	ROX_1O ROX_2O ROX_3O ROO	$N=358$，高中8、9、10 年級學生	1 學期
Troth（1974）	OXO OO	$N=42$，大學生	1 學期
人格發展的教育課程			
Balfour（1975）	OXO OO	$N=84$，高中生	1 學期，每週 1 小時，另加 4 小時實習
Erickson、Colby、Libbey 及 Lohman（1976）	OXO	$N=20$，初中生	1 學期
French（1977）	OXO OO	$N=117$，高中生	1 學季
Hurt（1974）	OX_1O OX_2O OO	$N=54$，大學生	1 學季
Allen 及 Kickbush（1976）	OXO OO OO	$N=117$，9 年級學生	8 個月

介入處理的類型	平均的 P%分數[b]		在 DIT 上改變的效果	研究上的問題	效果大小
	前　測	後　測			
X_1＝兩難故事討論	$N=33$, E_1: 46.0	56.0	E_1和E_2與 C 在後	R, C, F, N	.76
X_2＝演講，無討論，學科	$N=13$, E_2: 47.0	58.0	測上無差異		.62
課程	$N=13$, C: 43.0	41.0			-.13
			$F=5.69$		
			$p<.005$		
			在E_1和E_2之間未		
			顯著		
X_1＝應用倫理學課程	$N=72$, E_1: 41.6	46.5	$E_1\,t\,(72)=3.21$	R	.60
X_2＝理則學課程	$N=22$, E_2: 40.1	40.5	$p<.002$		.05
			$E_2\,t\,(22)=$未顯		
			著		
X_1＝道德發展工作坊，道	E_1: 44.72	52.77	$E_1\,t\,(33)=6.89$	R, A, C,	.54
德價值，信諾	C_2: 45.55	47.08	$p<.05$	F, N	.06
X_2＝人類發展課程	C_2: 39.44	38.61	C_1＝未顯著		-.12
			C_2＝未顯著		
			ANCOVA		
X_1＝兩難故事討論	E_1: 25.72	26.75	未顯著	A, F, N	.08
X_2＝邏輯課程(1)	E_2: 20.78	23.33	未顯著		.24
X_3＝邏輯課程(2)	E_3: 21.03	21.32	未顯著		.03
X_4＝控制組	C : 23.78	23.53	未顯著		-.02
X＝有關道德價值的課程	$N=20$, E: 51.3	56.3	t檢定	R, A, F,	.71
（以便統整個人價值和行	$N=19$, C: 49.3	50.3	未顯著	N, S	.47
為）			未顯著		
X＝人文方面的課程，社區	$N=54$, E: 36.08	39.41	$t\,(53)=2.01$	R, A, F,	.35
經濟的討論會			$p<.05$	N, T	
	C: 37.71	41.35	未顯著		.47
X＝學校課程有關人格發展	$N=20$, E: 19.12	25.97	$t\,(19)=2.27$	R, A, C, F,	.62
方面的 DPE 課程			$p<.02$	N, S, T	
X＝含有價值澄清的英文和	$N=79$, E: 14.8	15.5	t檢定	R, F, N, T	.14
歷史課程	$N=38$, C: 16.9	17.7	未顯著		.26
			未顯著		
X_1＝DPE的諮商，在教育心	$N=15$, E: 47.78	53.45	$t\,(14)=1.94$	R, A, F,	.42
理學課程中的同理心訓練			$p<.037$	N, S, T	
X_2＝活動的控制組	$N=19$, $E_2=51.13$	54.65	$t\,(18)=1.80$		.29
			$p<.045$		
	W＝20, $C_1=52.17$	54.92	未顯著		.27
X＝整合的教育課程，有一			t檢定	R, M, F,	－
學期的單元與道德教育論主			未顯著	N, T	
題					（續）

表 3-3 （續）

作　者	研究設計[a]	樣　本	介入處理的久暫
Sprinthall 及 Bernier（1977）	OXO	$N=18$，在職教師	6 週的工作坊，另加 1 學季的諮商
一般學科			
Rest、Ahlgren及Mackey（1972）	OXO	$N=61$，初中學生	12 週
Morrison、Toews 及 Rest（1973）	OXOO OOO	$N=103$，初中學生	6 個月
短期研究			
Walker（1974）	OX_1O OX_2O OX_3O OX_4O OX_5O	$N=70$，8 年級	一節課的介入處理
Geis（1977）	OX_1O OX_2O OX_3O	$N=90$，大學生	每週 4×50 分鐘，計 2 週

本表係改編自 Rest（1979a）。

研究上的問題一欄中英文大寫字母的意義

　R：受試者未經隨機分派到各種不同的處理組。

　A：實驗組的得分未和控制組的得分相比較，或者是沒有前測，或者是沒有控制組。

　C：因為接觸了 Kohlberg 有階段的敘述，而使得後測結果被污染。

　M：受試者未有接受測驗的動機，或是因為太年輕，而無法了解測驗。

　F：沒有後續的測驗，以確定後測的得分是否穩定。

　B：敘述太簡略。

　N：第一次上課就加以處理，或是由沒有經驗的老師教課。

　S：樣本太小（實驗組的人數少於二十人）。

*在實驗設計中的 R，意指受試者確係經隨機分派到各種不同的處理組，而凡是未出現 R 的，則意指受試者未經隨機分派。

介入處理的類型	平均的 $P\%$ 分數[b]		在 DIT 上改變的效果	研究上的問題	效果大小
	前　測	後　測			
X＝有關人格的，專業的發展方面的工作坊，另加教學的研討會	$N=18$, E: 56	65	$t(17)＝＝2.91$ $p<.0$	R, A, C, F, N, S, T	.53
X＝社會科教學單以便改變對監察的態度	$N=61$, E: 22.67	24.17	t 檢定 未顯著	R, A, M, F, N, T	.12
X＝含有討論和專題設計的公民與社會科	$N=74$, E: 11.73	10.23	t 檢定 未顯著	R, M, N, T	-.18
	$N=39$, C: 10.13	11.72	未顯著		.19
有關變成理由的口頭示範	$N=17$, E_1: 21.97	21.87	ANOVAS 皆未顯著	F, B, N	-.01
X_{11}＝自己的階級（變成規期受試者）	$N=17$, E_2: 22.65	18.63			-.39
X_{21}＝+1 階級（變成規期受試者）	$N=12$, E_3: 21.25	24.72			.37
X_{31}＝-1 階級的示範（成規期受試者）	$N=12$, E_4: 20.56	23.75			.29
X_{41}＝自己的階級（成規期受試者）	$N=12$, E_5: 16.12	19.58			.31
X_{51}＝+1 階級（成規期受試者）					
X_{11}＝共識討論組	$N=15$, E_{11}: 32.9	37.9	皆未顯著	M, F, B, N	.36
X_{21}＝開放式討論組	$N=15$, E_{21}: 32.9	32.2			-.06
X_{31}＝個別作決定＋反省思考	$N=15$, E_{31}: 30.2	32.6			.19

同處理的情況。每一行代表一個不同處理的組別。

　　3.樣本是以受試者的總數、年齡／教育程度，以及其他的描述來代表。因為性別在「界定問題測驗」上，並不是一個重要的因素（Rest, 1979a; Thoma, 1984），因此未就性別作獨立分析的報導。

4.介入處理的時間久暫是以該教育課程自始至終所跨越的時間長短，以及／或是節數，和每一節課的時間久暫表示。例如：「3×20 分鐘」表示每節二十分鐘，共三次。

5.「介入處理的類型」是就各該課程或處理的特性，作簡要的說明。若是同一項研究之中，有二或更多個處理的情況時，E_1 是指與前二次回顧所描述的有效的課程（例如：同儕就具有爭論性道德兩難故事進行討論，這些討論作法乃是依循 Kohlberg 的建議而進行的）。

6.以「平均 P ％分數」為題的欄位，報導了各處理組和控制組的樣本大小，以 P ％指標代表在界定問題測驗的前測的平均得分（只在某些情況中，會以 D 指標來替代 P ％指標），後測的平均得分；有一些研究也報導了後續測驗的平均得分（以 PT 表示）。請注意，某些研究也報導了「界定問題測驗」以外的變項上的前後測得分，但是我們不在此加以說明。

7.以「『界定問題測驗』上改變的效果」為題的欄位，報導了統計的方式（t-test——簡單 t 檢定，ANCOVA——共變量分析，以及 two-way ANOVA——二因子變異數分析），以及機率的水準。

8.以「研究上的問題」為題的欄位，報導了各個研究在研究方法上出現的一些問題。問題的類型是以英文字母來顯示，對於這些字母所表的意義，則在表的最後面加以說明。

9.最後一個欄位「效果的大小」是用以表示介入處理的效果，與組變異大小之比。通常，效果大小的計算是以實驗組所得的平均分數，減去控制組所得的平均分數，所得的差再除以組內的標準差。我們把這些方法稍加修改，這是因為許多的研究皆有不只兩組的介入處理組，而且還因為許多的研究皆以簡單 t 檢定來報導其研究的結果（只是求取各個介入處理組的前後測結果，而未把介入處理組後測依前測的原始分數加上控制，而後再作各組之間的比較。在本回顧之中，是以下列的方式來計算效果的大小：

(a)對於每個獨立的介入處理組，效果的大小是由前後測平均數的差異，除以全體樣本的標準差（那也就是說，把各組之中的標準差作加權的處理）來代表。

(b)如果在原初的研究報告中，未發現有關全體樣本的標準差的資料，則由我們自行由原作者提供的統計資料加以推定。其中有一項研究，連可供推定的統計資料也是付諸闕如，我們就從「界定問題測驗」之中的常模組群中的資料加以推定。如果，連平均分數的資料亦未見報導，則即無從推定其效果的大小，那麼在本回顧之中，即留一空白，以示從缺。

(c)在把許多不同研究的效果大小加以歸類時，樣本的大小也列入考慮，以決定某一組研究的效果大小之平均值。例如，在比較高中學生和成人的道德教育課程的效果大小時，某一以成人為對象的研究樣本為二十人，而另一以高中學生為對象的研究樣本為一百人。較大的樣本即須在計算效果大小之平均值時，予以五倍的加權。除了對於每一組效果大小作推定之外，我們還把原95％的信賴區間（confidence interval）也加以考慮（參照：Hedges, 1981）。依據慣例，這些信賴區間可以用來決定每項效果大小的統計顯著度。所以，如果某一區間為零，那麼我們就可以考慮此一效果可能根本就是不存在的。因此，我們希望看到，在控制組上所計算而得的區間為零，因為這表示測驗並未構成對於實驗的效果。就實際的顯著度而言，我們是參考 Cohen（1969）對於效果大小所作的建議，而以 .20、.50 及 .80 分別作為小、中、大效果的區隔點。

後設分析的結果

從整體看介入處理的效果

表 3–4 所呈現的是把全部的介入處理組（E_1）都加以考慮，來看介入處理的效果，而不計其課程的類型、樣本的特性、課程的時間久暫等不同。這些道德教育課程的效果大小，可以和從未接受過任何經過審慎設計的教育介入的控制組（C），以及接受過某種形式的教育介入，但是卻不特別是為提升道德思考能力而設計的教育介入（如古代史課程）的比較組（E_2）。正如所預期的，只有一個類組明確地顯示，介入的處理確實有顯著的效果。而和 C 二個類組，會有正向的趨勢，可以歸因於測驗時間的間隔（某些情況長達一年），以及自然的成長與發展。前此的研究（Rest, 1979a）指出，若只是重複地施予界定問題測驗，並不會帶來測驗的效果。因此，我們可以從表 3–4 中歸結，整體而言，若不計道德教育課程的類型，可以說是有效果的，但是，依照 Cohen 對於大、中、小效果的區分而言，其效果是屬於小幅度的。這些類別

表 3-4　全部研究顯示的介入處理的效果

組別	樣本數	平均效果大小[a]	95%的信賴區間
E_1	68[b]	.28	（ $.20 < d < .36$ ）
E_2	15	.08	（ $-.11 < d < .27$ ）
C	40	.11	（ $-.01 < d < .23$ ）

[a]平均數值係依樣本的大小加權計算而成。
[b]樣本的數目之所以超出了研究的總數，是因為某些研究提供了二種以上的處理。
資料來源：作者自行編製。

的介入處理，就過去的研究而言，也都是有效的，但是，另外一些介入處理（如 E_2 類組），對於道德發展的成長沒有任何影響。這樣的結果，使我們進一步地考慮把這些介入處理和樣本，依同質性的原則重新加以歸類，以便作更精細的分析。

不同教育課程的效果

　　每項研究都會在某些方面和其他任何一項的研究，都會有所不同，但是，在若干項研究之間，還是會有一些相似性的。從表3-2 和表 3-3 當中的研究，似乎可以歸納成為四個類別，作進一步的分析：

　　1. 依照 Kohlberg（Blatt & Kohlberg, 1975）的建議，強調同儕之間就爭論性的道德兩難問題進行討論的教育課程。通常這些教育課程的研究報告，都是引用 Galbraith 與 Jones（1976）的著作作為「Kohlberg 式」教育課程的特別指引。這些指引為團體討論的進行、道德兩難故事的選用，乃至教師作為討論帶領者的角色等，皆有所提示。我們把這類處理稱之為「兩難故事討論」。這一類的處理之所以能促進道德的發展，是因為它藉助同儕的互動（如向別人的想法提出挑戰、重新檢視自己想法的理由、能接觸到不同的觀點、建立一系列的論證，以及對於相對立的論證作出回應等等），而集中注意力於索解道德問題能力的提升。

2.有某些教育課程強調個人的心理發展，並且包含了一些經驗性的活動和密集的自我省思等活動在內。由 Mosher 及 Sprinthall（1970）所開發的一些教育課程，目的即在自一般性的角度來提升人格和群性的發展，而道德發展為其中的主要部分。這類教育課程讓受試者參與各種不同的活動（例如跨越年齡的教學、同理心的訓練、溝通技巧的訓練、志願服務的工作、每天把自己的思想和感觸寫成日記等），但是，這些活動都是有關於自我以及自我與他人關係反省思考能力的增進。受試者在這些具體的活動當中，所得到的有關自我的知識和感想，和由自行閱讀和班級討論而學習的發展心理學一般理論，相互融合。受試者經常接觸到理論之一，即是 Kohlberg 的道德判斷發展。我們把這類教育課程稱之為「人格發展」〔由 Sprinthal 及 Mosher 的〈慎思的心理學教育〉（deliberate psychological education）修改而得，在本章的各個表格之中，以英文的大寫字頭 DPE 為代表〕。

3.有某些教育課程強調人文學科、社會科、文學等學科的內容，或是當代社會問題的探討。這些教育課程並未像前面兩類，特別集中注意力於道德問題索解或是人格發展活動的加強訓練。雖然，也會討論到一些與價值有關的論題，也會就真實生活上的問題加以考慮，但是這些教育課程的重點主要是放在知識獲得以及學科的本身。這些教育課程的內容變異很大（犯罪的問題、法律的問題，以及社會科教材當中出現的各種問題）。即使這類教育課程有許多改革和創新的教法，而與美國一般高中、大學或是專業課程有所不同，但是我們還是把這類教育課程稱之為「學科課程」。就某些情況而言，我們把這些運用一般性學科課程作為處理的類組，用來和兩難故事討論或是人格發展處理的類組，作為相互比較之用。

　　4.最後一類教育課程都是短期的——只有三週或是更短期的介入處理。我們不以介入處理的類型來把這些教育課程歸類，而是依其時間短的程度來歸類。在先前所作的回顧中，短期的教育課程，不論其為哪一類型，通常都是無效的。我們把這類教育課程稱之為「短期課程」。

　　表 3-5 顯示上述不同介入處理的效果大小之比較。該表指出兩難故事討論的教育課程具有最大的影響力，其次為人格發展的教育課程。這兩者都具有中度到低度的效果。平均而言，學科課程和短期課程對於道德判斷的發展沒有影響。

表 3–5　不同類型介入處理的效果

介入處理的類型	樣本數	效果大小	95%的信賴區間
兩難故事討論			
E_1	23	.41	（.28＜d＜.56）
C	17	.09	（−.11＜d＜.28）
人格發展			
E_1	38	.36	（.20＜d＜.52）
C	17	.09	（−.09＜d＜.27）
學科課程			
E_1	9	.09	（−.09＜d＜.27）
C	7	.16	（−.11＜d＜.43）
短期課程			
E_1	15	.09	（−.15＜d＜.33）
C	3	−.11	（−.74＜d＜.52）

資料來源：作者自行編製。

接觸 Kohlberg 理論的效果

　　讓受試者接觸 Kohlberg 理論的效果如何，特別是讓他們接觸有關較高道德判斷階段的敘述，對於受試者道德判斷階段的提升，有怎樣的效果？此其間所造成的影響，可以從二方面來加以解釋。其一，閱讀有關道德判斷階段的敘述，事實上就等於教導受試者如何在道德判斷階段的測驗上表現得比較好些。受試者從理論的學習當中，學到如何有較佳表現。因此，讓受試者接觸 Kohlberg

理論，等於是在對於後測的結果加以污染。另一方面，則可以說
這樣的作法改變吾人道德思考方式的最佳教育方策。在本回顧之
中，該一理論確實能促進思考的重新建構，而且，在後測上的進
步並非在無關的測驗之上的人為的結果，而是成長與發展的一項
真實的指標。在此，我們無法說哪一種解釋是正確的，而應該針
對這項論題，作進一步的研究。

表 3-6　接觸 Kohlberg 理論的效果

接觸與否	樣本數	效果大小	95%的信賴區間
接觸			
E_1	12	.56	$(.23 < d < .81)$
C	8	.02	$(-.29 < d < .33)$
未接觸			
E_1	56	.25	$(.16 < d < .34)$
C	36	.10	$(-.03 < d < .23)$

資料來源：作者自行編製。

　　表 3-6 即在將有關受試者接觸 Kohlberg 理論的效果大小，作
了一番整理。不過必須在此指出的是，不讓受試者接觸 Kohlberg
理論的各組，也顯示有處理的效果。讓受試者接觸 Kohlberg 理論
的效果，大約是不讓受試者接觸 Kohlberg 理論的二倍。若只考慮
成人類組，則有九個樣本中的四個樣本，是未讓受試者接觸 Kohl-
berg 理論的（Riley, 1981; St. Denis, 1980; Wong, 1977）。未讓受試
者接觸 Kohlberg 理論的成人樣本，效果大小為 0.23，但是讓受試

者接觸 Kohlberg 理論的成人樣本，效果大小為 0.71——其間有三倍的差異。明顯地，讓受試者接觸 Kohlberg 理論的作法，確實能在測驗之上造成一些人為的結果，或者確實能促進道德的發展。

受試者年齡不同所造成的效果

　　受試者的年齡被分為初中生（十三歲至十四歲），高中生（十五歲至十七歲），大學生（十八歲至二十三歲）以及成人（二十四歲以上）。

　　表 3-7 顯示，介入處理對於成人組的效果最大（.61），而對於初中生組的效果最小（.22）。關於受試者年齡不同所造成的效果不同，有幾種可能的解釋。其一，有關成人組的教育課程之中的受試者，大部分是志願參加的，他們對於參與道德教育課程出於自己的意願。相反地，初中生和高中生的受試者，則比較少有志願的。其二，因為成人有比較多的個人經驗，因此能在成人組的教育課程之中發覺比較豐富的意義，因此就有比較大的效果。其三，「界定問題測驗」所採用的指標（P 分數），對於較高階段的推理比較敏感，對於較低階段的推理比較不敏感。因此，假如道德教育課程的目的在針對較年輕的受試者，讓他們由階段一及階段二晉升到階段三及階段四，則「界定問題測驗」可能會顯得不太靈敏。最後，年齡對於介入處理所產生的效果，可能會與其他的變項作複雜的交互作用，而這些變項也正好和介入處理所產生的效果有所相關（例如：就直接接觸 Kohlberg 理論的機會而言，

表 3-7　受試者年齡的效果

年齡組	樣本數	效果大小	95%的信賴區間
初級中學學生			
E_1	14	.22	（ $.03 < d < .41$ ）
C	7	.02	（ $-.23 < d < .27$ ）
高級中學學生			
E_1	20	.23	（ $.08 < d < .39$ ）
C	12	.17	（ $-.07 < d < .41$ ）
大學生			
E_1	25	.28	（ $-.14 < d < .42$ ）
C	15	.19	（ $-.01 < d < .39$ ）
成人			
E_1	9	.61	（ $.34 < d < .88$ ）
C	6	-.13	（ $-.52 < d < .26$ ）

資料來源：作者自行編製。

成人受試者比年輕的受試者，機會多一些；這或許可以解釋為什麼成人受試者比年輕的受試者，在分數的獲得上進步的多一些）。

介入處理久暫的效果

　　我們已經看到短期間的介入處理乃是無效的。不過，教育研究當中，介入處理的久暫，自一小時至半年不等。在某一段時間的限制之下，較長的介入處理，是否會造成較大的效果？我們把全部的研究分為短期（零至三週）、中期（四至十二週）、長期

110

表 3-8　教育課程介入時間久暫的效果

時間久暫	樣本數	效果大小	95%的信賴區間
短期			
E_1	15	.09	$(-.15<d<.33)$
C	3	$-.11$	$(-.74<d<.52)$
中期			
E_1	36	.32	$(.21<d<.43)$
C	25	.08	$(-.08<d<.24)$
長期			
E_1	17	.30	$(.13<d<.46)$
C	12	.19	$(-.02<d<.39)$

資源來源：作者自行編製。

（十三至二十八週，以及超過八週而非常密集的介入）。

　　表 3-8 顯示，較長期的介入處理並不比中期的介入處理，有較大的效果。也許，較長期介入處理中的受試者，比中期介入處理中的受試者，原本即較弱些。也許是因為超過了十二週之後，受試者就會對於道德教育表示厭煩，結果使得介入處理的效果下滑。也許是，在道德教育進行了十至十二週之後，就必須改弦更張一番，採用一些和前面不一樣的作法。也許人為的刺激所帶來的效果比維繫一段有限的時間，而且受試者在密集的刺激和成長之後，必須休養生息一番，以求強固所學。

「良好的」與「不好的」研究的效果

我們在回顧各項研究時，經常會發現某些研究在直覺上即比較具有說服力，而且在結構上也比較扎實。因此，我們依據 Glass（1977）的建議，所有的研究皆應使用後設分析，因為即使是不好的研究也提供某些資訊。我們首先進行分析採用一個客觀而直接的規準：受試者是否依隨機的方式，分派到介入處理組。

表 3-9　「隨機」分派或「未隨機」分派的研究

研究類型	樣本數	效果大小	95%的信賴區間
隨機分派			
E_1	12	.35	（.15<d<.54）
C	7	-.01	（-.25<d<.22）
未隨機分派			
E_1	56	.27	（.17<d<.37）
C	33	.16	（.01<d<.30）

資料來源：作者自行編製。

表 3-9 顯示研究設計是否採取隨機分派的方式，並不構成差異。只以研究設計是否採取隨機分派的方式為規準，是一項狹窄的作法（雖然是一項相當客觀的作法）。因此，我們也以多元的規準作為區別良好或不好研究的依據，所著重的為整體性的「臨床診斷」，以便了解某項研究對我們是否具有說服力。我們不確

表 3-10　研究品質主觀印象的效果

印象	標本數	組別	效果大小
「良好的」研究	17	E_1	0.40
	16	C	0.05
「較缺乏說服力」的研究	40	E_1	0.35
	39	C	0.13

資料來源：作者自行編製。

定，我們所作的的整體臨床診斷，與其他的判斷方式相比較的情況如何，但是我們希望能針對運用多元規準的效果，作一番檢視。

　　表 3-10 顯示和表 3-9 相同的一般趨勢，也就是說，在良好或不好的研究當中，整體的趨勢乃是相同的，因此，把全部的研究都加以考慮的作法，是正確的。

🎬 道德教育課程及其效果的綜合討論

　　後設分析的結論如下：

　　1. 著重兩難故事討論的道德教育課程，以及著重人格發展的道德教育課程，二者都產生中度和肯定的效果，而以兩難故事討論的方式較占優勢。

　　2. 人文學科和社會科等學科課程，對於道德判斷的發展，似乎沒有影響。

　　3. 以成人（二十四歲以上）為對象的教育課程，比以年輕人

為對象的教育課程，似乎會形成較大的效果；不過，某些人為的影響，可以解釋此一趨勢。

4.效果大小與接觸 Kohlberg 的理論有所關聯。但是它到底是會污染測驗的結果，還是真的會造成發展的改變，則有待進一步的探討。

5.超過十二週的中介處理，並不比三至十二週的影響大；不過，少於三週的中介處理，若是以「界定問題測驗」為測量道德判斷的工具，則沒有任何效果。

6.我們如果把全部的研究分為「良好的」或「不好的」二種，會發現二者都有相同的趨向。雖然，「良好的」或「不好的」二種研究，給我們的一般印象近乎相似，但是我們還是要建議研究者，要盡量避免如表 3−2 和表 3−3 所列的方法論上的一些缺失。如果這些研究沒有這些限制的話，我們就可以更深入地分析這些研究，並且問更進一步的問題（例如：如果介入處理的時間為九週以上，則年紀大的受試者是否會從兩難故事的討論中，獲得比較多的助益呢？換句話說，如果有比較可信的個別研究，我們就不需要訴諸大量蒐集而來的研究，然後才可以對於研究的結論，表示相當的信心；我們也就可以對個別的研究表示較大的信心，而且也可以保證有比較精確的結論。如果這些個別的研究比較強而有力，我們就可以在後設分析當中作進一步的次項分析，而不會受到一些混淆不清的變項所糾纏。我們對於一些更細的問題很有興趣，例如：對哪些人而言，在哪一種情況之下，哪一種教育課程最為有效？惟有進行一些精密且深入的研究，才可解答這一類較進一層的問題。更進而言之，我們也呼籲研究者在作報告時，應該盡量仔細，至少要清楚到能填寫表 3-2 和表 3-3 所需要的資料才可以。不齊全的資料會使其他有心從這些資料取得研究經驗的人，大失所望。本回顧即因此而留下許多尚待解答的問題，有如下述：

1. 到底是哪些關鍵的條件，在道德討論的介入處理和人格教育的課程中，促成道德發展？也許由 Berkowitz（1980）在實驗的情境下，針對所進行的討論活動而進行的細步分析，可以用來分析教育介入的情況。也許對於道德判斷發展當中的認知和角色認取等先備條件，進行仔細的認證，可以協助解釋為什麼某些受試者會進步，而某些受試者沒有進步（Walker, 1980）。也許，只是設法了解哪些受試者在參與道德教育課程，所抱持的期望是正向的還是負向的，或者，哪些受試者一直維持著高度的興趣，這些作法或許都可以澄清上述的問題。

2. 正式的道德或心理學理論之研習，對於道德判斷的發展，會造成怎樣的影響？在此，這不只是接觸 Kohlberg 的著作，會不會污染後測結果的問題而已。此一問題乃是，接觸哲學家和其他專家們的道德推理，會不會促使我們使自己所作的道德決定，有所改變。必須接觸來自和同儕討論而得的新觀念，或是可以受惠於古典哲學家的言論呢？如果在人文學科和社會學科等課程（以比較傳統的講演和閱讀的方式進行）確實能訓練人們使用語言的能力，那麼，為什麼它們無法在道德判斷發展方面有所影響呢？

*3.*如果人們因為接受道德教育課程而在道德判斷測驗的表現會有所改變,那麼,會不會也改變他們在真實生活當中的行為表現呢?到目前為止,尚無任何研究直接地顯示,道德教育課程上的改變,也會帶來行為的改變。不過,確實有某些被引用的研究指出,道德教育會促進道德判斷的發展,又有某些被引用的研究指出,道德判斷的發展會與行為有所關聯,因此,可以間接地推定,道德教育可能會促進行為的改變。這個問題相當棘手,因為它暗含了這樣的預設:我們的確知道德判斷和行為有關,但是,即使在認知發展理論當中,能不能作這樣的預設,也是一項相當有爭議的事情(請見 Blasi、Damon、Kohlberg 與 Candee,以及 Rest 等人的著作當中的不同論述;這些篇章皆見 Kurtines & Gewirtz, 1984)。

假定我們同意(在第一章討論的)「四成分模式」,那麼,我們就會同意,能促進道德判斷發展的教育課程,也許會也許不會影響那些能決定與道德判斷相對應的道德行為的其他歷程。於是,我們就很難評估,在全部過程中某一部分有所長進,會如何影響必須由四個部分共同決定的行為結果。一般而言,由許多受試者所集合成的結果,在許多的情況之下,從許多的研究當中,我們會期望在道德判斷和行為之間至少有中度的相關(這正是我們所發現的──見Blasi, 1980)。因此,如果能蒐集足夠數量的研究,則我們也會期望能促進道德判斷發展的教育課程,能具有中度的效果,因為研究的數量足夠,才可能把別的一些重要因素加以篩選出來。不過,為了要使行為的預測能更精確且有力,我們就必須把全部歷程的四個成分，都在既定的情境之下，同時加以評估。而且，為了要評估道德教育課程對於行為的影響，我們必須評估行為情境當中四個成分的運作情形。於是，道德教育的評量必須包含其對四個成分的影響，而不只是道德判斷一個而已。質言之，在評量道德教育課程時，我們必須考慮採取多元的評量工具。當然，要編製這些新的評量工具，是一件費時費力的大事；不過，可喜的是，有些無法促進道德判斷發展的道德教育課程，或也可能促進其他成分的成長。某些道德教育課程，或許對於促進道德判斷發展有效，其他的可能就對於促進道德動機比較有效。此一比較複雜的道德心理的歷程觀，可能會使許多人在一段很長的時間之內，有很多的事可以做。

第四章

不同文化、性別與宗教

James Rest、Stephen J. Thoma、Yong Lin Moon、Irene Getz 著

呂維理譯

> 幾乎所有不同文化背景的人,雖然其道德發展的速
> 度或停止點不同,但都循著相同的道德發展次序,發展
> 個人的道德觀。(Kohlberg, 1971, p. 176)

　　Kohlberg 上面說的這段話,引發了一個有關於研究在不同生
活境遇下,人們的道德是如何發展的中心議題:是否所有人們的
道德發展,都依循相同的道德發展階段而循序發展?然而,針對
這個議題,我們將不採取僅歸諸「道德發展」這個角度來探討(以
我們的觀點,道德發展,包含了一些不同發展歷程的總和),而
是採取發問的方式:是否全世界的人們,都基於合作以及正義的
概念,進行道德的對、錯判斷?是否全世界的人們都以相同的方

式，發展他們的合作以及正義概念（亦即：依據 Kohlberg 所說的發展順序）？從這個發問的方式來看，上述的中心議題便涉及：是否僅有一種道德的發展進路，能夠精確的描述所有人類道德的發展，抑或是針對不同生活境遇、社會經歷的人，需要以不同的方法來描述其不同的道德發展進路。

對某些社會科學家們而言，以一個唯一的發展進路來描述所有人類的道德發展是非常荒謬的。道德觀素來就是具有爭議性、多元性以及受到人所經歷不同經驗與境遇等種種的影響。人類學研究的中心議題就是在探討人類如何調整其本身在一特定環境以及歷史中的位置和功能，開展其特有的文化以及次文化。有無數的例子可以具體呈現出某一種行為在某一個文化情境下，在道德上被認為是對的，但是在另外一個時空則是錯的。尤有甚者，當提出此唯一道德發展進路理論的研究者，其本身族群（白種人、自由主義者、美國男性）的道德發展得分最高，而其他族群（非白種人、保守主義者、女性、非美國人）的道德發展得分較低，則更令人覺得此一理論可疑。這樣的理論似乎近於不掩飾的以高舉研究者個人的特定觀點以及興趣為主，更糟的是容易引起民族優越感的疑慮。某些社會學家也意識到這種理論可能激起帝國主義、種族歧視、性別歧視等問題。因此基於道德的觀點，特別是當論及道德發展的差異現象時，這些社會學家反對以任何唯一的一種心理學理論，來描繪某一群體的道德發展比較優越，而另外一個群體則比較次等。

為了探討此一議題，我們將從二十個跨文化研究結果、五十六個以性別差異為考量的後設分析研究結果，以及二十四個針對宗教信仰不同所造成的差異研究結果，分別加以檢視。比較不同國家的受試者（特別是西方與非西方國家之間），適足以呈現生活在不同境遇下的人之道德發展差異性。想當然爾，生活在不同國家的人，代表著其與他人不同的文化歷史背景，以不同的方式順應其社會與經濟情況，以不同的機遇及方式創造其各自的意義與價值結構。性別的不同也提供另外一種對比——男性與女性雖然生活在相同的文化背景下，然而不同的機遇與社會化經驗卻可能造成相當大的差異，而各自依循不同的道德發展途徑。基於宗教信仰不同造成的道德判斷發展的差異性，也提供了第三種有關道德發展普遍性（universality）的思考角度。在此處，我們將宗教視之為代表某種特定意識形態的背景環境。由於宗教通常直接針對倫理的行為下定義，因此宗教意識形態比較易於作為吾人找出由於不同的意識形態所造成的道德判斷發展差異性。

　　在討論各種實徵研究發現前，讓我們先討論有關認知發展主義者（developmentalist）支持文化普遍性理論的一些論證形式。Piaget在探討有關人類如何建立其本身對於物質世界的表徵與知識時，提出一套人類認知發展的普遍性理論。當然，某一個人所認識的物質世界可與另外一個人所認識的物質世界有非常大的差異，特別是當我們考慮愛斯基摩與紐約市或是與亞馬遜流域之間的生活環境的差異時。可是在這些不同的環境中，仍然存在一些特定的共通基礎概念，用以理解他們所處的物質世界，例如：物體的長度、體積、重量、密度；物體的空間位置描述，或是運用因果概念來陳述事件與事件之間的關係。這些概念都是人類用來表徵其個人對於物質世界種種經驗的基礎，也是人類在任何一個物質環境中，為了將所有經驗加以結構化，所發展出來的潛在共通概念系統。當然在不同的地方，每個人所見的物體（浮冰、摩天大樓、芒果樹）都不相同，但是基礎概念（重量、密度、空間尺寸、因果關係）則是共通的。

　　同理，吾人也可以上述形式論證不同文化背景下的社會中，所存在的一些特定的共通基礎概念。認知發展主義者並非不了解文化與次文化所造成的差異，但這種差異性與共通基礎概念呈現的共通性相比較，卻顯得過於膚淺。正如同吾人可以區別物質的外表（浮冰、摩天大樓、芒果樹）與基礎概念（密度、空間尺寸、因果關係），吾人也可以主張存在一些共通基礎概念，用以作為人類建構其對於社會世界的了解。社會世界基礎概念的相關例子有：意識到每個人的社會權力與社會能力的差異性；意識到每個人都有其伴隨的個人觀點、需求、興趣等內在自我意識；意識到人類彼此之間具有的感情、忠誠與相互關愛等關係；意識到群體對個人的期望、社會規範、社會角色、社會習俗與法律。認知發展主義者主張這些概念是展現與組織每一個文化社會經驗的基礎，且對於每一個文化都是關係重大的。雖然每個文化可能有不同的群體對個人的期望，但不論這個期望的內容為何，該群體中的每個人勢必會了解到這些期望的存在。雖然身處於某一文化中的人會建立起與其他文化不同的親密關係，但不論如何，每個文化都會建立其特定的情感聯繫，這也是吾人想要了解所有文化中的社會世界之一個重要基礎概念。因此，認知發展主義者並未否定文化多樣性（正好比認知發展主義者並未主張浮冰與摩天大樓或是芒果樹看起來一樣）。但無論如何，認知發展主義者提出一個比描述表層現象更深層次的分析角度，而透過對此一個更深層次的分析，我們將可以找到人類用以理解社會經驗及其表徵以及詮釋社會世界的共通基礎概念。Kohlberg的道德判斷發展階段論即是針對此一更深層次分析的結果；這也是為何吾人主張此一道德判斷發展階段論具有普遍性（universal），且此一主張不是荒謬的。

　　也可以比喻方式來論證此處所提出的主張。以電腦的運作方式來作比喻（如果讀者對電腦沒有興趣，可以忽略此段之說明，直接跳到下一段閱讀）。電腦硬體及其功能對比於人類大腦結構及其功能，二者彼此非常相似。智能較低的人好比一個以三百萬赫茲（3 megahertz）速度運算的八位元（8-bit）電腦；而智能較高的人好比一個以一千二百萬赫茲速度運算的三十二位元電腦。一個沒有受過訓練的大腦能力對比於一個沒有電腦程式的電腦。雖然「人腦電腦」也有所謂的唯讀記憶體（ROM）（即：基因遺傳的固定行為模式；可以用來表現特定的情感，也可以用以引導人們學習語言等等）；可以顯見的是，不論如何，人類大多數的行為，需要透過所謂的「軟體程式」來指引。電腦與人腦最重要的差別在於：電腦需要靠人的幫忙來寫軟體程式供其使用，而人腦好比是一個會自我寫軟體程式的電腦——亦即，人腦依據其過去的經驗來發展其自身的軟體程式。而（將此對比擴大）認知發展的研究，就是在探討人類如何一直不斷的為其自己寫軟體程式。

每一個人都有過類似在運用個人電腦時所碰到的煩惱或是喜悅：
一般而言，軟體程式可以分成幾種層次，其一為應用軟體程式（例
如：文書處理、圖形處理、統計、遊戲等），其二則為比較根本
的軟體程式，又稱為作業系統軟體程式（例如：CP/M, MS-DOS,
UNIX 等），這些程式隱藏在應用軟體程式的背景運作。作業系統
軟體程式提供了應用軟體程式與電腦硬體電路之間的操作介面，
使得應用軟體程式得以正常運作。所有的應用軟體程式都是透過
作業系統軟體程式的各種功能，得以進行其各項應用工作。通常
一個電腦中的應用軟體程式非常多，但是僅有一個作業系統軟體
程式在背景運作，使得應用軟體程式的各項工作順利進行。現在
我們以電腦為比喻，說明此處的中心議題：我們將認知發展主義
者的工作看成是在探討人類思考的「作業系統軟體程式」為何，
而不是在探討人類思考的「應用軟體程式」或是相關特定的變項
為何。這就是為何認知發展主義者可以接受人類學家所提出的文
化多樣性，而同時主張文化普遍性仍然能夠存在且不衝突的道理
所在。依據上述將普遍性議題對比到其與電腦的類似性的訴求方
式，我們可將本文的中心議題重新敘述成：所有人類的大腦結構
基本上是如此的相似，是否因此人類的經驗基本上都非常相似，
而人類理解能力與其所發展出來的各種基礎的釋義概念，都是基
於相同的作業系統軟體程式？

　　上述提出的道德判斷發展普遍性可能存在的論證方式，並不
足以證明其在邏輯上為真。雖然至今已經有很多的研究試圖探究
Piaget 的理論是否具有普遍性，然而這些研究結果所提出的證據仍

然相當歧異（Laboratory of Comparative Human Cognition, 1983）。
與此類似的是，在心理學的其他領域（例如：語言學），有關人
類語言發展方式是否具有普遍性的議題，至今也仍然爭論不休
（Maratsos, 1983）。

　　對我而言，在邏輯上，可以從反方向來論證有關道德判斷發
展是否具有普遍性這個問題的解答，因此，這個問題的解答，就
成為一個實徵的問題。對於認知發展理論而言，最重要的是如何
區別「表層行為」與「深層結構」（亦即：類似於能夠區別應用
軟體程式與作業系統軟體程式）。對於認知發展理論而言，是否
僅存在一種深層結構發展途徑並不重要。例如：假設吾人最終證
明 Kohlberg 的道德判斷發展階段論，僅能代表二億人進行道德判
斷發展的深層結構，且此一理論無法解釋世界上其他二億人的道
德判斷發展的深層結構；然而此理論，就它能夠讓吾人了解世界
上有多少人如何進行道德判斷發展而言，仍是屬於一個相當有用
的理論。對於認知發展理論而言，最具摧毀性的證據是其所提出
的深層結構無法闡釋或有助於說明任一特定數量的某些族群的道
德判斷發展過程。因此我們不打算花太多時間從過去的文獻中探
討道德判斷發展的文化（以及性別、宗教等）差異性；為我們所
提出的理論辯護；或是探討「界定問題測驗」是否具有效度，而
轉向實徵的研究結果所發現的有趣問題來討論。

　　在正式進入我們的討論前，有一點值得在此加以解釋：如果
研究的結果最終顯示某一種文化背景下的道德判斷發展比較優越，
而另外一個文化背景下則比較次等，那麼進行這樣一種文化上的

比較，是否本身也涉及了道德上的問題？有些研究者抱持：這類研究是具有原罪的觀點；這樣的研究最終會引發帝國主義、種族主義、性別歧視等問題，而且一旦研究結果真的顯示出文化（或是種族、性別）差異性，則這個研究的結果，就足以否定整個研究程序。

　　吾人可以花很長的時間，討論此種觀點背後的一些令人難以理解的預設；然而我在此僅打算以簡短的方式處理此一議題。首先，所謂一旦研究結果真的顯示出文化差異性，則這個研究結果本身，就足以否定整個研究程序不允當的觀點是不合理的，因為這樣的觀點已經預設了一個結論（亦即，文化差異性不存在）。例如：假使我們使用一把英制的尺量度日本以及美國成年男人的身高，結果發現彼此之間的平均身高有顯著的差異，則這樣的結論並不能否定英制的尺身為一種度量的工具。

　　其次，討論不同族群的道德判斷測驗的結果如果有差異性，是否會產生帝國主義、種族主義或是性別歧視的問題。雖然帝國主義者、種族主義者及性別歧視者，對於他們宣稱的次等族群，以偏見觀點進行有關跨文化的研究，並作出對這些族群來說的確是次等的結論。然而帝國主義者、種族主義者或是性別歧視者以此種觀點進行跨文化的研究，並不能論證他們的主張是真確的。例如：假設研究結果真的顯示某些文化背景的人的DIT平均分數，比另外一個文化背景的人低，但在邏輯上，並不能下結論說這些得分低的文化背景的人，不應該享有其應有的權力，而僅能擁有比較少的利益，或是應該受到卑下的待遇（見 Brandt, 1959）。強調去顧及各個文化背景族群自有的福祉以及內部一致性，並不足以論證出我們不宜進行跨文化比較研究。針對一些可測量的人類特性進行跨文化比較研究是一個社會科學的實徵以及方法學上的議題，不是一個道德上的議題。

　　為了降低讀者對於最終的研究結果呈現白種美國男性的優越性，而懷疑我們對此一比較研究所做的辯護是否有理，在此讓我先預告一下跨文化研究的結果，並非顯示各年齡層的美國人在道德判斷分數表現上得分最高，而且性別差異性研究結果，也未顯示男人的道德判斷分數會比女人高。事實上，所得到的證據正好相反。因此，無論從邏輯或是實徵的角度，上述有關跨文化研究的負面控訴應該會消失，而我們所作的研究工作也因此不會是邪惡的。

🎬 以 DIT 進行跨文化研究

　　目前大約有二十個分別針對十五個不同文化的 DIT 的研究結果（Moon, 1984）。樣本分別來自以下的十五個不同文化背景：澳洲（三個研究結果）、巴西（一個）、希臘（一個）、香港（二個）、台灣（二個）、冰島（一個）、印度（一個）、以色列（一個）、日本（二個）、韓國（一個）、墨西哥（一個）、菲律賓（一個）、沙烏地阿拉伯（一個）、南非（一個）、千里達及托貝馮（Tobago）（一個）。這二十個研究都是橫斷（cross-sectional）的研究；除了一個研究外，其他的研究都是以翻譯過的

DIT 進行，並試圖探討有關道德判斷發展跨文化的普遍性議題。前述唯一例外的研究（Villanueva, 1982），亦採用類似 DIT 的方法進行道德判斷發展研究，但是為達到最大的文化認同感以及接受程度，其中的道德兩難故事以及刺激選項有經過改寫。因此，在 Villanueva 的研究中，並未將 DIT 直接加以翻譯及運用。

在十九個以翻譯版本的 DIT 所作的研究中，為了進行跨文化差異研究，其中有七個研究的樣本至少是來自二個或二個以上的文化背景。另外十二個研究則將所研究的某一特定文化背景的樣本與DIT實施手冊中美國文化背景樣本的研究結果（Rest, 1979b）進行比較。表 4-1 顯示這二十個跨文化研究結果的摘要。

各研究結果的回顧

進行跨文化研究最困難的工作，是如何保證不同文化背景的樣本，接受不同（翻譯）版本的測驗時，都得到對等的刺激因子。不論研究是否獲得差異性的結論，如果測驗中的各項發問，包含不對等的刺激因子，則依此結果去討論有關文化差異性的問題，是沒有多大意義的。如表 4-1 的第八行所示，幾乎所有的研究，都是將 DIT 翻譯成英語以外的版本進行有關道德推理測驗，甚少談到其如何進行測驗的翻譯工作。僅有三個研究描述其進行DIT翻譯所使用的方法（Thornlindsson, 1978; Benor et al., 1982; Hau, 1983）。而在這三個研究中，也僅有一個研究，能夠試圖有系統的指出翻譯過程可能產生的錯誤（Hau, 1983）。

表4-1 運用界定問題測驗進行跨文化研究的摘要

文化（國家）：作者，研究類型	樣本敘述	n	年齡／年級	P(%)分數	標準差	主要變項	界定問題測驗格式，語言，翻譯方法	效度／信度	文化適應修飾
澳洲									
Dickinson(1979)[i] 他觀的，橫斷研究	國高中生[b]	14	15			宗教，性別，家庭以及朋友	長的版本，英語[a]	重測 r=.98～.99	文字
	國高中生	761	16						
	國高中生	334	17	32.2	12.7			Cronbach=.66	
	國高中生	19	18						
Watson (1983)	第一個研究					年齡，性別，教育，非學生	長的版本，英語	沒有資料	兩難問題，辭句，文字[c]
	英裔澳洲人 (年齡14-58)	10	14.7	19.2	6.2				
		10	16.8	32.7	11.2				
		10	18.7	43.8	7.0				
		10	21.2	47.5	8.0				
	第二個研究					文化，性別，宗教	長的版本，英語	沒有資料	姓名，概念（例如：上帝）
	英裔澳洲人[d]	20	18.8	43.7	7.0				
	各種澳洲人[d]	10	18.6	41.8	13.5				
	希臘裔澳洲人[d]	10	18.5	34.0	9.2				
	亞洲中國人[d]	20	19.11	32.6	12.7				
Clarke(1978)[e] 他觀的，橫斷研究，干預	小學生[b]	617	5th	—		教師，家庭，社會以及干預效應	長的版本，英語[a]	—	—
	老師	24	—	41.7	—				
巴西									
Bzuneck(1978)[i] 他觀的，橫斷研究	青少年					青少年罪犯，缺少父親	短的版本，葡萄牙語[a]	重測 r=－.13～.32	—
	青少年罪犯	40	12-18	20.2	9.3			r=.0～.51	
	非青青少年罪犯	39	12-18	18.7	7.8				

表 4-1　（續）

文化（國家），作者，研究類型	樣本敘述	n	年齡／年級	P(%)分數	標準差	主要變項	界定問題測驗格式，語言，翻譯方法	效度／信度	文化適應修飾
希臘									
Fox(1982)，他觀的，ⁱ 橫斷研究	國高中生 英裔希臘人	33	17	33.9	—	文化、性別	短的版本、希臘語	沒有資料	沒有資料
	希臘裔	18	17	32.3	—				
香港									
Ma(1980)，他觀的，ⁱ 橫斷分析	國高中學生 英裔	108	15.2	26.1	14.0	文化、題目分析	互個故事版本、中文	沒有資料	沒有資料
	中國人	78	17.1	27.9	12.5				
Hau(1983)	學生 國中生ᵇ	68	7-8年級	25.2	—	年齡、教育、智商、性別、捏造可能性、題目分析、翻譯	長的版本、中文、雙語	重測	
	國中生	71	9-10年級	29.3	—			r=.32	
	國中生ᵇ	69	11-12年級	34.5	—			r=.50	
	大學生	34		37.9	—				
冰島									
Thornlindsson(1978)，他觀的，ⁱ 橫斷分析	學生 國高中生	27	8年級	21.6	—	家庭相對社會、城市相對鄉村、角色設、擬、語言、多重翻譯、視與孩童互動	短的版本、冰島語	沒有資料	M題目
	專科及研究生	19	—	56.0	—				
印度									
Prahalladaᵉ(1982)，他觀的，ⁱ 橫斷分析	國高中生	16	—	—	—	智商、人格（Bell印度語（坎那達）、學校語）沒有資料、社經地位、量表、特質	短的版本、印度語（坎那達語）沒有資料	沒有資料	沒有資料
		17	—	—	—				
		18	—	—	—				
		19	—	—	—				

128

表 4-1 （續）

文化（國家），作者，研究類型	樣本敘述	n	年齡／年級	P(%)分數	標準差	主要變項	界定問題測驗格式，[a]語言，翻譯方法	效度／信度	文化適應修飾
以色列									
Benor 等人 (1982)	申請醫學院學生					入學面試	短的版本，希伯來語，倒譯	沒有資料	姓名，國籍，職業
	第 I 所學校[g]								
	接受入學	44	—	39.4	12.4				
	拒絕入學	135	—	40.0	13.2				
	第 II 所學校[g]								
	接受入學	38	—	50.0	17.0				
	拒絕入學	161	—	39.4	12.8				
日本									
Jacobson (1977) 他觀的，[i] 橫斷分析	居住日本的美國人					性別，種族背景	長的版本，英語	沒有資料	沒有資料
	美籍老師[h]	30	—	42.6	10.0				
	美籍老師[h]	63	—	34.8	14.1				
	日籍母親[h]	24	—	28.6	12.0				
	日籍母親子女	24	—	24.5	8.3				
	美籍母親子女	63	—	18.5	6.9				
Deyoung (1982) 他觀的，[i] 橫斷分析	日本老師及學生					文化，學校類型，老師／學生	沒有資料	沒有資料	沒有資料
	美籍老師，專科生	47	—	—				沒有資料	
	大學生	47	—	—				沒有資料	
	專科學校老師	10	—	—				沒有資料	
	大學老師	17	—	—					
	居住日本的美籍英語老師	30	—	—					

表 4-1 （續）

文化（國家），作者，研究類型	樣本敘述	n	年齡／年級	P(%)分數	標準差	主要變項	界定問題測驗格式，[a]語言，翻譯方法	效度／信度	文化適應修飾
韓國									
Park 及 Johnson (1983) 他觀的，[i] 橫斷分析	學生 國中生 高中生 專科生	60 60 60 60	6 年級 8 年級 11 年級 —	25.0 30.2 37.4 41.5	— — — —	年齡，教育，性別，城市相對鄉村	短的版本，沒有資料，韓語	重測 r=.69	沒有資料
墨西哥									
Miller (1979)	墨西哥及美國學生 雙語墨西哥學生 居住墨西哥美國學生	37 35	11-12 年級 11-12 年級	19.6 22.5	— —	性別，年齡，志業與趣	長的版本，英語	沒有資料	沒有資料
菲律賓									
Villanueva (1982) 自觀的，[i] 橫斷分析	學生 國中高中生 國中高中生 專科生 研究生 神學校學生	77 70 42 16 23	13.8 15.3 20.4 32.9 26.0	21.3 21.8 22.3 23.5 31.6	7.5 9.6 7.5 7.2 8.9	年齡，教育，性別，城市相對，鄉村對家庭因素	6 個故事版本，沒有資料	重測 r=.74～.91 界定問題測驗 與 EEI[b] r=.83	自觀的
沙烏地阿拉伯									
Ismail (1976) 他觀的，[i] 橫斷分析	美國大專學校的沙國及美國學生 美國大學生 美國研究生 沙國大學生 沙國研究生	20 20 21 19	28 28 28 28	22.0 29.5 15.7 18.5	8.4 7.5 4.7 6.2	文化，在美國居住多久，城市對鄉村	長的版本，英語	沒有資料	沒有資料

表 4-1 （續）

文化（國家），作者，研究類型	樣本敘述	n	年齡／年級	P(%)分數	標準差	主要變項	界定問題測驗格式，[a]語言，翻譯方法	效度／信度	文化適應修飾
南非									
Heyns 等人 (1981) 他觀的，[i] 橫斷分析	青少年罪犯（男孩）	57	11-12 年級	21.1	12.7	人口統計資料，Quay 表[k]	長的版本，英語	沒有資料	沒有資料
台灣									
Tsaing (1980) 他觀的，[i] 橫斷分析	學生 國中生 國中生 高中生 高中生	160 13 165 14 158 16 172 17		20.4 26.8	6.8 6.2	年齡、教育、性別、家庭地位、出生序、幾個孩子	長的版本，中文，集體討論	沒有資料	沒有資料
Gendron (1981) 他觀的，[i] 橫斷分析	天主教學校學生	41 16-18 37 16-18 36 20-26 40 23-63 16 22-30		31.7 28.9 37.9 33.4 44.4	11.5 10.7 10.7 14.6 15.8	年齡、教育、宗教	沒有資料 中文 沒有資料	沒有資料	M 題目

131

表 4-1 （續）

文化（國家），作者，研究類型	樣本敘述	n	年齡/年級	P(%)分數標準差	主要變項	界定問題測驗格式，ª語言，翻譯方法	效度/信度	文化適應修飾
千里達貝爾ᵏ Beddoe(1981) 他觀的，ⁱ 橫斷分析	四所師範學院學生 第 I 所學院ˡ 第 II 所學院ˡ 第 III 所學院ˡ 第 IV 所學院ˡ	210	20-39	35.1 25.0 26.2 26.7	年齡，教育，學校種類 宗教，學校種類	短的版本 沒有資料 沒有資料	沒有資料	沒有資料

ª 長的版本：6 個兩難故事的界定問題測驗；短的版本：3 個兩難故事的界定問題測驗。

ᵇ PR：小學；JR：國中；SR：高中；HS：高中。

ᶜ 沒有資料或是資料無法獲得。

ᵈ 英裔澳洲學生：學生是在澳洲出生或是從英國移民來。希臘裔澳洲學生：學生家長為希臘後裔以及變視之二十八歲前在希臘成長。大然後移民至澳洲：各種澳洲人；學生至少有一位家長為非英語系背景，也不屬於英裔、希臘裔澳洲人。亞洲中國人：學生兩位家長都是中國後裔。

ᵉ 在本文中僅引用該研究的概要或摘要。

ᶠ Bell 人格適應量表。

ᵍ 第 I 所學校：桂拉科學大學 Sackler 醫學院，基於學生過去的人格特質、人際交往技巧以及往會取向程度以及過去往成績等試成績及他在心理測驗的表現來徵取學生。第 II 所學校：本吉里昂大學健康科學教師，基於學生過去的人格特質、人際交往技巧以及往會取向以及過去成績來徵取學生。

ʰ 美籍老師：受雇於美國國防部在日本設立的海外中學的老師；美籍母親：在美國出生的女性，是服務於日本的美國軍人的妻子。日籍母親：美日混血女性，是服務於日本的美國軍人或是美國國防部文職人員的妻子。

ⁱ 自觀的：多照人類學研究方法，不進行跨文化比較研究。他觀的：多照人類學研究方法，進行跨文化比較研究。

ʲ EFI：The Exercise in Evaluating Issues。

ᵏ Quay 量表：運用三種表格及問卷：(a)行為問題檢對 A 表；(b)個人意見分析 P 表。

ˡ 第 I 所學院：天主教女子教師學院。第 II 所學院：政府設立男女同校教師學院。第 III 所學校：男女合校學院。第 IV 所學院：Mausica 女子合校學院。

資料來源：作者自行編製。

132

133

　　一般的研究者，似乎低估了翻譯以及文化適應等相關問題。研究證據顯示，翻譯文句即使有一點點差異，都會造成測驗分數極大的落差。例如：Moon（1984；及Hau, 1983）最近的研究結果顯示，翻譯過程中如果未能察覺到用字的不同選擇，會產生意義上的差異，可以明顯的影響到 P 分數的平均值。Moon以雙語方法製作出三個 DIT 的韓語版本。所謂雙語方法製作的過程為：首先將英語版交給三個通曉英語的韓國人，將 DIT 翻譯成各自的韓語版本。接著這三名譯者將各自翻譯的版本交給另外二個譯者去評論。最後，這三名譯者集合在一起，共同討論每一個翻譯版本內容不妥之處。透過這樣的過程，得到三個 DIT 的韓文版本，而且三位譯者都同意這三個版本都足以代表原版 DIT 的內涵，且彼此之間沒有意義上的差異。Moon從這三份在意義上應該是相同的測驗中隨機挑選，韓國某一個班級的高中生作答。他的研究結果顯示，同一班級學生在這三份測驗所表現的 P 分數有顯著的差異。因此，即使依循著嚴謹的翻譯程序，三個在意義上應該相同的韓語版本的 DIT 所得到的施測結果，仍會有差異存在。

　　由於大部分的跨文化研究，並未提供其如何進行有關 DIT 的翻譯或是文化適應性等相關過程的詳細說明，我們必須尋找有關翻譯等效性的間接指標。翻譯的心理計量特性（psychometric properties of the translations），就是其中一種可用的間接指標。在這裡，我們期望：如果翻譯版本之間愈具有相似的信度及效度係數類型（pattern），則翻譯版本與原文版本的等效性愈高。這道理有些曲折，不過約略是這樣：如果翻譯版本與原文版本之間的等效

134

性高，且如果我們的道德判斷發展理論能夠運用到不同的文化背景的話，則針對某一文化，以該文化語言翻譯的 DIT 進行該文化樣本的測驗，所得到的各種趨向，應該與以原文版本對美國樣本測驗的結果相似。

表 4-2 提供四個研究結果的信度數據以及 DIT 的原始信度數據（Rest, 1979a）。一般而言，非西方文化背景的重測信度係數比較低；Hau（1983）以 *D* 分數計分，針對中國學生（高中到大學年齡層）樣本研究，發現顯著的低重測信度係數；Bzuneck（1978）也發現巴西青少年犯罪者具有較低的重測信度。這樣的結果可能是由於樣本的同質性（homogeneity）過高所致。Park 等人（1983）

表 4-2　信度與內部一致性（*P* 分數）

研究及國家	重測信度		內部一致性	
	6 故事	3 故事	6 故事	3 故事
Rest（1979b）美國	.82	.77	.77	.76
Dickinson（1979）澳洲	.98		.66	
Bzuneck（1978）巴西		.39		
Park 及 Johnson（1983）		.69		
韓國	.32		.50	
Hau（1983）香港	.37（D 分數）			

資料來源：作者自行編製。

針對異質性（heterogeneous）高的韓國學生樣本，得到的重測信度係數與原始重測信度非常接近。而 Dickinson（1979）運用幾乎一樣的原始版本，針對大量的澳洲樣本測驗，獲得最高的重測信度係數的這個結果，當然就不會令我們驚訝了。

表 4-2 中有二個研究同時也提供了測驗的內部一致性係數，結果也顯示，西方英語系國家 DIT 的內部一致性比中文版本測驗結果相較來的高，然而二種測驗的一致性係數之 α 值都在符合要求的範圍內。

Hau（1983）的研究也深入地提供一些有關DIT的心理計量特性。Hau的研究除了提供上述研究數據外，更將Davison道德階段之間的相關性分析方法（interstage correlational analysis）運用在中文版測驗結果的分析；亦即：將每一個道德階段分數與其他所有道德階段分數作相關性分析。Hau發現中文版測驗的相關矩陣類型與 Davison（見 Rest, 1979a）得到的結果類似（某一個道德階段分數與其鄰近的道德階段分數相關性最高，且此一相關性隨著與該道德階段相鄰的距離愈遠而遞減）。再者，Hau作因素分析所獲得的二個因子與 Davison 針對美國樣本所獲得的結果相同。因此，Hau中文版測驗結果的內部結構與原始英文版本的測驗解果非常相似。

Hau 也運用McGeorge（1985）的「問卷被作假回答的可能性」之研究，也得到與McGeorge相似的結果：當受試者被要求作假，想像自己是一個道德高尚的人來填答DIT，結果並未發現受試者的得分增加。但當受試者被要求想像自己是道德較差的人，則受試者的得分降低。

　　表 4-3 顯示道德成熟量表（Moral Maturity Scale, MMS；從 Kohlberg 的道德判斷訪談量表發展出來）翻譯版本與 DIT 翻譯版本的測驗結果之相關性。表 4-3 也顯示冰島語版 DIT 及法律及秩序量表（Law and Order Measure, LOM, Rest, 1979a）測驗結果之相關性。這些相關性，都顯示出具有收斂效度（convergent validity）的趨勢（亦即：合乎我們的預期，具有正向、顯著的相關性存在）。如果這些翻譯版本，等效於原始英文版本，則測驗結果，應該與原始版本所得到的相關性結果（見表4-3最後一列）類似。

表4-3　界定問題測驗與Kohlberg測驗（MMS）以及法律與秩序測驗（Pearson r）的相關

研究	界定問題測驗（P分數）和 MMS 的相關		界定問題測驗（P分數）和法律與秩序測驗的相關	
	6 故事界定問題測驗	3 故事界定問題測驗	6 故事界定問題測驗	3 故事界定問題測驗
Thornlindsson (1978)				−.4498
Tsaing (1980)	.486			
Ma (1980)	.196			
	.286			
Rest (1979b)	.43[a]		−.60	−.58
	.70[b]			

[a] 同質群體。

[b] 異質群體。

資料來源：作者自行編製。

Tsaing（1980）針對特定範圍的華人樣本（台灣學生，年齡十三到十七歲）施測，得到 DIT 與 MMS 間的相關性程度，與針對同質性高的美國樣本所得到的結果相當。Ma（1980）針對特定華人樣本（十七歲香港學生），則得到這二個測驗結果之間僅有低相關性。Thornlindsson（1978）得到冰島語版 DIT 與 LOM 測驗結果之間，僅具有中度的相關性，且此相關係數與美國樣本相當。

文化差異效應

有關文化背景造成道德判斷分數的差異性，是以以下兩種方法進行探討：(1)將 DIT 的翻譯版本，針對特定文化背景樣本施測所得到的分數，與利用原版 DIT，針對美國樣本施測所得到的分數進行比較。(2)利用相同的翻譯版本，針對不同文化背景樣本施測〔例如：Watson（1983）將同一個 DIT 的翻譯版本，針對希臘裔、英裔、亞裔的澳洲人施測〕。表 4−4 顯示利用 DIT 的翻譯版本，針對七個不同文化（或次文化）背景樣本的研究結果。

表 4−4　文化（種族背景）效應

研究／樣本		年齡	n	P(%)分數	標準差	顯著性
Watson (1983)						
1 英裔澳洲人[a]	CS	18.8	20	43.75	6.97	1&2, NS
2 各種澳洲人	CS	18.6	10	41.84	13.55	1&3[b]
3 希臘裔澳洲人	CS	18.5	10	34.00	9.17	1&4[b]
4 亞洲中國人	CS	19.11	20	32.73	12.73	

表 4–4　　（續）

研究／樣本	年齡	n	P(%)分數	標準差	顯著性
Miller（1979）					
美國 HS	17	35	37.6	−	NS
墨西哥 HS	17	31	32.8	−	
Fox（1982）					
英國 HS	17	33	33.9	−	NS
希臘 HS	17	18	32.3	−	
Jacobson（1977）					
1 美籍母親[c]	−	42	43.83	14.14	1&2[b]
2 日籍母親		15	28.26	12.0	
3 日籍母親的子女	10-14	39	18.51	6.90	3&4[b]
4 美籍母親的子女	10-14	21	24.57	8.36	
Ma（1980）					
英國 HS	15.2	108	26.11(16.6)	14.0(4.2)	P 分數：NS
中國 HS	17.1	78	27.9(18.3)	12.5(3.2)	（D 分數[b]）
Ismail（1976）					
美國大學生	28	20	22.00	8.40	
美國研究生	28	20	29.15	7.46	25.58 (8.70)[b]
沙烏地大學生	28	21	15.71	4.74	
沙烏地研究生	28	19	18.52	6.22	16.95(6.64)[b]
Deyoung（1982）					
美國英籍老師	−	30	−	−	NS
日本專科老師	−	17	−	−	

[a] 參考表 4–1 的詳細說明。

[b] $p < .05$。

[c] 參考表 4–1 的詳細說明。

CS：專科學生；NS：不顯著。

HS：高中生。

資料來源：作者自行編製。

　　在表 4-4 的七個研究中，僅有三個研究結果展現顯著性的文化差異。在這些研究中，值得注意的是，所謂的文化差異是以 DIT 的平均分數差異顯現〔既不是利用這些分數與其他變項之間的相關性類型（correlational pattern）是否有差異，也不是以測驗結果的內在結構（internal structure）是否不同，來顯現文化差異性〕。由於某些研究提供多種文化背景之比較，因此總共有十種不同文化背景之間的比較結果。這十個比較中，有六個是針對西方與非西方樣本的對比，而這六個對比中，有五個研究得到顯著性的文化差異的結果。十個研究中的另外四個，也是針對西方與非西方樣本對比，然而僅有一個得到顯著性的文化差異的結果。這些研究結果顯示，以 P 分數平均值進行西方與非西方樣本間的對比，比較傾向於獲得分歧的結論。然在此處，要特別注意的是上述六個針對西方與非西方樣本的對比研究，每一個都得到文化差異的顯著性，而其中有四個研究所獲得的顯著性結論，是來自於三個利用原文版本 DIT 進行研究的結果（即：Watson, 1983; Jacobson, 1977; Ismail, 1976）。這三個研究，是以英語母語樣本與雙語樣本作比較，使得我們無法了解樣本的英語流暢程度對顯著性效應的干擾程度。有趣的是 Watson（1983）在他的研究中發現，居住在澳洲的亞洲移民與希臘移民，在英語版 DIT 上的表現是相似的，而這個結果與文化差異會造成測驗結果不同的假設，是不一致的。簡單的說，雖然研究結果發現不同文化之間的差異性（特別是西方與非西方文化之間的對比），但到目前為止，從這些研究數據，仍不清楚此一差異性是來自不同文化背景出身的樣本使然，或是來自受試者對於測驗所用的語言不夠流暢所使然。

年齡／教育趨勢

　　從認知發展觀點來解釋道德發展的研究結果，沒有任何解釋方式會比以隨著年齡增長，其思維方式從比較次等的形式發展至高等的形式的解釋方式來的更重要。美國樣本研究結果提供了充分的證據，顯示受試者的 DIT 分數，隨著年齡／教育程度的增長而增加（Rest, 1979a）；DIT 分數的變異量分析，呈現出有 38% 來自於年齡及／或教育的增長。再者，從縱貫（longitudinal）研究的數據（Rest & Thoma, 1985；本書第二章）以及橫斷研究分析結果，影響道德判斷發展最根本、最強烈的因子，就是教育程度。

　　表 4-5 顯示六個年齡／教育對比的跨文化研究結果。除了 Beddoe 等人（1981）的研究外，每一個研究的結果都顯示道德判斷平均分數，隨著年齡／教育的程度而增加。由於 Beddoe 等人用來作對比的數據來自不對等的樣本數（一百九十四個受試者屬於二十歲年齡層，十八個受試者則為三十歲年齡層），而且受試者的教育程度分布非常狹窄，都是屬於大專教育程度的年齡層，因此我們可以忽略 Beddoe 等人的研究結果。

　　第二個有趣的研究結果是：在不同年齡／教育層次，美國樣本在道德判斷分數的表現並非都是最高。如圖 4-1 所示，在年輕以及教育程度較低的群組中，大多數樣本的平均分數大於或等於美國樣本的平均分數。此一情況到大專教育程度之前，都是維持不變，而在大專教育程度以上，美國以及另外二個西方樣本的平

表 4-5 界定問題測驗 P%分數隨年齡與教育變化趨勢

研究	國中生⑴			高中生⑵			專科生			研究生			成人			顯著性
	n	P%	(標準差)	n	P%	(標準差)	n	P%	(標準差)	n	P%	(標準差)	n	P%	(標準差)	
Rest (1979b)	1322	21.90	(8.5)	581	31.80	(13.50)	2479	42.30	(13.20)	183	53.30	(10.90)	1149	40.0	(16.7)	1-4[a]
Hau(1983)	68	25.27	(−)	71	29.35	(−)	34	37.88	(−)					−	−	1-3[a]
				69	34.47											
Tsaing (1980)	325	20.16	(6.78)	330	26.84	(6.16)										b
Park 及	60	25.00	(−)	60	37.40	(−)	60	41.5	(−)							a
Johnson(1983)	60	30.20	(−)													a
Thornlindsson (1978)	27	21.6	(−)										19	56.0	(−)	a
Gendron(1981)				37	28.92	(10.7)	40	33.42	(14.86)				16	44.38	(15.8)	a
				41	31.71	(11.5)	37	37.87	(14.64)							
Watson(1983)				10	19.2	(6.2)	20	43.8	(7.0)							a
				10	32.70	(11.2)	10	47.5	(8.5)							
Beddoe (1981)							194[c]	27.80	(−)							NS
							18[d]	32.68	(−)							

[a] p<.001。

[b] p<.05。

[c] 年齡範圍 20-29。

[d] 年齡範圍 30-39。

NS：不顯著。

資料來源：作者自行編製。

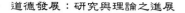
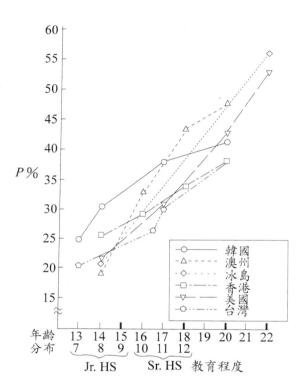

圖 4-1　DIT 分數中的跨文化年齡／教育趨勢

均分數，爬升速度比非西方國家來得快。此外，非西方樣本的平
緩發展型態，也顯示在非西方國家樣本中，年齡／教育與道德判
斷發展的相關性並非如西方國家來的強烈。Hau（1983）也發現了
此種可能性的存在。在他的研究中，DIT 分數的變異量分析，僅有
12%（美國則為 38%）是來自於年齡及／或教育程度的增加。他
的研究結果也顯示教育（並非年齡），才是與道德判斷發展相關

性最高的因子。

　　歸結而言，許多不同的國家都做過DIT，其效度與信度都與在美國利用原版 DIT 的結果相當。一般而言，不同國家樣本測驗結果的趨勢，多數與美國樣本所測得的趨勢的相似程度多於差異程度。雖然不同國家得到年齡／教育與道德判斷發展的相關性程度似乎比美國來的低，然而這些差異性則可能主要是來自於翻譯上的錯誤。有趣的是，我們注意到，沒有數據顯示出顯著性的不存在，也沒有數據顯示出各國的變化趨勢與美國樣本不同。如果研究結果呈現出年齡／教育與道德判斷發展之間為不顯著相關，且隨著年齡／教育的變化趨勢也不同，則文化差異所造成的影響比較可能存在。不同文化背景樣本的道德判斷發展有隨著年齡增加的現象，也呈現出不同文化的道德發展相似性多過於差異性。雖然非西方國家樣本，與西方樣本對比，道德判斷發展速度比較趨緩，但是都呈現隨著年齡／教育程度而增加。

跨文化研究的結論

　　我們從這些跨文化研究中，最有興趣想知道的問題是：從美國樣本的研究結果，歸納出的理論假設與預測效力，是否能夠運用到其他西方或是非西方樣本。更具體地說，是否DIT（或是各種翻譯版本），針對美國以外的樣本施測所獲得的結果，與美國樣本施測的結果相似？從目前現有研究數據，至少發現有三個缺點存在，使得我們無法確認由美國樣本研究結果歸納出的理論假設與預測效力，能夠適用於不同文化背景的受試者。首先，跨文化

144

研究的數量以及其所涉及的不同文化的數量仍然過少。例如：在某些情況下，我們僅能從四個或是五個針對三個文化背景大專生之研究，決定出測驗結果的某些趨勢。因此整體而言，我們勉強僅有二十個研究成果為依據，進行各文化內年齡／教育程度以及跨文化的對比研究。其次，有許多的翻譯版本，都不知道是以何種方法製作，也未經過效度測試。因此必須假設大多數的翻譯版本可能與原版不等效。最後，所有這二十個研究都屬於橫斷方式。由於缺乏縱貫研究數據，我們無法獲得其他文化樣本有關道德判斷發展的最主要證據。

　　即使有這些限制存在，這二十個研究結果，仍對於道德判斷發展的普遍性以及 DIT 方法的跨文化研究可行性，提供相當的支持。從這些研究中，我們發現跨文化對比中，相似之處比相異之處更為凸出。照理，針對其他文化所作的研究結果，很可能會呈現出與美國樣本非常大的差異，因而推翻道德判斷發展具有普遍性的觀點，或是呈現 DIT 的方法的限制性；可是結果並非如此，因此對於我們的觀點，有一定的支持程度。當然，我們也知道利用 Kohlberg 的測驗所進行的研究工作（見 Snarey, 1985 令人深刻的回顧），所得到的研究結果與我們的結果，共同支持了認知發展學家強調正義概念的研究進路。然而此處，我們仍無法排除：除了正義以外，沒有其他的概念的存在；或是排除：除了第一章所講的四個心理學基本構念以外，沒有其他的心理學構念存在。而且，我們也無法排除掉其他心理學構念，可能在實徵研究結果上，能產生更顯著的趨勢。截至目前為止，沒有充分的研究結果足以使我們對於理論的普遍性具有信心。而且，在原則上，也沒有人可以排除未來有可能出現更好的替代理論。然而，截至目前為止，在探討有關人們是如何進行其道德上的對錯判斷方面，仍然沒有具有充分的理論基礎與實徵研究，足以支持其他的替代理論。經常有人們會提及某些替代理論可能存在，但是這些替代理論仍然缺乏理論上的建構與實徵研究結果的支持。

　　上述提到的過去研究結果中，也蘊含了另外一個發現，也就是 Kohlberg 的道德訪談量表（Moral Judgment Interview, MJI）過去經常被批評其無法確認出非西方樣本的原則道德思考（principle moral reasoning）階段的存在，而使得 Kohlberg 理論的主要部分，仍然未能夠被確證（參考 Simpson, 1974）。有趣的是，我們注意到 DIT 並未受到此種批評，這是因為所有前面所提到的研究結果，都是來自於受試者針對原則道德思考階段選項的選擇（P 分數）。DIT 及其他翻譯版本比 Kohlberg 的 MJI 更能夠檢證出原則道德思考階段的存在，最可能的原因來自此二種測驗所採取的發問與答題方式（見附錄 B 的討論）。因此，與美國樣本的結果相似，非美國樣本的受試者比較容易從 DIT 的選項中確認出原則道德思考階段，可是在 MJI 中受試者卻難以就原則道德思考階段，陳述出一個可以被計分的答案。

性別差異

　　由於男性及女性的社會經驗不同，因而在社會技巧、社會取

146

向以及社會態度上，產生系統性的差異。雖然在我們的社會中，普遍存在一些男性以及女性的刻板模式（Broverman, Vogel, Broverman, Clarkson, & Rosenkrantz, 1972），可是這種刻板模式是否真的影響其對社會問題的處理方式以及其社會行為，仍然具有某些爭議性。

　　Carol Gilligan 博士在一九八二年出版了一本廣為人閱讀的書（最初是在一九七七年所發表的論文），將道德判斷發展研究的重點，放在性別差異的議題上。雖然近年來，她提出一些不同於她在一九七七年及一九八二年所持的立場，然而她在一九七七年所提出的有關道德發展的性別差異議題，最為人們廣為周知與討論，也向Piaget、Kohlberg以及其他認知發展主義者的道德判斷發展研究傳統，提出了最大膽的挑戰。因此，我們將會把焦點放在一九七七年 Gilligan 所提出的觀點上。Gilligan 提出的觀點的前提為：男性的社會發展，以個體性（individuality）比較凸出；而女性的社會發展，則比較強調個體與個體之間的聯繫性。Gilligan 於是主張這二種全然不同的社會歷程導致二種道德發展的取向：一種是正義取向（男性為主），另一種則是關懷倫理取向（女性為主）。她認為，當女性接受以正義為前提的道德判斷測量（例如：Kohlberg的量表），會忽略其本身的關懷倫理取向以及失去焦點。以現存的道德判斷量表（她針對 Kohlberg 而言）測量女性的道德判斷發展，好比將一個不適合的系統，加諸於女性身上。因此，當女性接受一個男性定義系統（即：正義概念，而非關懷取向）的測量，會造成扣分以及失去焦點的結果，而造成了女性的道德判斷分數比較低；以及由於道德判斷量表計分方法中的男性偏見因素，使得女性似乎在道德判斷發展上比較次等。Gilligan 主張這種以正義取向的計分方式背後所隱含的男性偏見，是（或至少部分）來自於：Kohlberg 本身是男性；在論文中僅以男性受試者作為縱貫研究樣本；而且在他的道德兩難故事中均以男性為主角。

　　Gilligan 對於男性以及女性道德發展的評量，提出了許多她認為比較適當的方法的主張。可是這些主張之中，目前主要僅有以正義取向的道德評量計分系統被驗證出會貶低女性的分數，使得女性的道德發展相較於男性是比較次等。Gilligan 文章的讀者因此對於 Kohlberg 以正義取向來研究道德發展，產生了不適用於全世界一半的人口（即：女性）的印象。

　　很多閱讀過 Gilligan 在一九八二年所寫的那本書的讀者，都會驚訝的發現，Gilligan 在大膽提出以正義取向的計分系統會造成女性道德發展評分較低的觀點前，實際上並未先對性別差異與道德判斷發展的相關研究文獻，進行有系統的回顧。在今天，這類研究的成果已經存在且正等待被進一步分析，有系統的針對這些過去研究結果進行分析，是可以做得到的。Walker 在一九八五年發表的文章，針對以不同版本的 Kohlberg 問卷測驗的結果作了回顧，認為男性在 Kohlberg 問卷測驗分數表現比女性高的說法，是沒有事實根據的。所謂正義取向的計分系統會貶低女性的道德判斷發展分數，並未呈現在 Kohlberg 問卷測驗結果的兩性差異分析之中。最近一些以 Kohlberg 最新版計分系統的主要研究，也未呈現兩性在道德分數表現的差異性（Snarey, Reimer, & Kohlberg, 1985; Gibbs

& Widamon, 1982; Nisan and Kohlberg, 1982）。

　　最近 Thoma（1984）針對具有代表性的五十六個以 DIT 為測量工具的研究中（涉及的受試者超過六千人），同時運用後設分析法（meta-analysis procedure）以及次級分析法（secondary analysis procedure），估計男女兩性在 DIT 的表現。Thoma 所運用的後設分析法，相較於過去（Rest, 1979a; Walker, 1985）針對此一議題的研究方法，作了改善，而此一研究方法可以精確提供了性別差異的程度以及顯著性等訊息。為了進行這五十六個 DIT 研究結果的後設分析，Thoma 選擇兩種統計估算方法，來呈現出在每一個研究結果中，性別差異所造成的影響程度：實驗處理效果係數 d（effect size d）（Cohen, 1969; Hedges, 1981），以及 W 係數（Hays & Olkin, 1980; Fleiss, 1969）。d 係數代表男、女性的 DIT 平均分數（mean score）的差，除以組內標準差（within-group standard deviation）。此一比率值將男女二者平均分數的差異，以一種標準得分格式（standard score form）表示出來（因此，$d = .5$ 表示二個平均數之間相差了半個標準差）。Cohen（1969）建議當此一實驗處理效果係數 $d = .2$、$.5$、$.8$ 時，分別代表性別對於道德判斷發展分數的低、中、高之影響效力。

　　在 Thoma 的實驗處理效果係數 d 的計算中，當得到的 d 值，符合男性的 DIT 平均分數高於女性的假設時，則令 d 為正。因此如果得到負的 d 值時，即代表女性的分數比男性高。

　　另外一個 Thoma 所運用的統計估算方法是 W 係數。W 係數估算出在一個或數個自變項影響下，對某一個依變項之變異量所產生的影響之比例。因此，Thoma 的 W 係數值代表：不同性別群組對 DIT 分數之變異量的影響之比例。W 的值在 0 至 1.0 之間是有意義的。

　　為確保利用後設分析進行性別差異的統計估算，能夠獲得穩定的結果，Thoma 篩選出這五十六個研究結果作為分析對象。主要的篩選標準為：(a)男性群組的年齡分布與女性群組的年齡分布要相當。例如：將母親道德推理分數與其子女道德推理分數之比較結果予以排除。(b)依據統計上的考量，從二個性別群體中分別取樣出之受試者的比例必須大致相當〔亦即：女性（或男性）取樣之比例，必須要落在全部樣本的 $.3 \leq p \geq 0.7$ 範圍內〕。(c)女性及男性群體的樣本數必須要大於 10。

　　Thoma 的分析結果，如表 4-6 所示，將這五十六個研究分別歸屬不同的五個群組。前面四個群組分屬特定的年齡／教育層級，第五個群組則為該研究中包含有多種年齡／教育層級。Thoma 將第五個群組之樣本標記為混合群組，其樣本大多數是高年齡的受試者。

表 4-6　後設分析摘要

	國中生	高中生	專科生	成人／研究生	混合	所有群體
$\bar{d}$	-.152	-.167	-.213	-.279	-.238	-.207
95% C.I.[c]	$(-.27 \leq \delta \leq -.04)$	$(-.29 \leq \delta \leq -.05)$	$(-.32 \leq \delta \leq -.11)$	$(-.50 \leq \delta \leq -.07)$	$(-.32 \leq \delta \leq -.16)$	$(-.26 \leq \delta \leq -.16)$
ω^2中位數	.001	<.001	.004	.007	.009	.003
範圍[b]	.014	.090	.150	.107	.029	.150
樣本數	8	16(14)[a]	19(18)[a]	4	9	56(53)[a]
受試數	1255	1249(1107)[a]	1539(1468)[a]	370	2450	6863(6650)[a]

[a] 性別差異造成的趨勢，有三個樣本沒有相關資料。這三個樣本僅有將 w^2 測量及計算出來。
[b] 範圍＝（最高值－最低值）。
[c] C.I.＝信賴區間。
資料來源：作者自行編製。

表 4-6 中最有趣的是：所有 d 係數的值均為負。此一研究結果呈現女性在道德判斷發展分數的表現反而較佳。換句話說，女性在 DIT 的分數表現，較男性的分數高。除了女性呈現較佳的趨勢外，每一個 d 係數的值，不但在統計上都不為零，而且也都落在 Cohen 所建議的小範圍內。再者，W 係數值也呈現：性別差異對於 DIT 分數的變異量之影響不會超過 0.9%，而針對所有的五十六個研究結果的整體分析結果，則顯示性別差異對於 DIT 分數的變異量之影響為小於 0.5%。簡單的說，性別差異對於 DIT 而言是不重要的。

Thoma 也分別比較了性別差異以及年齡／教育層級，對 DIT 分數的影響程度。表 4-7 呈現出選自於這五十六個研究中，能夠提供相關敘述性資料的次級群組及相關資料。Thoma 得以利用表 4-7 的相關資料，進行未加權平均值的二因子變異數分析（two-way unweighted means ANOVA）（性別以及年齡／教育層級）。他的分析結果估算出年齡／教育層級，對比於性別差異，對於 DIT 分數的變異量之影響程度，超過二百五十倍（性別對變異量的影響 $W=.002$；年齡／教育對變異量的影響 $W=.525$）。而性別與年齡／教育層級之間的交互影響也不顯著。

Thoma 的分析結果顯示：性別差異對於 DIT 分數的影響非常小（$d=.21$）。與目前大家所期望不同的是：女性的分數都比男性高。相較於年齡／教育層級對於分數的影響，以及 Cohen 所提出的 d 係數解釋，性別差異對於分數的影響是不重要的，而這樣的研究結果，對於所謂道德判斷發展測量具有性別偏見的控訴，是

表 4-7　年齡／教育主型敘述性統計

統計	國中生	高中生	專科生	研究生*	成人*
男性					
$\bar{x}$	19.068	28.685	44.106	60.97	42.78
標準差	6.229	11.770	12.212	14.04	11.77
n	528	424	449	52	90
女性					
$\bar{x}$	19.789	30.361	45.875	62.97	46.04
標準差	6.332	10.851	12.190	10.87	12.85
n	519	436	436	42	183
樣本數目	8	12	14	2	2

* 由於樣本數目太小，這些群體的敘述性資料，並未納入第二次的分析當中。

資料來源：作者自行編製。

有重大意義的。

　　近年來 Moon（1986）也完成了一篇博士論文，針對 DIT 各個兩難故事中的各個道德選項，探討性別差異的相關議題。Moon 不僅針對不同性別受試者在 DIT 的總表現分數表現進行分析，也利用一些已經發展出來的性向測驗（aptitude testing）及成就測驗（achievement testing），針對各兩難故事中的各個道德選項，進行性別偏見分析。他的研究發現也顯示：不同性別的受試者，無論是在各個兩難故事中各個道德選項的表現或是總分數指標（P 分數以及 D 分數）的表現，沒有差異。

　　由以上的各種研究結果，我們可以推論，在 DIT 表現上並未呈現出男性對於假設性兩難故事的表現較女性佳，也未呈現出正義推理為主的測驗內容會比較偏向男性。雖然男性與女性的確經歷不同的社會化經驗，但是各自在正義推理的發展，卻非常的相似。由於性別差異對於 DIT 分數的變異量之影響程度非常低，這似乎也指出其他變項，才是未來主要的研究方向。

面對這些與她最初觀點全然不同的研究結果，Gilligan 近年來也將她研究焦點從性別差異，轉向以兩性都具有的關懷取向的觀點，並指出：應該由受試者自陳出來的兩難故事，作為 DIT 的兩難故事，方能呈現出兩性所具有的關懷取向，而難以從假設性的兩難故事獲得。這樣的主張，有待更進一步的實徵研究予以證實。然而即使到目前為止，實徵研究結果也並未能證實此一主張。近年來，Walker（1985）以受試者自陳的兩難故事以及假設性兩難故事，進行正義取向與關懷取向之比較研究，也並未發現有任何差異。

Gilligan 觀點中許多理論上以及方法上的問題，直接衝擊到一些贊成她觀點的研究圈。其中的一個問題是有關關懷取向的定義，在理論上缺乏一致性，以及有關關懷取向定義與正義取向定義之間的差異。在不同的情況，關懷取向有時候被定義為道德敏感性（moral sensitivity）（「成分一」），有時候則被定義成作為道德上的對（morally right）的判斷標準（「成分二」），有時候被當作一個人的價值觀以及其作優先順序判斷的價值標準（「成分三」），甚至又有時候被當作一種人的人格組織理論。我們真的很難了解關懷取向到底是什麼。有些時候，關懷取向被當成與正義取向並行，甚至可以取代正義取向，則在這樣的意義下，關懷取向就好像是「成分二」的理論。據此，我們希望關懷取向理論者，能夠針對如何用以判斷某個行為，在道德上是正確的，所需要的概念工具（conceptual tools），予以說明（這是「成分二」之功能）。但是我們看不出關懷取向觀點，針對社會衝突情況所提出的行動選擇指導方針，是有別於正義取向所提出的行動選擇指導方針（這裡所說的正義取向，即是 Kohlberg 所定義的正義，或是如第一章對正義的定義）。單單主張關懷取向是能夠真正關心人們，以及它是一種強調人與人之間的聯繫性，是不夠的。而這些特性，在正義取向觀點裡面也同樣具有；即在正義取向觀點中，已經預設了當一個人在某種社會情況下，會基於關懷他人而意識到會發生道德兩難的問題（在此情況下，面臨作決定的人會考量到不同群體之間有不同的利益需求，但他也了解無法滿足所有人的需求）。「成分二」最關鍵的地方，是能夠提供一個決策工具，使人們在同時考慮他人以及自身的利益衝突的情況下，能夠作出一個平衡的，或是排出優先順序（如果一個做決策的人，僅考慮到某一個特定的人或某一種特定的利益，那麼就沒有所謂的道德兩難問題存在了）。Gilligan 不去闡明人們應該如何運用邏輯來針對道德衝突情況作決定，反而似乎是將正義這個概念描繪成一種大男人的意識形態以及男人沙文主義，並同時以關懷取向替代大男人意識形態。如果我們僅能在大男人意識形態與關懷取向二者之一作選擇，當然是以選擇關懷取向是最好的。然而如此一來，正義的概念，就已經被扭曲了。例如：Gilligan 分別將正義與個體

153

主義（individualism）以及將關懷與個體與個體之間的聯繫性，連接在一起。而與此相對比的是，回憶第一章針對正義的討論內容，我們將正義所關切的中心議題放在如何在人與人之間去安排出一種合作的網路以及如何安排出一種彼此互惠的交互系統（reciprocal system）；而此一觀點，與個體主義或是人與人之間的孤立疏離觀點，是很不一樣的。

實徵結果對於Gilligan觀點的破壞力更大。雖然關懷取向被聲稱為可與正義取向的道德發展並行甚至取而代之，然而至今，此一觀點沒有被任何一個縱貫或是橫斷研究的實徵資料予以證實。事實上，有一些研究者想利用正義取向的道德階段發展計分方式，來進行以關懷取向的道德階段發展。但即使是以如此複製方式進行，仍然非常困難。此種以關懷取向取代正義取向，作為一種道德判斷發展的研究，至今仍在萌芽階段。雖然在關懷取向的道德發展觀點中有許多有趣的說法與大膽的主張，然而這些主張都沒有實徵研究結果予以支持。

那麼我們是否就此主張：人們在作道德對、錯判斷的時候，正義的概念是唯一的決定因素？雖然截至目前為止，有關跨文化的以及性別差異的道德判斷發展研究，除了正義的概念之外，並未能夠提出其他可資取代的概念，但是我們不會就因此以為正義概念即是人們在道德上判斷對錯所使用的唯一概念。事實上，讀者可以在下一節以及下一章中發現，也有一些實徵研究顯示（不僅是依據一些大膽的主張，或是一些道聽途說的趣聞軼事），某些人在某些狀況下，的確運用某些其他概念以及決策過程，作為其道德上對、錯判斷的依據。雖然在目前我們可資運用的研究資料範圍內，的確發現正義的概念是道德判斷發展的重要決定性因素，但也有資料顯示正義並非是唯一的決定因素。以下將針對宗教對於道德判斷發展的影響進行探討，說明其他的影響因素。

 ## 宗教與道德判斷

　　提到 Albert Schweitzer、Mahatma Gandhi、Martin Luther King、Theresa 修女及 Jerry Falwell 等偉大人物，明顯的讓人感覺到宗教意識形態似乎深深影響他們對於道德上的對錯判斷。對於這些偉大人物我們很難將他們的道德思想與他們的宗教思想分開。那麼，到底正義概念的發展與宗教之間的關係為何（例如第一章的討論）？到底宗教意識形態是如何影響人們的道德判斷發展？

　　Irene Getz 博士最近回顧了心理學文獻中有關此類的議題（Getz, 1984）。她指出心理學家為了進行宗教研究以及將宗教作歸類，已經蒐集了各種各樣的研究資料。Getz 指出心理學家將宗教視為人的心理變項之一，並且已經針對以下的七種途徑，進行相關的心理學測量與評估。

　　1. 加入或是成為宗教集會或是宗教團體的會員。
　　2. 參加禮拜、閱讀宗教文獻、禱告，以及奉獻金錢或資源等宗教行為。
　　3. 宗教知識：有能力記憶各種相關宗教的訊息。

4.宗教意識形態（宗教信念）：例如，相信所有的人都是有罪的；相信聖經所講的都是真理，生死輪迴等等說法。通常將宗教意識形態的特性，放在保守主義相對自由主義的向度中描述。

5.各種宗教經驗：例如，皈依、洞見、臨死的經驗，以及其他類似的經驗。

6.以內在或是外在動機區別人們參與宗教信仰的目的。宗教參與目的在於社會地位以及自我辯證（self-justification）者，屬於外在動機；宗教參與目的是在尋找價值的泉源以及人生的方向者，則屬於內在動機。

7.宗教教育：就讀附屬於教會的教育機構。

本文將依據以上 Getz 所做的七種分類，概述宗教與道德判斷發展的研究結果。除了這七種分類外，Getz 另外又納入了第八個分類，稱作混合類（miscellaneous category），在這類研究中，主要的研究對象雖然不是宗教，但有部分與宗教有關。表 4-8 針對被歸類到這八個分類的各種研究作一簡述。

表4－8 以不同宗教類型為變項將道德判斷與宗教關係的研究予以分類

研究	樣本	評量項目	結果
宗教信仰			
Ernsberger (1977)；Ernsberg 及 Manaster (1981)	教會 169 位成人成員	評量分屬公約以及本源的四個教會成員或是領導者的道德判斷。道德判斷與宗教取向的關係。	保守主義教會成員傾向階段四；領導成員的傾向向更強烈。自由主義教會成員傾向階段五、六；領導成員的傾向向更強烈。
Lawrence (1979)	29 位九年級學生，30 位哲學博士班生，16 位基本教義派神學校學生	評量三個不同群體的道德判斷。評量神學校學生選擇不同論點背後的思考傾向。	九年級學生與博士生的 P 分數均為典型的分數。神學校學生基於其教會立場作選擇，分數較低。
Brown 及 Annis (1978)	80 位專科生	道德判斷與宗教行為、宗教信仰的關係（以及與宗教信仰的內在－外在動機的關係；見下面）。	P 分數高與刻板信仰程度關係低。P 分數與宗教行為關係不顯著。
Clouse (1979)	371 位專科生	道德判斷與宗教信仰、政治意識形態的關係。	P 分數高與自由主義宗教信仰、自由主義政治思考關係顯著。

表 4-8 （續）

研究	樣本	評量項目	結果
Cady (1982)	57 位神職人員	道德判斷與自由主義者、信仰者、與保守主義者的關係。	道德判斷與自由主義者、信仰者、與保守主義者間有顯著差異；P 分數顯著差異；自由主義以及對宗教採取彈性信仰的神職人員分數較高。
Harris (1981)	438 位 11 年級學生	道德判斷與宗教信仰、宗教知識和宗教實踐的關係。	道德判斷與宗教信仰、宗教實踐之間無顯著關係，道德判斷與宗教知識關係顯著。

內在－外在取向

研究	樣本	評量項目	結果
Ernsberger(1977)；Ernsberg 及 Manaster (1981)	教會 169 位成人成員	除了進行上述評量項目外，另加作了教會成員及領導者的宗教信仰內在－外在動機的評量。	內在取向成員整體道德階段比外在取向要高。
Walters (1981)	224 自願的宗教老師	老師的取向與道德判斷的關係。	內在－外在取向與道德判斷無顯著關係。
Brown 及 Annis (1978)	80 位專科生	內在－外在取向與道德判斷的關係。	內在－外在取向與道德判斷無顯著相性。

表 4-8 （續）

研究	樣本	評量項目	結果
宗教參與			
Wahrman(1981)	124 位專科生	評量東正教社會、自由主義者、非教派其教條主義判斷及其教條主義的道德判斷，六道德判斷階段互。	道德判斷宗教參與無顯著性相關。教條低使道德判斷低度相關。
Dickinson 及 Gabriel (1982)	1,228 位高中生	何種因素使學生作出個人影響道德判斷的因素。	(153, p<.04)。宗教是五之一，對分數變異量影響低度影響變異量。宗教變異項僅佔 5.2%；宗教變異
Radich(1982)	60 位 15-17 歲青少年	不同教會參與方式學生（羅馬天主教、基督教、兄弟會、非宗教信仰）的保守主義、利他主義、宗教取向以及道德判斷之間的關係。	三種不同參與方式造成學生本身在保守主義、利他主義、宗教等取向的顯著差異。宗教參與與道德判斷之間沒有顯著關係。
McGeorge(1976)	1973 年：140 位專科生	道德判斷與教會成員的關係。	在第二次評量中，非教會成員 P 分數顯著高於

159

表 4-8 （續）

研究	樣本	評量項目	結果
	1975 年：92 位專科生		教會成員（第一次評量不顯著）。
宗教教育 Stoop(1979)	390 位 9 年級及 12 年級學生	宗教教育（三種方式）、公立學校教育與道德判斷的關係。	所有學校 9 年級學生的 P 分數沒有顯著差異。12 年級路教德學生成績與其他學生有顯著差異。保守主義教會學生在階段四得分顯著高。
Wolf(1980)	76 位專科生	宗教教育、獻身宗教度、宗教飯依與道德判斷的關係。	接受高度宗教教育學生接受高度宗教教育以及高程度宗教獻身學生的 P 分數較低。宗教飯依與道德判斷無顯著關係。
Blackner(1975)	160 位 9 年級到 12 年級剛畢業的學生	參與宗教教育程度與道德判斷的關係。	宗教教育與道德判斷無顯著關係。

表 4-8 （續）

研究	樣本	評量項目	結果
Killeen(1977)	7 年級及 12 年級學生	天主教宗教教育與道德判斷、抽象思考之間的關係。	天主教學生與公立學校學生比較，P 分數與抽象思考都較高。
O'Gorman(1979)	199 位 9 年級學生	宗教知識與道德思考的關係。	P 分數與宗教知識高有顯著關係。
Harris(1981)	438 位 11 年級學生	道德判斷與宗教知識、宗教信仰、宗教實踐的關係。	道德判斷與宗教知識有顯著關係；道德判斷與宗教信仰程度、道德實踐無顯著相關。
Miller(1979)	40 位女性專科生	道德判斷與宗教信仰（包含宗教知識）之間的關係。	顯著的分布：P 分數高的學生傾向於低度宗教信仰。
其他研究 Hay(1983)	149 位具有良心的學生	達反良心的規則與道德判斷階段之間的關係。	基於個人原則作判斷的人的 P 分數比基於宗教基礎作判斷的人的 P 分數顯著較高（指專科、研究生、高中生除外）。

表 4-8 （續）

研究	樣本	評量項目	結果
Meyer (1977)	40位私立以及州立學校專科生	以宗教內涵分析能力、道德判斷階段、評量智能改變程度，評量智能發展。	P分數無顯著差異。兩個學校的高年級，在智能發展上都有顯著差異。宗教信仰方面，同一個學校內（不是跨校）大一學生與高年級學生比較有顯著差異。
Volker (1979)	36位專科生	不同專科學校生活經驗與道德判斷階段之間的關係。	P分數高與保守主義宗教信仰之間有顯著的負相關。P分數與宗教經驗之間無顯著關係。P分數高與低度宗教活動之間無顯著相關，但有正向關係。
Schomberg (1978)	289位大一學生	大學生生活經驗（包含宗教活動參與）與道德判斷階段之間的關係。	多與宗教活動程度於道德判斷階段之間無顯著關係。

資料來源：收錄自 Getz, I. 1984. "The Relation of Moral Reasoning and Religion: A Review of the Literature." *Counseling and Values* 28: 94-116.

宗教參與

　　研究宗教是否會影響道德判斷發展的最直接方法，就是把焦點放在受試者的宗教參與程度上。一個研究者不必花費許多功夫，就可以獲得那些參與不同宗教團體的受試者，關於道德判斷發展的資料，並加以對比分析。由於受試者的個人背景相同，如果發現受試者參與不同的宗教團體而形成道德判斷發展的差異，則研究者便可以假設受試者會因為其「宗教參與」的經驗不同，而影響其道德判斷發展。當然，所謂受試者的個人背景相同這個假設，往往並非經常如此。如果研究者僅以簡單的「宗教參與」作為影響道德判斷發展的唯一變項，則許多諸如受試者對宗教忠誠的程度、參與的程度以及宗教知識的程度等許多其他與宗教相關的變項，都會造成許多令人困惑的研究結果。難怪許多此種的研究方式所得到的結果大多相當粗糙。

　　Wahrman（1981）的研究，發現大專程度樣本的 DIT 分數與他本身的「宗教參與」程度這個變項沒有顯著的差異。但有趣的是，這些受試者的 DIT 分數，卻與其本身的「教條主義」程度（測量個人宗教信仰本質的量表）有顯著的相關性。Dickinson 及 Gabriel（1982）針對一千二百二十八位澳洲高中學生進行研究，發現除了「宗教參與」這個變項外，另外還有三個其他變項，對於 DIT 分數的變異量有 5.2% 的預測力（三個其他變項中的二個變項，也可以被理解成與「宗教參與」有關，例如：神父這個職業、神父的教育程度。因此「宗教參與」這個單一變項對於 DIT 分數的影

響程度究竟如何；最後一個變項則是性別）。Radich（1982）同樣
針對澳洲樣本進行研究，發現青少年的道德判斷分數與其「宗教
參與」沒有相關性。最後，McGeorge（1976）針對紐西蘭大學生
樣本進行縱貫研究，發現教會成員（任何一種形式上的）與非教
會成員之間，在第二次測驗的成績表現上，有差異存在。更清楚
的說，在一九七三年進行第一次測驗的二年後，非教會成員的分
數顯著地高於屬於教會成員。事後分析（Post hoc analysis）的結
果顯示，經過二年後，屬於教會成員的 DIT *P* 分數並未增加。除
此之外，在分屬八個不同的興趣社團成員中，對於教會及宗教最
感興趣的受試者，其*P*分數最低。因此，這個研究結果呈現出宗
教似乎阻礙道德判斷的發展。

宗教意識形態（自由─保守的宗教信念）

　　除了上述以「宗教參與」單一變項探討宗教與道德判斷發展
之間的關係並未獲得非常明顯的趨勢外，其他研究也顯示「宗教
參與」這個變項並不足以敏感的展現宗教對道德判斷發展的影響
力。在 Wahrman 的研究中，發現「教條主義」這個變項與道德判
斷發展的相關性，而在McGeorge的研究中也發現「宗教忠誠」的
程度這個變項具有影響力，這二個研究都顯示個人對於其宗教經
驗的詮釋，可能更能夠作為一個影響道德判斷發展的敏感變項。
而其中一種探討此一宗教敏感變項的研究方式，就是將研究重心
放在受試者本身的宗教意識形態上。

　　表 4–8 中有七個研究，就是以 DIT 來評估道德判斷發展與宗

教意識形態之間的關係。在這七個研究中，有六個研究結果發現自由主義宗教思考者的 P 分數比保守主義宗教思考者高。此處我們先將實徵研究的結果予以說明，再來討論其在理論上的蘊涵。

在 Brown 及 Annis（1978）的研究中，發現 P 分數高的受試者與低「聖經字義理解程度量表」分數相關（r = .44, p < .01）。同樣地，Cady（1982）發現在「聖經詮釋彈性程度量表」，表現比較自由開明的受試者，其自由開明的程度與 P 分數有正向的關係（r = .58, p < .01）。Cady 也發現保守神職人員的 P 分數比自由開明的神職人員的 P 分數低（t(31) = 5.72, p < .01）。Clouse（1979）針對大專生受試者，發現對宗教採取自由開明態度者的 P 分數，比他們的同輩中，對宗教採取保守態度者，要來的高。而受試者的 P 分數也與其政治取向是否自由開明或是保守，也有類似的正向關係型態。

Ernsberger（1977; Ernsberger & Manaster, 1981）的研究在探討是否能找出一些解釋宗教保守主義者與宗教自由主義者彼此在道德判斷發展差異的產生原因。針對四個教會團體對照其會眾的聚會所以及會眾的社會經濟地位，同樣也發現保守主義會眾（浸信教會以及密蘇里路德教派）的 P 分數比自由主義教會成員（衛理公會教派以及一神論教派）低。他們不是依據各教派的名聲來決定某一個教派是屬於自由主義或是保守主義，而是分析這四個教會團體的宗教課程設計以及相關的官方聲明文件來決定。二個屬於保守主義教派相較另外二個屬於自由主義教派，在有關宗教課程設計以及官方聲明文件的內容方面，呈現出比較不傾向於原則道德思考方式。最後，他們也發現保守主義教會領導者的 P 分數比自由主義教會領導者低。有趣的是，保守主義與自由主義二組領導者樣本間的 P 分數差異，比這二個教會團體成員隨機抽樣形成的二組樣本之間的 P 分數的差異，要來的大。亦即，保守主義教會領導者的 P 分數比隨機自這個教會團體抽樣樣本的 P 分數來的低，而自由主義教會領導者的 P 分數則比屬於這個教會團體樣本的 P 分數來的高。這樣的結果顯示「宗教忠誠」的程度，可能會增強其本身已有的道德取向，且教會領導者的道德取向比他們的信眾來的更為極端。

Harris（1981）針對年輕的受試者（十一年級的高中生）進行類似的分析，但並未發現其道德判斷分數與其宗教信仰有任何關係存在。

Jeanette Lawrence（1979）博士以精細的分析方式，探討宗教意識形態是透過何種過程影響道德判斷發展，針對宗教意識形態中的保守主義──自由主義向度為何會與道德判斷分數有關，提出洞見。Lawrence 針對哲學研究所學生、激進基本教義派的神學院學生、比較放任自由的郊區高中九年級學生等三個樣本，蒐集其DIT分數。這三個樣本的 P 分數平均分別為 55、22 及 31。其中，哲學研究生與九年級高中生的 P 分數平均值是相當典型的，然而基本教義派神學院學生的 P 分數平均值，相對於他們教育程度（我們期待專科畢業教育程度的DIT分數應該更高），所應有的分數，卻是極端的低。Lawrence 除了對這三個樣本進行 DIT，同時也作了道德理解力的評量，他發現在道德理解力方面，測量的結果與預期相吻合：哲學研究生最高，神學院學生次之，九年級高中生最低。因此神學院學生雖然能夠理解高道德階段的正義概念，但是他們並未將這個概念運用在 DIT 的測驗上。Lawrence 接著針對受試者進行深度訪談，詢問受試者在接受 DIT 測驗時是如何思考。Lawrence 進行訪談結果的分析，發現九年級高中生在進行 DIT 中的道德考慮因素選項時，不了解高階段道德考慮因素的意義，但是卻了解低階段道德考慮因素的意義，因此傾向於選擇這些低階段的考慮因素。哲學研究所學生的反應則與九年級高中生剛好形成對比，他們對於高、低階段道德考慮因素都了解，而他們之所以選擇高階段道德考慮因素，是因為他們感覺這樣的選擇比較能夠更周延的思考測驗中的兩難問題。然而神學院學生，雖然了解低階段的道德考慮因素，也對於高階段道德考慮因素有某種程度的了解，但是他們卻審慎的選擇了屬於階段四的道德考慮因素。也因此，這些基本教義派神學院學生在階段四的得分最高。神學院學生解釋他們作測驗時的思考過程如下：他們了解在作 DIT 的時候，被要求要作出道德判斷，然而在他們的宗教信仰的帷幕中，道德價值觀是來自於神的天啟，凡人不應該以個人的直覺，對這些兩難問題作出決定。因此他們蓄意的抑制個人對於公平或是正義的概念，並基於聖經中的某些章節或是記憶所及的一些宗教教義，來選出道德考慮因素。因此，他們在處理 DIT 中的兩難問題時，有意識的自我貶抑個人的正義概念（他們自己對於公正的直覺概念），並蓄意地以宗教意識形態取代個人所認知的正確判斷。而階段四分數愈高，則表示受試者主張以外在權威的觀點來進行道德兩難問題的判斷。Lawrence 的研究結果清楚的顯示，人們儘管對於正義概念有所了解，但是卻可能不用這些概念來處理道德兩難問題。以基本教義派神學院學生為例，保守的宗教意識形態壓抑了他們對於正義的直覺概念。在此附帶說明的是，也許大家已經注意到，在我們作道德上的對錯判斷之時，我們沒有理由相信僅有右派意識形態（或是保守的意識形態），會取代個人的正義的概念，左派以及其他的意識形態同樣的也會取代個人的正義概念。

總之，從上述種種研究結果一致呈現出，自由主義宗教意識形態者在 DIT 測驗上呈現比較高的道德判斷發展分數的結果，我們可以提出以下的詮釋：保守主義宗教意識形態者在作道德判斷時，比較趨向依賴教會的教義以及外在宗教權威，而自由主義宗教意識形態者在作道德決策時，則比較趨向強調個人如何去公正的平衡各方利益。一般而言，自由主義宗教意識形態者似乎比較不依靠外在權威，而將責任加諸於個人解決問題的能力上，因此比較鼓勵人們面對道德兩難的自我掙扎，以及學習如何去處理兩難問題以致獲得公正的結果。然而在基本教義派神學院學生的例子中，他們 DIT 分數低，並非全然因為他們沒有能力將高階段正義的觀念予以概念化成為一些判斷原則，而也有可能是為了遵從權威，蓄意不去運用這個正義概念。

以下我們將繼續針對宗教與道德判斷發展之間的關係做文獻回顧。

內在—外在的宗教動機

　　談到宗教動機，屬於內在動機的宗教參與者，比較虔誠，而且能夠將其在教會所學予以內化。與此相較，屬於外在動機的宗教參與者，參與的動機比較基於一些工具性的因素，例如：地位以及社會關係網絡的建立。Allport 及 Ross（1967）所發展的宗教取向量表（Religious Orientation Scale, ROS）最常用來測量內在／外在宗教動機的一個量表。

　　以宗教內在／外在動機測量作為研究工具，有兩個基本的理由。第一個理由，是希望用此種工具來探討道德判斷發展是否與某種特定的宗教動機有關。第二，運用 ROS 這類的量表評量參與宗教團體的不同動機，是否會影響到既存的一些宗教信仰變項與其他相依變項，例如：DIT 之間的關係。換句話說，宗教動機可能在宗教信仰與 DIT 之間扮演一個調節變項（moderator variable）。

　　有兩個研究結果，提供了道德判斷發展與內在／外在宗教動機之間的相關性。但是這些研究，並未針對：是否宗教取向的差異，會是一個既存宗教信仰變項與 DIT 之間的調節變項，這個更有趣的問題加以檢驗。而這兩個研究，都呈現出沒有顯著的相關（Walters, 1981; Brown & Annis, 1978）。Getz（1984）指出這些研究樣本中有某些因子同質性高，因此限制了原先所希望獲得的研究結果的可能性（例如：僅針對某一個宗教團體的樣本做研究）。

Ernsberger（1977; Ernsberger & Manaster, 1981）的研究檢驗了宗教取向是否為一個調節變項的這個假設。如同前面所說的，這些研究比較了保守主義宗教團體與自由主義宗教團體的道德判斷發展。他們運用 ROS 施測，結果發現，如果成員所屬的教派傾向強調原則道德思考（principled moral consideration）比較重要，則屬於內在動機取向的成員亦有此傾向，同樣地，如果成員所屬的教派強調道德成規期的思考（conventional thinking）比較重要，則屬於內在動機取向的成員也就會認定成規期的道德思考比較重要。如同前面兩個研究一樣，DIT 與 ROS 之間有沒顯著相關。

總之，這些研究結果告訴了我們道德判斷發展與內在／外在宗教動機之間的複雜關係。雖然並未發現這些變項之間有簡單的關係存在，但是證據顯示宗教取向，會強化道德判斷發展與宗教信仰之間的既存關係。

宗教教育

有許多研究試圖檢驗：正規的宗教教育是否會影響道德判斷發展。一般來說，這些研究大多針對神學校的高中生與同年齡的公立高中生作比較。很不幸的是，這些研究花太少的注意力在教育的內涵，或是其所宣揚的意識形態。例如有些神學校灌輸學生的服從觀念，但也有些神學校則將學生暴露於多元觀點，並鼓勵他們獨立思考。由於缺乏任何有關正規宗教訓練取向的相關資料，僅能從這些研究中，獲得類似前面所作的「宗教參與」比較的結果。然而在此最差的情況下，我們還是從中獲得簡單的宗教／非宗教之間的比較結果。

　　Stoop（1979）針對四個不同學校的樣本：羅馬天主教會學校、路德教派學校、保守主義基督教學校，以及公立學校。受試者是從這些學校的九到十二年級學生中挑選出來。這四個學校九年級學生的 P 分數沒有差異；但是在這四個學校的十二年級學生中，路德教派學校學生的 P 分數，顯著高於其他三個學校的學生。Stoop 認為這個研究結果是路德教派學校的宗教訓練方式所使然；然而，四個學校學生之間其他的差異，也有可能是造成 P 分數差異的因果因子（例如：社經地位）。Blackner（1975）針對青年樣本，分析他們的 DIT 成績以及平日參與宗教教育的程度，結果並未發現二者之間有顯著的相關。

　　Wolf（1980）研究宗教教育以及宗教忠誠程度二者對道德判斷發展的聯合影響程度。在他研究的七十六個大專生樣本中，接受高度宗教教育受試者的 P 分數，相較於低度宗教教育，顯著地較低。Wolf 也要求受試者記錄他們對宗教忠誠的程度以及宗教信仰改變的經驗。研究的結果，卻與 Wolf 原先的假設完全相反：接受高度宗教教育以及高度宗教忠誠的受試者在 DIT 分數的表現，相較於接受高度宗教教育以及低度宗教忠誠的受試者，顯著地較低。因此，宗教教育可能是限制正義概念發展的原因。Killeen（1977）的主張剛好與 Wolf 相反，認為宗教訓練可以促進道德判斷發展。在 Killeen 的研究中，測量了受試者的 DIT 以及其宗教思考的具體性和抽象性。分析的結果顯示：天主教高中生的宗教思考分數以及 DIT 分數都比較高。因此，接受正規宗教訓練的學生對於宗教議題，傾向較為抽象的思考，且他的 DIT 分數也比較高。雖然他研究的兩個樣本的社經地位以及智商分數（IQ）有顯著的差異，減低了 Killeen 結論的效力，但是配合 Wolf 的研究結果，則呈現出：正規宗教教育對 DIT 分數的影響程度，與宗教教育的品質有關。如同道德介入（moral intervention）教育的研究所呈現的結果（見第三章內容）：宗教教育是否能夠成功的促進道德判斷發展，可能最好要從教育環境與學生本身特質的交互影響這個方向來理解。除非未來的研究，能夠同時包含教育環境與學生特質這兩項資料，則我們對於宗教訓練是否會影響道德發展仍然所知有限。

宗教知識

有些研究主要在評量宗教知識與道德判斷發展的關係，在這些研究中，有些是將宗教知識與其他的宗教範疇，例如：宗教信仰、宗教實踐、宗教經驗等結合在一起。典型的宗教知識測量包含了一些有關教會教條或是聖經內容的簡答題。

O'Gorman（1979）針對天主教以及公立學校的高中學生樣本，研究道德知識與道德判斷發展之間的關係。他的研究結果顯示宗教知識與 DIT 分數正相關。來自不同類型學校的樣本，不影響此一正相關。可惜的是，O'Gorman 並未探討認知能力對於此一正相關的影響程度。因此，認知能力有可能是造成此一正相關的因果因子。

同樣地，Harris（1981）針對十一年級的樣本，發現宗教知識與 DIT 的分數相關（r = .36, p < .01）。雖然 Harris 指出學生的課業成績（grade point average, GPA；是認知能力的一個代理變項）與 DIT 分數有關，可是卻沒有進一步的資料顯示這樣一種認知變項，是否可以用來說明 DIT 分數與道德知識之間的關係。

Miller（1979）的研究結果則顯示宗教知識對於道德判斷發展的負面效應。在他研究的 Wellesley 學院女性樣本中，低 P 分數與高宗教篤信測量（religiosity measure）分數相關。在他的宗教篤信測量中，也包含了宗教知識（宗教篤信測量還包含了宗教信仰、宗教實踐、宗教經驗等其他面向）。由於宗教篤信測量的構素相當混淆，因此研究結果所代表的意義不夠明確。

包含宗教測量（religious measures）的研究

有些研究將焦點放在宗教，也有其他的研究雖然不是將焦點放在宗教，但是仍然將一些宗教測量包含在他們的整套評量（assessment battery）之中。

Hay（1983）從一個年齡為十五到三十五歲，其中三分之一為女性的良心犯（conscientious objectors）樣本中，分辨出三個群體。第一個群體（n = 81）反對服兵役的態度，是基於本身的道德守則，而這些道德守則是獨立於任何上帝的意旨或是宗教信仰之外的。第二個群體（n = 40）則提出他們之所以為一個良心犯的主要原因，是基於他們對神以及宗教教誨的信仰。最後一個群體（n = 28），則是基於其反對政府有權力要求人民服兵役以及其他的政治觀點。以大專及研究生為分析對象，第一個群體的 P 分數顯著高於第二個群體，而高中生則沒有此一現象。Hay 也注意到：「宗教參與」程度在意義上與道德判斷分數無關。而這個結果，也與前面所討論的各種直接探討「宗教參與」與道德判斷發展彼此之間的關係的研究結果，是一致的（參考上面的討論）。

Meyer（1977）針對十個大學一年級以及十個大學三年級學生，比較他們在一些發展測量（developmental measures）的表現：高年級學生 P 分數較高，且他們與一年級學生相較，更傾向宗教自由主義，然而因為樣本數太少，這二種測量展現的差異不顯著。

Volker（1979）試圖探討何種大專生活經驗與道德判斷發展有關。針對三十六個大專生樣本，他發現低度宗教活動參與者與高 DIT 分數相關的趨勢。他也發現 DIT 分數與宗教信仰程度之間，顯著的負相關；屬於保守主義宗教信仰受試者的 P 分數較低。Volker 也發現宗教經驗與 DIT 分數不相關。

Schomberg（1978）也進行一個類似於 Volker 的研究，在他研究的二百八十九個大一學生樣本，發現宗教活動（例如：參加禮拜儀式、捐獻金錢給宗教團體、閱讀聖經以及其他宗教讀物）與 DIT 分數不相關。

有關道德判斷與宗教的結論

各種研究宗教測量與道德判斷發展之間關係的文獻探討，最凸出的發現是：一致呈現 DIT P 分數與宗教信仰之間的相關性。宗教保守主義者的 P 分數比同年齡的宗教自由主義者低。而其他與宗教相關的變項則與道德判斷發展之間沒有顯著的關係存在。「宗

教參與」程度僅與道德判斷發展有相當微弱的關係；宗教教育與
道德判斷發展之間，呈現不明確、混雜的關係；而宗教知識似乎
與道德推理有顯著相關，但此二者可能都與認知能力有某種程度
的相關性。最後，一個嘗試性的結論則是：宗教信仰的內在動機
扮演著強化道德判斷發展與宗教信仰彼此相關程度的一個調節變
項。

175

有關普遍性的一般結論

　　本章探討各種不同群體之間道德判斷發展的相似性比差異性
更為顯著這個議題。針對過去文獻的研究結果，我們所做的詮釋
是：對於生活背景環境完全不同的個人而言，在他做社會決定所
使用的工具中，正義概念的確是道德判斷的一個普遍性構念。雖
然宗教保守主義者與宗教自由主義者之間有所差異的現象，與
這個詮釋衝突，可是 Lawrence（1979）以及 Ernsberger（1977;
Ernsberger & Manaster, 1981）的研究結果顯示上述的差異現象，並
不單純是因為他們對於正義概念理解能力上的差異，而是由於採
取了其他不同標準的決策所呈現的現象。從後者的研究結果以及
我們提出的「四成分模型」的相關研究（請參考下一章），我們
主張：正義這個概念，並非普遍為所有人於所有的時間所運用；
而且特定群體也會系統性的運用其他不同的標準來處理道德兩難
問題。這個主張所隱含的一個實用意義是，未來我們可以從這個
主張出發，進行群體之間的差異研究。當預期到群體之間會有差

異的時候，研究者應該要進一步的針對受試者的道德理解（moral comprehension）獲得更多的資料（Rest, 1979a 提出了其中一種測量）。藉由道德判斷與道德理解這兩種測量，觀察群體之間差異的類型，可以知道這種差異是來自於群體之間真正的差異，還是來自於不同群體所運用的標準不同所造成。當兩個群體的道德判斷發展以及道德理解程度同時有差異的時候，我們可以確定差異是來自於群體之間真正的差異，而當群體之間在 DIT 分數表現有所差異，可是卻沒有發現道德理解程度有所差異時，則隱含了其在運用正義概念的差異性。更明確的說，跨文化的研究者，應該要敏感的發掘出不同文化運用正義概念的潛在差異性，以及依據這個差異性來設計整個研究方法。

第五章

········· 道德判斷、行為、決策及態度

Stephen J. Thoma、James Rest 及 Robert Barnett 著

林文瑛 譯

　　將人類送上月球、發明小兒麻痺疫苗、引爆核子彈、心臟移植，這些都是科學力量令人印象深刻的實證。這類成就使得其背後的基礎理論及研究方法具有直接的可靠性。心理學沒有這種令人印象深刻的實證，或許將來也不會有。然而，由於道德心理學的長期目標是理解（或許還有預測）真實生活中的道德行為，如果我們能準確地達成此目標，那麼，達成此成果的心理學理論及研究方法將會有強迫效度（compelling validation）。當然，這種成果就不會碰巧發生，必須要有持續的研究活動、許多理論性突破，以及一些運氣才行。本章我們將描述，達成理解道德行為的最終目標所需的幾個步驟。我們從下列的假說開始：(1)道德行為是由第一章所提的四個成分過程互相作用而成的。(2)其中一個重要過

178

程是，個人如何判斷何種行為在道德上是正確的（成分二）。(3)
道德判斷深受個人對社會合作可能性的理解所影響（例如：他們
的「正義」觀念）。然而，就如上一章所提到的，個人對合作及
正義的概念並不必然決定他們的道德判斷。(4)目前，在描述正義
的概念如何決定道德判斷過程上，DIT是一個很有用的工具。(5)下
一個合理的步驟，是研究DIT與道德決策及行為的連結。

　　下列兩個問題構成本章的主題：第一，DIT所測量的道德判斷
與個人行為、態度，或實際決策有關的證據為何？換句話說，DIT
問卷的回答與問卷以外的行為有什麼關聯？第二，如果兩者有關，
此項關聯的本質為何？個人的正義概念在行為決策上扮演何種特
殊的角色？

　　第一個問題的可能回答是，言行之間並無關聯。也就是說，
道德判斷與行為之間並不相干；語言表達（道德及其他）所遵循
的發展軌跡和行為的發展軌跡並不同。Mischel與Mischel（1976）
以震撼的陳述來說明這樣的觀點：

　　　　歷史上充滿了以崇高原則而正當化的暴行，其受害
　　者則有他們自己相信的道德原則。以正義之名、以大眾
　　利益之名、以全人類倫理之名、以天主之名，數以百萬
　　的人們被殺害、文化被毀滅。近代歷史上，人權、平等、
　　自由，以及社會公平這些概念，一直被用來替各種謀殺
　　案（包括大屠殺）辯護。（p. 107）

先別爭論是否人們有時會企圖以誇大的辯詞替卑懦的行為找藉口、掩飾，證據早已不支持言行之間並無關聯的觀點了。一九八〇年，Blasi 檢視了一些探討道德判斷和行為的關係之研究。大部分的研究或多或少都使用了 Kohlberg 的評估方法。而 Blasi 的評論顯示，七十五個研究當中，有五十七個研究報告了道德判斷與行為之間有顯著關係。然而 Blasi 也指出，雖然穩定一致的關聯看似存在，此關聯的程度卻只是中等的（較具體地說，相關係數在0.3 以內）。他極力主張研究者應繼續研究下一個議題：釐清道德判斷與行為之間關係的本質。

Thoma（1985）最近蒐集了 DIT 分數與行為測量的相關研究，並將之整理如表 5-1。在超過三十份的研究中，行為的測量各有不同。大約一半的研究使用自然發生的現象作為行為效標（犯罪／無犯罪、拒服兵役者／非拒服兵役者、投票給不同的總統候選人、實習醫生的評分……等），另一半則使用受控制的「實驗室」模擬來測量行為（作弊行為、獎賞分配、合作行為……等）。測量行為方法的多樣性使得此現有資料庫十分有說服力。由於這些資料顯示，DIT 分數與行為測量間有穩定顯著的關聯性，因此我們似乎可以做此結論：一般而言，道德判斷與行為之間有關聯。

除了注意到此關聯的普遍，我們也注意到此關聯的強度只有中等強度（類似 Blasi 的發現，相關係數約為 0.3）。這兩篇評論性研究的結果很相似：道德判斷與行為間有普遍且穩定的相關，但只是中等程度的。這暗示了其他變項（在目前研究中未說明亦未測量的變項）也是決定因素。因此，我們同意 Blasi 的觀點：下一個研究階段應該是釐清此關聯的本質。

表 5-1　DIT 分數與行為測量研究的相關性

研究者	受試者	行為測量	DIT 關係檢定	結果
Marston（1978）	18 位已有行為偏差者[a] 18 個配對比較青少年（52 僅部分資料）青少年	目前狀況是中輟學校行為側寫 One-term 適應量表	P 分數的團體差異是學校者>中輟者 $t(50)=2.33$；與全體量表分數有相關，P 與少數幾個行為問題有高相關，$r(35)=-.34$[b]；與 P 相關 $r(36)=-.13$，NS	是 是 否
Kagarise（1983）	行為偏差者（年齡範圍 12-19），$n=82$	行為偏差的狀態 犯罪類型 群居對獨居的犯罪者 有受害者犯行對其他的犯行者	與沒有犯罪者常模比較，犯罪者<沒犯罪者 個人侵犯與財物犯罪活動比較，NS 群居與獨居犯罪者比較，NS 無受害者犯罪對有受害者犯罪是，$t(16)=1.92$，$p<.05$ 有受害者犯罪與財物犯罪者比較，$t(43)=2.0$，$p<.05$	是 否 否 是 是
McColgan 等人（1983）	已有行為偏差者，$n=26$[c] 對照組 $n=26$；青少年	行為偏差的狀態	團體差異 $t(25)$[d] $=3.58$，行為偏差者<對照組，$p<.05$	是
Cain（1982）	行為偏差組 $n=20$ 青少年	行為偏差的狀態	團體與同年齡常模的比較，5.8	是
Nitzberg（1980）	行為偏差的類型 26 位精神病患者	行為偏差子群的狀態	團體比較[e] 精神病患者>精神官能症=次文化的行為偏差者；$F(2,56)=5.82, p<.01$	是 是

表 5-1　（續）

	11 位精神官能症 22 位次文化的行為偏差者		
Hay （1983）	21 位高中生 101 位大學生 27 位研究所學生，全都屬於拒服兵役者組織；1/3 為女性	拒服兵役	拒服兵役者之平均與 DIT 常模做比較；三個團體全部與常模不同	是
Cooney （1983）	22 位已婚男性 年齡 $\bar{x}=33$ 25 位已婚女性 年齡 $\bar{x}=32$ 24 位同居男性 年齡 $\bar{x}=29$ 24 位同居女性 年齡 $\bar{x}=26$	傳統對非傳統的生活形態	已婚者=同居的受試者沒有性別差異，也沒有性別與生活形態的交互作用	否
Steibe （1980）	171 位全職大學生或研究生；74 位女性，94 位男性；平均年齡 36 歲	參加社會正義討論會的次數，0-3	參加次數頻率與 DIT 的相關 $r(169)=.23$，$p<.05$	是
Benor 等人 （1982）	Ben-Gurion 大學醫學院的 199 位申請者 Sackler 醫學院的 179 位申請者	被錄取對不被錄取	Ben-Gurion 大學的團體差異；$t(197)=4.35$，$p<.01$ Sackler 學校的差異；$t(177)=-.57$，$p>.05$	是 否

表 5-1　　（續）

Leming （1978）	152 位大學生	空間回憶作業的作弊情況	作弊頻率與高／低 DIT 分數；$x^2(2)$=10.4；$p<.05$ 高百分比，作弊的比例較低	是
Sprechel （1976）	43 位七年級畢業生[f]	在囚犯困境中的合作反應	DIT 分數與合作行為的相關，NS；$r(41)=-.03$	否
Jacobs （1977）	60 位成年女性	在囚犯困境中的合作反應	高與低 P 分數的比較；$F(1,50)=31.74$[g]	是
Brabeck （1984）	32 位大學生	在實驗情境中吹口哨發出干擾	道德判斷階段及對實驗團體吹口哨發出干擾的頻率[h]；$chi^2(1)=5.94, p<.05$	是
Malinow-ski 及 Smith 付梓中	53 位男性大學生	(1)受試者欺騙行為的次數	P 分數與(1)的相關，$r(51)=-.48, p<.01$	是
		(2)誇大他們分數的時間數（秒）	P 分數與(2)的相關，$r(51)=-.39, p<.01$	是
		(3)開始欺騙前的延宕	P 分數與(3)的相關；$r(51)=.43, p<.01$	是
Lupfer （1982）	240 位大學生 120 位高 P 分數 120 位低 P 分數	模擬審判的宣判之嚴屬程度	沒有道德判斷的主效果 道德判斷與犯罪者意圖的交互作用（例如高 P 分數）可以有效解釋個案	否 是
Lupfer 等人 （1982）	66 位大學生分成 11 個陪審團 126 位大學生分成 21 個陪審團	每一個陪審團判決為有罪的數目 P 陪審員的領導比例	高 P 陪審團顯著地較少宣判有罪 P 與混合陪審團的領導比率的相關 $r=.47, p<.01$	是 是

表 5-1 （續）

Clark (1983)	253 位高中生	在小團體討論中的領導力	在混合的道德推理團體中高階道德推理成員較常被選為領導者甚於隨機的期望值 chi^2(1)=4.54	是
Keller (1975)	37 對未婚的情侶，大學年紀，以 P 分數分成四個全高、全低或混合的團體	溝通方式的行為測量，15 個量表		
Gunzburger 等人 (1977)	49 位高中生年齡範圍：13-18 歲	不同工作的金錢分配	P 分數與分配類型的關係[i]；$F(3,39) =5.10, p< .01$	是
Carella (1977)	48 位大學生，16 位高 P 分數，16 位中等 P 分數，16 位低 P 分數	教室干擾行為的比率 (1)干擾嚴重程度的比率 (2)嚴重程度配對判斷 (3)從個別到配對比率的變化 (4)受試者紀律行為的適當判斷	 低 P 比高 P 受試者來得嚴重 高 P 受試者做較為適當的判斷 低 P 配對判斷比高 P 來得嚴重 不顯著差異	 ？ 是 ？ ？
Sauberman (1978)	107 位大學生；56 位女性，51 位男性	故事的相異結局和主角年紀的責任判斷	在判斷上沒有結局的效果 低 P 受試者受到較不適當訊息來源的影響	否 是

表 5-1　（續）

Eberhardy （1982）	39 位醫藥的開 業醫師	在兩個實驗情 境下的選擇： (a)新出生的情 　境下 (b)末期病症的 　情境下	P 與選擇的相關在(a)的情 境下顯著 $r = .35$ 在(b) $r = .06$, NS	是 否
Dispoto （1977）	140 位大學生： 87 位主修科 學，大部分為 男性；51 位主 修人文學科， 大多為女性	在環境課程中 自陳報告式的 行為的測量	主修科學學生的 P 與活動 比率之相關，NS 主修人文學科學生的 P 與 活動比率，$F= .27, p< .05$	否 是
Charles （1978）	105 位大學生	預測能力判斷	測量間的相關是顯著的	是
Cook （1976）	196 位小兒科 醫師	以至少一年的 觀察為基礎的 行為評量	測量間的相關是顯著的	是
Sheehan 等 人（1980）	133 位實習醫 生	行為的評量 1=最高等級	測驗間的相關，$r =-.22$	是
G. Rest （1977）	72 位大學生 43 位成年人	1976 年總統偏 好測量	P 分數及偏好測量之間有 顯著的曲線關係	是
Bredemeier 及 Shields （1984）	24 位男性，22 位女性大學籃 球員	(1)教練對攻擊 　性的評量 (2)教練對在同 　儕間攻擊性 　的評量 (3)練習期間的 　犯規	P 與測量 1 的相關： $r =-.23, p< .10$ P 與測量 2 的相關： $r =-.30, p< .05$ P 與測量 3 的相關： $r =-.28, p< .10$	有傾向 是 有傾向

MJ 道德判斷

NS 未達顯著水準

[a] 於一九七五年測量，詳見 McColgan(1975)

[b] 在控制 IQ 於顯著水準達 $r(35) = -.35$，$P < .05$ 的情形下，P 值與量表分數之間的淨相關

[c] 以 IQ、社經地位、年齡、家庭組成、學區等 14 項指標選擇配對的非偏差對照組

[d] 配對的相依樣本 T 檢定

[e] 使用 d 分數之研究

[f] 對於這些受試者使用 DIT 是仍有疑問的

[g] 從「同伴背叛」實驗情境所得之數據

[h] 結果不受 GPA、性別、年齡、自信程度所影響

[i] 年齡的效應並不顯著

來源：作者自行整理

　　進一步假定道德判斷和行為有關聯，是因為道德判斷反映了不同分析情境的方式，似乎是很合理的假說。也就是說，不同的 DIT 分數反映出人們界定情況的不同方式；不同的情況界定導致重要性判斷的不同，因而在判斷何者為適當行為上也有所不同。我們可以實證性地用幾種方法來檢測這個假說。一種（雖然間接且有些粗糙）是將 DIT 分數及態度測驗求相關。雖然態度量表的結構遵循著和認知發展測量不同的理論基礎和方法論，但我們可以把態度量表當作對現實有不同知覺與概念的表徵。然而，重要的是要記住，道德判斷量表是被設計來表現出，不同的正義概念如何影響道德判斷過程；反之，態度測驗則是被設計來表現出判斷的不同結論或結果。換句話說，道德判斷是用來測量推理過程，相反的，態度測驗是用來表現推理過程的結果。因此，我們傾向

186

去研究 DIT 分數與態度測驗的相關。我們腦中有著這樣的疑問：
一個人建構他的情境知覺的方式（如同 DIT 所顯示的），和他對
特定觀點（態度）的結論或主張有任何關係嗎？

一項使用「法律與秩序測驗」的研究，將 DIT 分數與爭議性
公共政策議題的態度求相關。「法律與秩序測驗」詢問有關言論
自由、正當程序、和平抗爭等問題。問卷的計分方式，是計算受
試者給予某些項目，例如：給予當局無限的權力，或主張犧牲個
人福利與自由以維持現存的社會機構（因此稱為「法律與秩序」）
的分數。理論上，階段四的正義概念和這些「法律與秩序」態度，
在性質上是相同的，而原則性思考方式（階段五及階段六）則會
導致在「法律與秩序測驗」上得低分（Rest, 1979a, pp. 161-165）。
果然，我們發現 DIT 及「法律與秩序測驗」具有顯著的相關（P
分數和「法律與秩序測驗」為負相關，階段四分數和「法律與秩
序測驗」呈正相關）。在一九七九年的書中，八個研究裡的七個，
都報告了顯著的統計相關。在最近重新檢測的一百零二位縱貫研
究追蹤受試者中（在第二章曾討論過），「法律與秩序測驗」及
P 分數的相關為 -.61。記得 Thornlindsson（1978）在他的冰島研
究中，也同樣發現 DIT 和「法律與秩序」的相關為 -.45。這些研
究顯示，DIT 與政治態度的一項測驗，「法則與秩序測驗」，有
穩定的相關關係。

在最近一項其他政治態度測量的回顧研究中，Barnett
（1985）發現，自由主義的政治態度與 DIT 的 P 分數有穩定的正
相關，而保守主義的政治態度與第四階段分數也有穩定的相關。

表 5-2 概述了這些研究。

　　表 5-2 顯示，DIT 和政治自由主義／保守主義有相關，這和宗教自由主義／保守主義的相關類似（如第四章曾討論的）。

　　最近的一篇博士論文，Irene Getz（1985）探究了一個想法：DIT 得分較高的受試者不只在有關 的議題上較贊成自由觀點，他們的思考架構和較保守、DIT 得分較低的受試者也不一樣。她推論，DIT 之 P 分數高的人，是根據一般組織社會的原則來建構他們的道德思考——因為「原則」就是一般性的指導方針，或是彰顯人類價值的人際互動特徵。因此，一個 P 分數高的人會了解，贊同某些原則，意謂著要以特定的方式建構社會關係。相反地，一個 P 分數低的人可能會認為，贊同某一道德原則的陳述，只是為了表達良好情操而非認可它的細節。很可能，不以「原則」來思考社會組織架構的人，會傾向將道德概念化成具體的字眼，包括維持特定規則與角色系統、特定的人際關係，以及特定的承諾與協定。

　　有了這些想法，Getz 設計了兩類關於人權的態度項目：第一類是具高度普遍性的陳述，例如「言論自由是基本的人權」以及「人們應有宗教自由及信仰自由」。第二類的陳述是關於特殊情境中的特殊權力，例如「應通過法令以管制從亞洲傳來的宗教狂熱活動」。Getz 的假說是，所有的人都會贊同第一類老生常談、一絲不苟的陳述，但是只有 P 分數高的受試者最能區辨出第一類項目的涵意及適用範圍，P 分數低的受試者則最無法區辨。因此，Getz 假設 P 分數高的受試者在兩類項目中會有一致性的態度，相

表 5-2　道德判斷及政治態度研究的摘要

研究	人數	年齡／ 教育程度	態度測量	階段五及六的 原則性階段
Clouse （1979）	371	大學	自由／保守	F=2265.53
Coder（1975）	58	成年	激進／保守	.13
Crowder （1978）	70	成年	政治寬容度	.04[a]
Elmer、Renw- ick 及 Malone （1983）	73	大學	新量表 　傳統的道德主義 　馬基維利式的策 　略 　馬基維利的犬儒 　主義 　新左派哲學 　革命性策略	−.49*** −.42*** −.04 .39*** .09
Eyler（1980）	135	大學	對主要規則：高道 德判斷=56% yes； 低道德判斷=18% yes: 27.8**[b] 對最低權力：高道 德判斷=88% yes； 低道德判斷=61% yes: 3.8*[b] 對政黨衝突：高道 德判斷=52% yes； 低道德判斷=21% yes: 4.7*[b]	

表 5-2　（續）

Fincham及Bar-ling（1979）	55	大學	威爾遜的保守主義	$-.22^*$
Forsyth（1980）	221	大學	理想主義	$-.01$
			相對主義	$.01$
Getz（1985）	105	成年	人權態度	$r = .66^{***}$
	67	大學		$r = .52^{***}$
Gutkin 及 Suls（1979）	284	大學	SEA	$-.27^*$
Lonky、Reil-man 及 Serlin（1981）	287	中學生及大學生	對主要規則	$.45^*$
			對最低權力	$.52$
			對平等的機會	$.37^*$
			對公民自由	$.42^*$
			對社會福利	$.20$
Nardi 及 Tsuji-moto（1978）	179	大學	SEA	$-.32$
G. Rest（1977）	111	大學及成年	自由／保守	$-.46^*$
			自由主義自我評量	$-.20$
Rest、Cooper、Coder、Masanz 及 Anderson（1974）	329	中等生、大學及成年	法治及秩序自由主義	$-.23^*$
				$.37^*$

[a] 測驗的顯著性未得證實。

[b] 卡方分析。

[c] 變異數分析。

$^*p = .05.$

$^{**}p = .01.$

$^{***}r = .001.$

資料來源：作者自行編製。

反的，*P* 分數低的受試者在兩類項目中會有不一致的態度，而他們卻不會意識到這中間的矛盾。這個假設得到了證實。一致／不一致和 *P* 分數有顯著的相關（$r = -.41$）。因此，DIT 除了與人權的自由主義態度有關聯外，更進一步與人權思考的建構也有了關聯（也就是說，「原則」性者能理解道德原則的細節）。Getz 在作了多元迴歸分析後甚至發現，信念的一致性及 DIT 分數，皆對人權態度的分數具有顯著的可預測性，具其預測性遠超過其自我宣示的自由主義／保守主義（「我是開明的」，「我是保守的」）分類。因此，DIT 以及信念一致性測量並非可簡化成自由或保守態度。

　　上述的討論，著重在 DIT 分數與宗教及政治態度上的自由／保守向度之間的關係。除了這些研究，現在還有漸趨茁壯的研究社群，在評估道德判斷的發展與更一般性社會議題之間的關係。這些研究整理於表 5–3。

表 5–3　DIT 與一般社會態度

研究者	樣本	測量	結果
Smith（1978）	55 位大學生	訪談評估受試者對於他們過去懲戒經驗的解釋	$r = .62$
Bloom（1978）	189 位學教育的大學生	控制小學生的意識形態量表	$r = -.18$
Deal（1978）	28 位研究生	控制小學生的意識形態量表	$r = -.60$
Lapsley 等人（1976）	65 位大學女生	權力態度量表	$r = -.29$

表 5-3　（續）

Bidwell（1982）	成年人（年齡範圍 27-65 歲）	死亡焦慮量表（量表測量對死亡的想法及態度的複雜度）	$r = .68$
Malloy（1984）	64 位醫院技師	對於醫藥倫理研究的態度	$r = .44$
DeWolfe 及 Jackkson（1984）	113 位大學生	對於死刑的態度	$r = -.41$
Letchworth 及 McGee（1981）	24 位大學生	對於平權修正案的推論	$r = .55$
Walgren（1985）	49 位較低年級的大學生	Minnesota Importance 問卷（對於工作滿意度的需求及評價）	$r = .37$
Felton（n.d.）	102 位研究生及 209 位大學護理系學生	責任歸因量表	$r = $ n.s.
Corcoran（n.d.）	20 位女大學生	在困境兩難情境中對於不幫助他者的態度	$r = $ n.s.

n.s.：不顯著。
資料來源：作者自行編製。

　　前四個研究主要處理「權威」議題。Smith（1978）評估了大學生對他們與學校當權主體之間爭議的理解程度，Bloom（1978）與 Deal（1978）兩人皆發現，主張在課堂上採權威方式的態度，與 DIT 的 P 分數之間有相關。Lapsley、Sison 及 Enright（1976）的研究則顯示 P 分數與一般權威量表間有相關。即使相關的大小不同，這些研究顯示，權威的不同向度和道德判斷力有重要關聯。

接下來的兩個研究，Bidwell（1982）及Malloy（1984）評估醫藥人員的醫藥態度與道德判斷間的關係。延續這些研究，DeWolfe和Jackson（1984）以及Letchworth和MaGee（1981）指出大學生的道德判斷分數和一般性社會議題的態度是有關聯的。這四個研究均顯示，對一般性社會議題的立場和道德判斷是有關聯的。

Walgren（1985）指出，DIT分數和大學學生理解工作適應和滿意度的需求及價值觀念是有關聯的。她發現這些價值觀念的簡要分數與 P 分數間存在著有意義的非線性關係，Walgren指出，許多研究太快認定道德判斷與其他測量間的特定形式關係是線性的。我們同意，在某些情況下，不同推理層次的受試者，會對特定的態度測量和行為狀況有相似的反應而導致非線性的關係。這個可能性之最明顯的例子就是政治的選擇。例如：G. Rest（1979a）發現曲線關係最能描述一九七六年選舉中，道德判斷與政治間的關係（Jimmy Carter 被高與低推理者認為較好，而 Gerald Ford 則受落入中間區域的受試者所喜歡）。雖然 DIT 提供道德判斷的連續指標，研究者在發展其與其他變項的假說時，研究者還是得留意兩者間性質的差異（跟非線性關係）。

最後的兩個研究是評估道德判斷與實驗室情境的態度之間的關係，Felton（n.d.）發現，道德判斷與在真實生活情況下的護理困境所測量的責任感是沒有關聯的，同樣地，Corcoran（n.d.）發現 P 分數與在囚犯困境過程裡對不合作的同夥態度是沒有關係的。由於這些研究本身沒有交集的部分，因此很難決定結果之缺乏關聯性是由於實驗室安排或是極具特殊性的態度評量。

　　說到這裡也必須一提 Marilyn Johnston 在猶他大學（1984a, 1984b）所做的一些開拓性研究。以臨床的個案研究法，Johnston 發現 DIT 分數和教師了解校規和課程議題的方式是有關聯的。老師在教室裡的行為涉及了許多複雜的社會人際關係與價值判斷，而 DIT 分數似乎涉及老師的專業概念。Johnston 的研究（將道德判斷的研究安排到真實生活）與我們在明尼蘇達以醫療行業為對象的研究有異曲同工之趣。

　　總括來說，所有以行為、法律與秩序、政治態度、保守─自由宗教的意識形態，和多方面的社會態度（七十個研究）的研究都一致性地顯示與 DIT 分數有重要的關係。因此，我們或許可以比較有把握地推論說：由 DIT 所測量的道德判斷與一些問卷外的議題是有相關的。事實上，與 DIT 相關的議題範圍之大是很令人驚訝的。就因為如此，這些研究結果引發了一個重要的問題？那就是，這些關係的本質是什麼？

道德判斷是否等同於自由／保守態度？

　　在我們以自己的觀點處理這個問題前，讓我們思考一個相對的觀點。最近，Emler、Renwick 和 Malone（1983）主張道德判斷可化約成自由／保守的態度。在他們的觀點裡，認知發展學者這些年來努力建構正義概念的發展理論其實是錯誤的方向，因為那其實就是自由／保守態度的個別差異。有些人是保守主義，其他

人是自由主義，所有其他有關道德判斷的理論都是多餘的。Emler
等人（1983）說道：

> 我們相信道德推論中成人的個別差異，尤其是那些
> 道德成規期與成規後期的差異——可以說是政治道德觀念
> 向度的差異，而不是認知發展向度上的差異。（p. 1075）

> Kohlberg 成人道德推論中，道德成規期與成規後期
> 的差異，與其說是觀念內容的差異，不如說是形式上的
> 複雜度。（p. 1079）

> 這些發現不但對 DIT 作為發展的測量工具有所質
> 疑，同時也挑戰對 Kohlberg 的原則階層。Kohlberg 所主
> 張的道德發展階段，以第五階段發展基礎的證據是最弱
> 的。（p.1079）

稍稍回顧一下這個論爭的歷史可以幫助釐清一些脈絡。Emler
其實是在附和他老師的主張，Robert Hogan 博士已經主張這個觀點
將近十年了。早在一九七〇年代，Hogan已發展了道德判斷測量：
倫理態度測量（Survey of Ethical Attitudes , SEA），實質上，是測
量自由／保守的態度。然而，在那個時候，Kohlberg 研究的光芒
已蓋過所有其他道德思考研究。Hogan 主張 SEA 的「自由主義」
取向代表 Kohlberg 的階段六，而保守主義則代表 Kohlberg 的階段

五。Hogan更進一步的主張，階段五與階段六其實沒有發展上的差異，各自是同等進步的觀念，而且能被SEA有效測量。然而，Gutkin 和 Suls（1979）以及 Nardi 和 Tsujimoto（1978）的研究卻顯示，SEA 的自由取向與階段六並無關聯（反倒是與階段五有弱相關），而 SEA 的保守取向與階段四較有關聯。由於這些研究者用 DIT 作為發展的測量，而 DIT 穩定地顯示從階段四到階段五有發展上的劇烈變化（由最常用的 DIT 指標——P分數的增加可看出），因此這些證據就不是非常支持 Hogan 的主張。

之後，在一九七九年，Meehan、Woll 和 Abbott 發現，受試者在被要求假裝成保守或自由的傾向時，SEA顯現了高度的敏感性。也就是說，Meehan 等人發現，當受試者被要求去產生一個好的或不好的印象，或是被要求去捏造政治保守或自由的答案時，他們的反應會造成SEA值相當大的變化。原本在SEA是保守主義的受試者可以輕易捏造成自由主義者的分數。有 55%至 78%的SEA項目可以被視為社會期許項目。Meehan 等人認為，SEA作為道德推論的測量是無效的，而正如以前的研究者（Lorr & Zea, 1977; Woll & Cozby, 1976）所建議的，SEA 較適合被視為是一個政治態度的測量。

為了回應這些批判，Hogan 和他的同事（Johnson & Hogan, 1981; Mills & Hogan, 1978; Hogan & Emler, 1978）重新對 Meehan 等人的發現做解釋。他們並不爭論 SEA 和社會期許有高相關，反過來主張社會期許是政治態度的一部分。他們認為人會為了傳達特定的自我印象給他人而採取某些政治立場。例如：他們認為若採取保守的態度就能給他想取悅的人好印象——反過來說，自由派也是一樣的。因此，一個人在政治態度測驗上的得分，雖然能顯示他如何看待社會政治的世界，但更透露出他在自我表徵與印象操作上的企圖。「人對測驗項目的反應就好像在對觀眾述說……他或她希望如何被看待；人在任何心理測量方法上對項目的反應都可以被視為他們潛藏的自我概念」（Johnson & Hogan, 1981, p. 62）。

就這樣，回應了 Meehan 對 SEA 評論後，所有「心理計量方法」的意義被重新解釋成反映印象整飾，也就是受試者嘗試表現出的社會期許性。將此邏輯應用在 DIT 上並不難。Emler 等人因此循著 Meehen 等人的作法，在 DIT 施測指導語上做操弄處理。Emler 等人發現，DIT 分數與自由／保守政治態度間有一常見的關係（自由黨傾向在 DIT 有較高的 P 分數）。受試者被要求完成兩次 DIT 的施測——一次是從自己的觀點，而另一次是用與他們自己相對的政治觀點（換句話說，被分類為保守主義的受試者，第二次施測時，被要求當成是自由主義的受試者。而被分在自由派的受試者，在第二次施測時，被要求當成是保守派的受試者）。Emler 等人發現，在測驗的操作上（模擬自由／保守的得分），對受試者在 DIT 的分數變化上有很大的影響。也就是說，當自由主義的受試者被告知要模擬一個保守分子的回答時，他們的 DIT 分數（P 分數）會下降，而當保守主義的受試者被告知要模擬一個開明派的回答時，他們的 DIT 分數會上升。

保守主義者在 DIT 分數上的增加，對認知發展學者而言的確是個挑戰（自由主義人士能藉由模擬而使分數下降，則符合認知發展理論）。Emler 對於保守主義者分數上升的事實提出下列結論：

1. 無論保守主義者或自由主義者之間，或 DIT 高 P 分數者與低 P 分數者間，都沒有概念能力上的差異，而是在如何選擇表現他／她自己的方式上有差異。簡單的說，DIT分數是自我表徵的選擇，而不是概念能力。因此，受試者能隨意讓分數增加或下降。

2. 道德判斷發展順序的概念同樣是錯誤的。因為，如果受試者可以依自己偏好而有高 P 分數或低 P 分數，再去討論認知發展中的發展順序就沒有意義了。

3. 從模擬自由／保守者能對DIT分數的變化產生很大的影響，顯示出 DIT 分數的變異必然反映個人想要表現得像一個開明者或是保守者的意圖。換句話說，操弄的有效性是 DIT 的施測過程實為自我表徵過程的良證。因此，所有之前用認知發展觀點和社會政治概念來解釋 DIT 變異的研究，都必須用自我表徵的觀點來重新解釋。

Emler等人的研究確實對認知發展觀點是一項挑戰，但是單此一研究還很難推翻整個認知發展研究。底下針對此一挑戰所做出的回應，主要包含了兩個部分：(1)將 Emler 的發現與其他的研究並列檢視；(2)更仔細地檢視 Emler 的操弄真正涉及到什麼，並檢驗此研究結果的推論邏輯。

Emler 的解釋與一些公認為好研究的發現是不一致的：

1. 有清楚並一致的證據顯示，DIT分數會隨著時間與教育程度提升（請參照第二章所討論到的縱貫研究與橫斷研究）。與 DIT 分數上的連續性變化是無庸置疑的。由於 DIT 的主要指標是 P 分數（階段五、六），Emler 錯誤的主張原則階段的證據比低階的證據還不足。就像先前曾提到的，從道德成規期（階段三、四）到原則階段的變化是 DIT 的主要依據。自我表徵的觀點如何解釋發展變化的事實？Emler 甚至在他的文章中都沒有提到年齡變化的資料，也沒有在任何方面處理的證據。

2. 有十幾份的研究將道德判斷的分數與理解能力做連結（請參考 Rest, 1979a; Walker, de Vries, & Bichard, 1984）。而因為 Emler 在他的研究中都沒有談論到理解能力，所以他很難去反駁很多直接評估理解力，並發現理解力與 DIT 有重要關係的研究。

3. 將 DIT 分數視同自由／保守主義的態度分數，忽略了道德判斷分數能提供比自由／保守主義測量更多的訊息。舉個例子來說，Rest（1979a）在多元迴歸分析中發現，排除自由／保守態度後，DIT仍然能預測一九七六年的總統選舉。Getz（1985）也發現，在排除自由／保守態度後，在人權議題上，DIT仍具預測性。這並不是說，自由／保守態度與 DIT 分數無關——前面的章節檢閱了許多研究後顯示，它們之間存在著一致而穩健的關係；而是說，他們不是相同的構造，而兩者也不互相轉化。如果 DIT 所測量的道德判斷真的是自由／保守態度的測量，我們期待自由／保守態度的測量也能測出與DIT相同的資料趨勢。但是自由／保守態度測量並沒有顯示出與 DIT 相同的資料趨勢（Rest, 1979a）。因此，實徵上，DIT 不能化約為自由／保守態度。

理論上，DIT是用來測量正義概念如何影響道德判斷的過程，相對地，態度的測量是對判斷的結果作特徵性的描述。DIT之所以與態度有關，是因為人類對道德問題的思考過程和思考的結果是有關係的。即使 DIT 可以簡化成開明／保守的態度，社會科學家仍然會對為什麼有些人偏愛自由式思考，而其他人則偏愛保守式思考抱持疑問。Emler承認他的主張並未使問題較明朗化（「為什麼有些人把自己定位成左翼分子，有些人為右翼分子，還有其他中立者願意處在被決定的位置」；1983, p. 1079）。然而，這正是道德判斷研究所想澄清的問題——解釋人對於正確與錯誤判斷的直覺，為什麼有些人偏愛保守立場，而其他人偏愛自由立場？

在駁斥 Emler 觀點的研究中，最令人信服的一項證據是，重新分析他的資料，深入探究其真實的意義，而且還以研究揭露了他在一連串推論中的瑕疵。Emler的解釋，有兩個關鍵性的爭議：(1)透過什麼樣的過程，使得保守態度的受試者在假性的自由態度下，提升 P 分數？(2)操弄指導語是不是可以反映 DIT 分數的變異性？

想想測驗指導語的操控如何影響我們對於測驗的詮釋，想像一下（第一種情境）：有一個測驗想測量某一群實驗對象的數學能力，他們之中有些人的得分非常的低，於是再進行另外一次的測驗，但這次我們提供一千元的獎金，給在測驗分數中表現好的人。我們發現，受試者普遍都得到了相當好的分數，其中包括了原本在第一次得分偏低的受試者。如果發生了這樣的情況，我們必然會懷疑在沒有提供獎勵刺激條件下的原始測驗，是一個能夠測量數學能力的好測驗，因為那些得分偏低的受試者在刺激的誘導之下，也能夠表現得和得高分的受試者一樣好。操弄的有效性說明了第一次測驗分數的變異顯然應歸因於動機，而非能力問題，簡單來說，因為測驗操弄而使得測驗失效，是造成分數變動的原因。

現在再來想像第二種狀況：首先，我們給了一個測量數學能力的測驗，然後再測第二次的時候，提供答題的線索，給第一次測驗得分較低的受試者，結果發現，第一次得分較低的受試者，在第二次的測驗中都得到了很高的分數，這種分數的轉變是不是同樣使分數無效？

事實上，情境二的實驗操弄，並不會使測驗失效。因為給受試者答題的線索，會使得受試者沒有真正接觸到問題就填寫了答案。獲得答題線索的受試者表現，實際上並沒有表現任何和數學相關的能力。每一個測驗都會假設一個正常答題情況，但是提供答題線索並不是正常的情況之一，只因為得到了答題線索而在測驗上獲得較好的成績，並不表示他的數學能力有多好，而只能說他是在一個無效的條件下接受了測驗。

基本上，和第一種情況比較，我們認為 Emler 的操作比較像是第二種情況。第一個證據來自於他自己的資料。儘管 Emler 並沒有報告這樣的結果，經過重新分析資料的結果，在讓保守態度受試者模擬自由態度時（或是「激進的」——Emler 所使用的精確的語句），會造成 A 分數的增加，而且是僅次於 P 分數的增加。A分數在DIT的項目上，代表的是一種激烈的、反權威的、反成規的觀點，舉例來說，在韓士的兩難困境中，下面所列舉的項目就是 A 型項目：「藥劑師是否能躲在毫無用處、只會保障富人的法律後面。」DIT 中其他故事的 A 項目則有：「如沒有法律制度的壓迫和監獄，我們就會有更好的生活。」或是「沒有社會控制生存或是死亡，人們將會有更好的生活。」當 Emler 要求保守者偽裝成激進分子，他們基本上是趨向選擇 A 項目的，所選擇的項目是看起來憤世嫉俗或是反制度的。受試者並不是想以公平的考慮來解決道德問題，而是在新指導原則下，根據項目所表現的不滿程度來選擇，當他們用盡了 A 項目之後，他們除了 P 項目之外沒有其他的選擇，保守態度的受試者會將階段四的項目去除，因為這是他們自己所選擇的項目；由於他們能夠了解階段二、三的項目比他們所屬的層級要低，他們不會選擇低階的階段二和階段三。如此，剩餘的 P 項目就成為唯一的選擇。所以 Emler 是因為違反了測驗正常情境的程序，也因為 DIT 的項目相當有限，而得到了改變P分數的結果。我們認為，Emler的偽裝激進分子的指示，確實會對受試者造成影響（像是情境二的情況），造成受試者會選擇和一般情境有基本差異的項目。這並不能證明，在 DIT 得低分的受試者如果願意，能夠做原則性思考。Emler的操弄提供了對測驗形式的額外解釋：不是道德問題以及關於什麼是公平和正確的最好判斷，Emler引導受試者根據句子所表現的不滿、反制度和反權威的程度來選擇項目。受試者傾向去注意這些特徵，而不是去分辨公平的概念，受試者最先會揀選出 A 項目，然後當他們沒有選擇的時候，就會選 P 項目。

如果我們對於 Emler 操弄的解釋是正確的話，應該如何以證據去證明或是推翻 Emler 的論述？事實上，這是相當容易的。Robert Barnett（1985）就進行了一個相當精緻的實驗，非常清楚的揭露了 Emler 推論中的瑕疵。如果 P 分數的增加，主要原因確實是來自於受試者再沒有其他選項可以選，那麼假如我們在 DIT 項目中提供更多的 A 項目，他們就會有較多的選擇了。Barnett 所做的只是擴充了 DIT 中的 A 項目，從五個增加到二十一個（和 P 項目的數量相當），當受試者被要求從每個故事的十五個項目的題組中選出四個項目的時候，他們不需要將 P 項目當成是最終的選擇（但是他們當然還是能夠選擇 P 項目，如果他們願意的話）。由於我們對於Emler測驗操弄的解釋是，他改變了原本要求受試者表達正義概念，變成區辨憤世嫉俗程度的作業。Barnett 的 A 項目是例如：「體制是否不公平的控制我們生活的一切」、「根本問題的解決方式，是否必須透過破壞」、「社會是否只助長魔鬼而不去解決問題」。

Barnett 採用了與 Emler 相同的程序和指導語，但是使用增加A 項目的 DIT 擴張版。表 5−4 併列了 Barnett 和 Emler 的資料，在Emler的資料中，受試者根據受試者個別政治意識形態的自我標籤分成自由組、溫和組和保守組。每一個實驗都是透過三組受試者來觀察，同時還分成兩種情況，「自我」情況（受試者在一般指導語下接受 DIT），和「激進」的情況（受試者偽裝成自由的激進者接受 DIT）。

表 5-4　Emler 等人之研究與本研究從自我定義的政治態度來比較階段四、A 及 P 分數的平均值

研究	團體（人數）		自我				激進的		
			4	A	P	(人數)*	4	A	P
Emler 等人	自由主義 (26)	$\bar{X}$:	16.60	7.12	52.12	(12)	12.50	15.00	45.50
		SD :	8.72	5.53	13.37		8.57	8.78	15.45
	溫和主義 (24)	$\bar{X}$:	30.06	2.43	35.07	(11)	13.33	16.06	46.97
		SD :	12.12	3.61	10.58		8.03	10.15	7.95
	保守主義 (23)	$\bar{X}$:	46.62	2.46	30.80	(11)	12.12	16.37	52.58
		SD :	12.40	2.60	12.53		11.10	11.10	14.42
Barnett	自由主義 (49)	$\bar{X}$:	17.42	15.27	51.91		7.45	42.01	39.16
		SD :	10.57	11.59	12.96		7.65	17.47	14.72
	溫和主義 (13)	$\bar{X}$:	29.75	10.77	37.31		15.64	27.82	37.44
		SD :	9.10	9.80	12.69		10.01	17.71	11.17
	保守主義 (17)	$\bar{X}$:	45.50	7.60	30.94		13.88	38.95	26.53
		SD :	12.07	6.67	11.43		10.57	16.88	9.25

註：在 Emler 等人一九八三年的研究中，每一個政治群組中只有大約一半的受試者接受「激進」情境的實驗。

資料來源：作者自行編製。

　　我們注意到 Barnett 的研究中，自由主義受試者的數目，是 Emler 的四倍（四十九和十二個人的差距），我們也注意到，在「自我」的條件下，Barnett 的受試者在階段四和階段 P 的得分基本上和 Emler 的受試者相同。儘管在 Barnett 的實驗中，A 項目的得分會因題數增多而偏高。有趣的對比還在於保守組中由「自我」情況到「激進」情況所造成的 P 分數變化。在 Emler 的研究中，

P 分數從 30.80 提高到 52.58，但是在 Barnett 的研究中，P 分數從 30.94 降到 26.53。當有更多的 A 項目可以選擇的時候，Emler 的實驗操弄所造成的影響，是造成 A 分數的增加，而不是 P 分數（事實上，保守組的 P 分數因為沒有選擇 P 項目而降低）。

　　顯然，對所有的組別來說，Emler 的「偽裝激進自由分子」的指導語造成了選擇憤世嫉俗的 A 項目的增加，而不是 P 項目的增加。表 5-5 提供了一個關於變異計算的各種分析結果。因此，Emler 研究中 P 分數的增加實是實驗程序的人為加工，而不是個人能夠控制 P 分數高低的證據。所以 Emler 宣稱他的研究證明了認知發展研究的錯誤，實際上是過分的誇大了。

　　Barnett 的研究和討論，對操弄測驗指導語的研究者，具有普遍性的警告意義，我們必須注意，操弄不能改變測驗的本質。在 Emler 的操弄中，作業從原本要求受試者就公平正義的概念來回答道德問題，轉而成為讓受試者揣摩陳述特徵來回答相關問題（比方說這個項目看起來有多憤世嫉俗）。由於這些根本性的改變，研究結果便很難推論道德判斷的歷程。這就好比說，如果指示受試者根據字母排列的順序去選擇項目，P 分數或許會改變，但是就不能根據此結果對受試者的道德下斷語。

　　既然我們已回應了 Emler 研究中第一個爭議性的問題：如何解釋 P 分數的改變？我們再來回應第二個爭議：Emler 的操弄和受試者正常的道德判斷之間到底存在著什麼樣的關係？回顧一下 Emler 的主張：當操弄偽裝為自由主義者或是保守主義者，能夠有效的改變 DIT 分數，顯示 DIT 分數的變異，反映了人們期待自己表現

表 5-5　在政治觀點上「自我」和「激進的」DIT 分數的平均值與標準差

情境：自我									
DIT									
指標:	2	3	4	5A	5B	6	A	M	P
自由主義(n=29)									
$\bar{X}$:	2.65	9.49	17.42	30.82	12.01	9.12	15.27	3.47	51.91
SD:	4.15	7.29	10.57[a]	9.21[b]	5.77[b]	5.87	11.59[b]	3.38	12.96[b]
溫和主義(n=13)									
$\bar{X}$:	4.36	13.46	29.75	25.00	7.18	5.13	10.77	3.59	37.31
SD:	4.69	8.86	9.10[a]	10.23[c]	3.93[c]	5.16	9.80	3.53	12.69[c]
保守主義(n=47)									
$\bar{X}$:	3.22	8.55	45.50	17.17	4.77	9.11	7.60	3.77	30.94
SD:	3.54	5.56	12.07[a]	8.70[a]	3.69[b]	5.34	6.67[b]	2.98	11.43[b]
情境：激進的									
DIT									
指標:	2	3	4	5A	5B	6	A	M	P
自由主義									
$\bar{X}$:	1.60*	7.21*	7.45***	26.50*	9.01	6.60	42.01***	2.65*	39.16***
SD:	3.23[d]	7.28[b]	7.65[b]	11.15[b]	11.88[b]	12.07	17.47[d]	3.10	14.72[b]
溫和主義									
$\bar{X}$:	4.74	10.26	15.64**	29.92	5.13	5.39	27.82**	4.10	37.44
SD:	4.40[d]	8.41	10.01[c]	11.03[c]	3.63	4.09	17.71[d]	4.44	11.17[c]
保守主義									
$\bar{X}$:	2.94	14.40***	13.88***	17.61	5.18	3.32***	38.95***	3.19	26.53*
SD:	3.60[c]	8.50[b]	10.57[a]	7.42[a]	3.62[b]	3.45	16.88	3.99	9.25[a]

[a] 兩個團體的平均值顯著不同，在.05 水準。
[b] 自由主義與保守主義顯著不同，在.05 水準。
[c] 溫和主義與保守主義顯著不同，在.05 水準。
[d] 自由主義與溫和主義顯著不同，在.05 水準。
在重複量數的變異數分析，激進的分數與自我的分數有差異：
*p= .05; **p= .01; ***p= .001。
所有的團體平均值均以百分比表示。
資料來源：作者自行編製。

得接近自由或是保守的一種傾向。換句話說，操弄的效果，顯示了 DIT 的一般施行程序其實是一種自我表現和受試者整飾印象的證據。

Barnett（1985）再次以研究證據提出了令人激賞的答案。在受試者以 DIT 擴張版進行了兩種情境的測試後，Barnett 要求受試者回憶回答問卷時的思考歷程。Barnett 提供了六種符合認知發展理論的問題解決策略：第一種策略是盡可能維持人際和諧；第二種是維持法律和規則；第三是盡量主張個人權利；第四是根據基本的倫理原則。除此之外還有兩個策略，是以 Hogan 和 Emler 的操弄為依據所設計的。其中一個策略是這樣寫的：「我希望被當成是一個自由主義者，所以我根據我相信自由主義者對於社會議題可能的反應作答。」而第二種策略則是將自由主義者改成保守主義者。Barnett 直接要求受試者評估自己分別在正常情況下，還有在偽裝成自由主義者的情況下的策略。表 5-6 顯示此結果。

結果顯示，在正常的 DIT 情況底下，沒有人使用 Emler/Hogan 的策略。然而在偽裝成自由主義激進分子的情況下，所有組別都使用了 Emler/Hogan 的策略。受試者指出，他們在一般情況下和 Emler 的情境下，進行 DIT 測驗會改變基本策略（見 Barnett,1985 的討論），當受試者自己報告在不同的情境下，進行 DIT 會採取不同的策略，這就證明了被 Emler 條件操弄引發的策略改變，必然是因為涉及了和正常情況不同的歷程。試圖找出憤世嫉俗題目的作業和以最正義的方式來解決道德問題，當然是不一樣的。Emler 的操弄並未對道德判斷中的一般性過程，或是關於 DIT 一

表 5-6　「自我」和「激進」情境的策略選擇評估之平均值及標準差

	正常情境的決策						激進情境的決策					
	人際和諧	法律及秩序	個人權力	倫理原則	自由形象	保守形象	人際關係	法律及秩序	個人權力	倫理原則	自由形象	保守形象
自由主義者 (n=46)												
$\bar{X}$:	3.74	2.76	4.09	4.17	2.33	1.22	2.76***	0.41***	3.91	4.09	3.24***	1.04*
SD:	.93	1.02[a]	.81	.89	1.27[b]	.46[b]	.99	.69[a]	1.13[b]	1.11[b]	1.52[b]	.30[b]
溫和主義者 (n=12)												
$\bar{X}$:	3.67	3.67	4.33	4.17	2.08	2.50	2.42**	2.50*	2.92**	3.50	4.25**	1.67**
SD:	1.16	.89[a]	.78	.72	.99	.67[c]	.90	1.31[d]	1.08[d]	1.24	1.36	.89[b]
保守主義者 (n=45)												
$\bar{X}$:	3.73	4.40	4.27	3.98	1.33	3.07	2.82***	1.87***	2.58**	3.24***	4.07***	1.30***
SD:	.96	.78[a]	.89	1.03	.77[b]	1.44[a]	1.25	.89[b]	1.16[b]	1.26[b]	1.20[b]	.77

[a] 兩個團體的平均值有顯著差異，在.05 水準
[b] 自由主義與保守主義有顯著差異，在.05 水準
[c] 溫和主義與保守主義有顯著差異，在.05 水準
[d] 自由主義與溫和主義有顯著差異，在.05 水準
在重複量數的變異數分析，激進情境的分數與正常情境的分數有顯著差異：*p= .05; **p= .01; ***p= .001。
「選擇策略評估」的測量採用「十分正確」(5)到「十分不正確」(1)等級量表。
資料來源：作者自行編製。

一般的功能有任何新發現。

　　相比之下，由 McGeorge（1975）、Bloom（1977）和 Hau（1983）進行的偽裝能力實驗就有完全不同的結果。在完成 DIT 之後，受試者被要求以「最高、最成熟的」道德判斷階層做反應（McGeorge, 1975）。所有的三個實驗，特別是「偽裝優秀」均未

增加受試者的 P 分數。為什麼不會呢？這是因為在一般的情況下，受試者已經使用自認的最佳判斷去處理道德問題，而這正是道德判斷測驗真正想要測量的東西。「偽裝優秀」特別的誘因和指導語，並不能改變分數結果，這是因為我們並沒有引導受試者去選擇和他們原本道德概念不同的選項（我們並沒有指示他們放棄公平正義的概念轉而注意憤世嫉俗的選項，或是根據選項的字母排列順序來選擇）。因此，要是研究者對受試者道德判斷過程中的正義概念感興趣的話，一般的正常指導語與「偽裝優秀」的指導語是具有相同功能的。

總括來說，Barnett 的研究指出，受試者並不把自我表現的策略視為他們如何做道德判斷的正確描述。因此，沒有證據能證明 Emler 的操弄反映了道德判斷的一般過程。McGeorge、Bloom 和 Hau 的操弄研究則提供了證據，指出受試者在作答 DIT 時，早已嘗試表現出他們最佳的正義概念。

正義概念在行為與決策上所扮演的角色之研究

「四成分模式」假設沒有任何單一變項可對行為做非常有效的預測。我們基本上接受此觀點，因為道德判斷—行為研究也只能指出一個一致，但低強度的相關性。正義概念在產生行為的過程中所扮演的角色，必須透過其他變項與中介變項來理解。因此，我們的研究取向基本上是去尋找其他變項與中介變項。這個尋求，我們直覺地以正義概念在決策上的角色作為開始。

209

　　我們從人類自社會經驗中學習到什麼的假說作為開始。兒童在發展過程中，不只學習了愈來愈多具體的社會規則，也逐漸了解各種社會合作的本質、目的與功能。兒童首先了解的是簡單形式的合作：只涉及面對面的協議與具體、短期的交換行為。逐漸地，隨著發展，他們會更加了解複雜形式的合作，而這些合作涉及了廣泛的社會網狀系統、機構與角色系統，立法與執法，以及引導合作性社會產生的理想。這些理想或實踐是萃取自具體的社會經驗基模，成為了解人們如何與他人互相合作的基礎。這些合作的基本基模是我們在定義道德判斷階段上的基礎架構。所謂道德判斷的階段是以合作組織方式的概念所定義的——具體而言，如：合作的利益與責任是如何被分派，權利與義務是如何衍生。簡而言之，道德階段代表了不同的正義概念。

　　保留在長期記憶中的基模是一般知識結構的基礎。當人面對一個涉及道德困境的具體社會情境時，自然會先了解情境，考慮有哪些行為可採取、行為的後果會對涉及的任一方造成什麼樣的影響、可以做什麼樣的道德主張、哪一個道德主張是最重要的等等……。一般性基模藉由把注意力引導到重要的考慮事項、自不相關事項中找出相關的事實、自各種道德主張中找出主要爭議點，以及統整資訊以達到應該做的判斷，而幫助建構具體的情境。因此，基本的基模事實上引導了個人對社會情境的理解，並幫助其形成決策的關鍵。

　　幾個 DIT 的特徵，值得在此再次強調。首先，個別項目不僅僅是代表了一基模或一個階段。DIT 項目是特定故事的考慮，是一般性基模／階段在特定故事中會強調或優先處理的考慮依據。個人長期記憶中的一般基模的存在必須藉由受試者能一致地對反映特定階段的項目給予高度的重視（必須有多過六個故事）。有時候受試者會奇特地把某一項目（與基模的應用沒有多大相關）作特別重要的歸因。但大體而言，藉由在六個故事中超過七十二個項目，這種奇特的偏好應會隨機分布而彼此抵消。同時，必須注意的是，在操作意義上，DIT 的階段分數並不局限於特定情境（或者是專門強調某些特殊行為的情境），因為階段分數來自跨情境的總和。理論上來說，一個階段分數，相較於任何特殊情境或行為而言，是一個更一般性的結構——它是一個了解合作該怎樣形成的一般性方法。

第二，DIT 項目是被設計來呈現在特定情境內各種公平性的考量。其他實用主義與意識形態上的考量（對受試者或許也是重要的），在 DIT 項目中並不會被呈現。實際上，DIT 強迫受試者在公平概念之間作出選擇，而非試圖了解受試者所有的考量。

帶著這個觀點，我們已經從事一系列的研究，包括了一九八四年所發表的一篇文章（Rest 與 Thoma）以及一九八五年 Thoma 的論文。這些研究呈現了對道德判斷與行為之關係的不間斷追尋。此系列共有九個研究，若要詳盡報告這些研究的結果，必須花掉與這整本書等量的篇幅，電腦資料足足可累積好幾英尺高。因此在接下來的幾頁中，我們將只試著傳達一些研究的主要思路、連結研究之間的邏輯、主要的發現，以及我們對這些發現的詮釋。描述的簡潔性或許會使說明顯得有些許難懂，但我們希望讀者能對我們是如何追尋這個問題，並找出答案的歷程多少有所理解。

　　我們以受試者在這六個假設性困境所做的決定作為開端（例如：在韓士與藥的故事中，偷竊、不能決定與不偷竊——見附錄）。我們假設這些行動選擇反映了受試者在特定假設性困境所做決策判斷的結果。如果我們想了解正義的概念（DIT 項目）如何影響抉擇和行為，我們認為，看看 DIT 項目與受試者在 DIT 困境的行動選擇有何相關，就可以理解了。在下面幾頁中，我們將會簡要說明這九個研究。

　　1.以 DIT 作為道德判斷發展上的測量，已經有了非常多的研究，相對地，卻極少有研究將焦點放在受試者的行動選擇上，或 DIT 項目選擇（item selection）與行動選擇（action choice）之間的關係上。Martin、Shafto 與 Van Deinse（1977）在 DIT 的一般性討論上注意到：受試者的行動選擇，與在相同故事之內階段四項目的重要性選擇有相關。Cooper（1972）創造了一個分類指標，來顯示受試者的行動選擇與道德哲學研究所學生的決定之間符合的程度。即是說，他注意到道德哲學研究所的學生大多數都做了相同的行動選擇（例如：韓士應該要偷竊，醫生應該給予安樂死，韋伯斯特應該僱用少數族群等等）。這些道德研究所的學生在這一套六個 DIT 困境的行動選擇可以被當作一個標準，而其他受試者的行為可以就他們的選擇是否符合這個標準的程度來分類。然後 Cooper 把這個分類與 DIT 分數做相關分析，發現他們之間有正向但中等的關係（$r = .34$）。這些研究結果，與道德判斷結構跟特定道德決定有相關的假說是具一致性的。然而，就像道德判斷與特定行為的關係所做的第一代研究，這些研究並沒有就此關係的本質，提供了多少的額外資訊（例如：它們為什麼以及如何相關）。我們在此領域的研究，首度呈現了對項目選擇與行動選擇之間關係的深入探討。

不像其他先前的研究，我們首先做的是蒐集在行動選擇中的描述性資料。這個資料對回答兩個問題是必要的：首先，一個大團體受試者的行動選擇是否相當分歧，或者受試者傾向於選擇相同的行動選擇？如果實際上所有的受試者有相同的行為，那麼任何尋求與此變項關係的研究，將會是徒勞無功的，因為不會有任何變異。

第二，受試者的行動選擇是否會隨著時間而改變？如同我們自道德判斷發展的研究所知，受試者會隨著時間而改變他們的正義概念。但倘若我們發現行動選擇維持不變，那麼任何主張這兩變項之間的因果關聯將會是沒有意義的——兩個變項都需要經過時間，有所變異，才能夠看出它們之間是否存有任何需要解釋的因果關聯。

結果顯示，受試者的確在行動選擇上有所差異。相較於其他情境，某些困境似乎更具爭議性。最具爭議性的即是韓士故事。這故事中，分別有 40%、18%、42%的受試者選擇了「贊成」、「無法決定」，以及「反對」，然而在最無爭議性的困境（Webster 故事）中，這些數字成為 86%、9%與 5%。

使用第二個橫斷樣本，我們評估了四個主要年齡／教育族群

（例如：國中、高中、大學與研究所）的受試者之行動選擇模式。在六個困境中，從最年輕至最年老／受教育最多的團體，行動選擇的分歧性也跟著降低了。在國中的平均一致度是 59%，然而在博士班學生的平均一致性是 78%。

2.進一步地追蹤這些結果，我們想知道是否行動選擇也會隨著時間而改變。當個體的 DIT 分數增加，他們行動選擇的型態是否也會慢慢趨近哲學研究生的型態？為了處理這個問題，我們發展了一個遵循 Cooper（1972）的建議程序的指標，對行動選擇加以分類。這個分類僅僅是計算一個受試者的行動選擇，與哲學研究所學生的行動選擇型態一致的次數（這些選擇是「偷竊」、「不接管」、「不歸還」、「安樂死」、「僱用」與「停止」──見附錄中的困境與行動選擇）。分數從 0（不符合）到 6（與哲學研究生一致的行動選擇型態）。此一指標與 DIT 的相關係數是 .31，中等相關並與 Cooper .34 的值類似。行動選擇分類與年齡的關係也是類似的中等相關值 .29。

最後一組描述性資料則嘗試回答這個問題：是否受試者會隨著時間改變他們的行動選擇，或只改變理由而維持相同的行動選擇？一個有二百二十一位受試者，施測距為兩年的樣本提供了回答此問題的資料。研究者感興趣的是，相較於稍早所做的選擇中，受試者改變他們的行動選擇的故事數量。根據這個，我們發展了一個行動選擇改變的指標。此指標的可能值從 0（沒有改變，受試者第一次與第二次有一致的行動選擇）到 6（六個改變，在所有六個故事上，受試者第二次測驗的行動選擇不同於第一次的行動選擇）。當受試者的行動選擇改變是依此指標，平均改變是較故事的三分之一稍微多一點（2.31 的故事改變了）。因此，受試者似乎隨著時間會改變他們的行動選擇。然而，並沒有特定一個故事較其他故事能引發更重大的改變。

從這些分析指出，我們認為，這些主題內和主題之間的關係，多數介於選擇和道德判斷。

3.隨著這些描述性分析，我們很疑惑為什麼不能夠在道德判斷與行動選擇成熟度間找出一個更強的相關值（大於 .3）。我們懷疑是否是因為跨故事，卻沒有特別注意到故事與特定行動選擇的特殊理由。我們注意到，在目前所提及的研究中，道德判斷與行動選擇的指標是建構在受試者對所有六個故事的反應上，或許也因此混淆了特定道德判斷與針對特定故事的特定行動選擇關係。因此，我們分析了道德判斷的故事別（例如：道德判斷分數只基於韓士困境，或只基於學生困境等等）與對應故事的行動選擇（1、2、3 的分數代表贊成、不能決定或反對）之間的關係。這些分析的結果顯示，把焦點放在個別故事上並不會提高道德判斷與行動選擇之間的關係，得到大於.31 的相關係數。然而，我們注意到了其他事：在每一個故事中，道德判斷與行動選擇之間關係的方向都不同。在某些故事中，較低階段的 DIT 項目與「贊成」行動選擇有關，而在其他故事中，相同的項目卻偏向「反對」的選擇；因此，在行動選擇與道德判斷之間並不是一條簡單的直線關係。此發現指出：欲了解行動選擇與道德判斷之間的關係，我們必須考慮情境的特殊性、階段型態的項目與特定故事的選擇之關係，以及項目的哪種階段特性是被個體視為重要的。

　　4.順著此推論路徑，我們想評估個別 DIT 項目與特定行動選擇的相關程度。也就是說，我們想了解一個 DIT 項目是否意味著一個贊成或反對的行為決策？舉個例子，在韓士故事中的第一個項目：「是否法律該被支持」。如果受試者認為此項目是最重要的考慮，那麼合理的推論是會做出韓士不應該偷藥的行動選擇。相反地，在韓士故事的第二個項目：「一個多情的丈夫自然會因為深愛妻子而去偷藥。」如果受試者會決定這個項目很重要並了解此項目的邏輯關係，他們自然會選擇「贊成偷竊」。就這樣，我們想了解是否所有的 DIT 項目都能被看做是贊成或是反對的行動選擇。

　　十個熟悉道德判斷研究的研究所學生同意將七十二個 DIT 項目做等級化的評分。他們的工作是斟酌每一個 DIT 項目並使用五點量表評分，使最有可能的行動選擇與項目重要度評定相配。如果研究所學生對於一個項目被評為最重要意味著「贊成」特定行動選擇很有把握，則設定適當等級為 1。如果評價者較沒有信心，但仍然認為此項目應會傾向「贊成」的行動選擇，就選擇 2。如果評定者對於項目不知道該選擇哪一個行動選擇，就評為 3。相同地，4 或是 5 的評分各自代表對項目傾向反對或是非常反對（我們以後稱這些等級評分為「邏輯關係的等級評估」）。

　　結果很清楚，這些研究生評定者發現他們可相當容易區辨DIT項目所隱含的行動選擇。七十二個項目中只有十九個項目在鑑定行動選擇上有困難。同時，結果也顯示，評定者間有很高的同意度。如果我們將研究所學生項目評定的變異度視為同意度的指標，只有十九個項目（26%）的標準差是 1 或是更大。這個發現顯示，大多數行動選擇的變異是因為對行動選擇有不同的信心，而不是對於項目與哪一個行動選擇有混淆。

5.然而，也有一個可能性：研究所學生項目的評定，可能與在通常情況下 DIT 項目的典型受試者之評定沒有多大關係。為了澄清此疑慮，我們試圖進一步分析研究所學生等級評定的意義。這第二個研究主要想回答一個問題：是否有任何證據顯示 DIT 受試者在通常的情況下會覺察到行動選擇與項目的關係，如果覺察到了，受試者的覺察是否與研究所學生的一致？

為了回答這個問題，我們以九百六十九個受試者樣本在一般正常的情況下完成 DIT 測驗。對於每一個 DIT 故事，根據受試者的行動選擇而分類成三組。舉個例子，在韓士故事，第一組是那些認為韓士應該去偷藥的受試者，第二組則是那些說他們無法決定的受試者，而第三組則是那些說韓士不應該偷藥的受試者。然後算出每一組在所有韓士十二個故事項目的平均，此相同的程序也重複用在其他五個故事（總共七十二個項目）。這裡最關鍵的問題是，選擇「贊成」與選擇「反對」行動選擇的受試者在評定項目考慮的重要度上是否有差異？

比較各組項目重要性等級評定平均，可以發現各組間是有差異的。舉個例子，「偷竊」組的受試者會對隱含偷竊行為意涵的項目給予較重要考量；反之，「不偷竊」組的受試者會給予相反意涵的項目重要考量。79%的 DIT 項目（五十八個項目）在行動選擇組別間，有著評定上的顯著差異。換句話說，DIT 項目的評定包含了某程度的偏向，反映了受試者對行為和項目行為意涵的偏好。

　　6.現在，出現另一個問題：評量 DIT 項目時所產生的偏向，與研究生的邏輯關係等級評估如何對應？舉例來說，如果研究生們認為一個項目有強烈的贊成行動選擇的意涵，則典型的受試者在通常的情形下，支持贊成行為時，他們會過度評估此項目的重要性，而當他們支持反對行為時，則傾向低估此項目。我們採用這個方法：對於每個 DIT 的項目，將贊成組的平均減去反對組的平均。例如：假設在第一個韓士項目裡，贊成偷竊組的平均為2.6，而反對偷竊組的平均為2.1。此評量反應趨勢顯示反對組比贊成組認為項目一較重要（因為 DIT 的計量為從 1：最重要的，到5：最不重要的）。依據這種相減的步驟，我們可以得到一個正的.5。如果在韓士故事裡的第二個項目，此兩組的平均為 1.5（贊成組）以及 3.0（反對組），所得的差將會是負的（－1.5），則表示贊成組較反對組認為項目二較重要的多了。以上這兩個例子指出，項目間數值的差異在方向上（例如：不論此差異是正或是負）以及在差異的幅度上（例如：在上面的例子中|.5|相對於|1.5|）都可以有不同。這兩種組間計量差異的影響是可以和研究生邏輯關係等級評量來相比較的。而如果這些數值差異的潛在原因是相同的話，這些資訊的來源自然應有共變關係。具體而言，由相減過程所得之方向差異應該和研究生的項目行為適當性的結果相符。兩組平均率的差異幅度應該和題目的邏輯關係等級評估裡的確定程

度相對應。也就是說，如果我們的預測是對的，我們應該在研究生評估有極大邏輯關係等級的項目找到組間最大差異的項目。

藉由這些邏輯關係等級資料與組間差異值（從九百六十九個受試者所作的評量）的相關分析，我們可以很容易的評估兩組與行動選擇意涵的相關。遵循這個步驟，我們發現有顯著的高相關（$r = .73, p < .001$）。這個結果支持了「典型的受試者作答 DIT 時，會偏愛某一特定的行為選項，而項目和行為選項間相關的模式相似於由研究生評量所得的模式」這個假說。

7. 然後，我們想要檢驗「藉由探討情境特質與正義概念的共同影響，可預測行為的選擇」此想法。我們認為，正義概念會引導個人注意某些情境特徵，據此對情境下特定的定義，並採取邏輯上必然的行為。舉例來說，一個階段四的推理者面對韓士和藥物這個故事，他／她的 P 分數幾乎不能提供預測行為的資訊。這個人可以根據對家庭的義務之情境定義而選擇偷竊，或者，也可以根據對社會法律的義務之情境定義，選擇不偷。然而，如果我們知道某一項目被受試者評估為重要的，則藉由此項目的邏輯關係等級評估（研究生的評量），我們可以預測行動選擇。例如：假設一位受試者選擇此項目：「是否社會上的法律是被肯定的」，則我們不僅可知他／她以階段四的考量為情境下定義，而且其行動選擇很可能是「不偷」。

為了讓此程序實際可行，必須有一套規則來整合項目資訊並達到預測選擇行為的目標。在發展適當方法的過程裡所遇到的困難是，受試者的反應通常是「贊成」和「反對」意涵的項目混在一起（也就是說，一位受試者不會全選「偷」意涵的選項或是「不偷」意涵的選項）。在韓士故事裡的典型模式可能是這樣子的：第一重要的項目（譯註：項目即每個故事中的十二個考慮）意涵是贊成偷竊，第二和第三重要的項目意涵是不偷，而在第四重要的項目上則是模稜兩可（無法決定）。我們應該說此受試者的行動選擇將是「偷」，因為贊成意涵的選項被視為最重要的，還是我們應該預測為「不偷」，因為大部分的選擇為不偷意涵的選項？或者也許我們應該說是無法決定的，因為在選項的選擇上有一些似乎是無法下決定的。因此，我們必須找到一個計算法，使得項目的資訊能夠系統化地加重並合併，以達到預測行動選擇的結果。

　　我們實驗了許多的計算法。在這個研究裡，最後選擇了把兩種主要資訊來源：被受試者評為最重要的四個項目，以及被十位研究生所評定的邏輯關係等第的程度。這個計算法最重要的特色為：(a)它允許每個項目對於特定的行為選項有不同的邏輯關係程度（例如：一個項目可能強烈意味某一行為選項，或是僅有一點點偏向某一行為選項）；(b)這個計算法依據受試者所作的重要性評量（importance ranking）來對於項目的資訊作加重計分（例如：被受試者評為第一重要的項目加權的比例大於第二重要的項目，第二重要的項目加權的程度大於第三重要的，如此類推下去）；(c)這個計算法包含了研究生對於邏輯關係的一致性（例如：對於研究生較難評分的項目，即評分變異較大的項目，比有清楚邏輯關係的項目加權較少）。

　　使用這個計算法，我們發現「能同時兼顧個別的 DIT 故事以及項目的行動選擇一致等兩者的方法，相較於早先的單一分數的方法（如：使用六故事之 *P* 分數的方法），對於實際行為的選擇有較好的預測效果」。整體而言，對於「贊成」選擇的平均預測命中率為 73%，對於「反對」選擇則有 50%的命中率。然而，不管故事為何，此計算法對於預測無法決定的行動選擇則無效（命中率為 6%到 22%）。因此，對於一些故事與一些行動選擇決定，這個計算法能夠根據項目選擇非常有效的預測大部分受試者實際的選擇。

8.令人驚訝的發現是，對於一些受試者，DIT 的項目選擇與其行動選擇似乎沒有相關。舉例而言，一些受試者會選擇「不偷」此行為決定，但卻全選贊成偷竊意涵的項目。一般而言，受試者會落在此兩極之間。表 5－7 顯示了項目選擇與行動選擇相符程度的受試者分布。「6」意味著在每個DIT故事裡，受試者的DIT項目評量與其行動選擇有正確的預測。相反地，「0」表示在這些受試者中，項目的邏輯意涵與受試者的行動選擇無任何相關。表 5－7 顯示這個計算法對於正確預測行動選擇的結果是呈常態分布的，由此可知，計算所得的分數能夠預測大部分人某些時候的行動選擇。

我們認為表 5－7 的結果顯示，特定情境下正義概念影響抉擇的程度是呈常態分布的。也就是說，事實上有些受試者用來決定行動選擇的思考是和 DIT 項目隱含的行為方向是不同的。雖然對大部分的受試者而言，DIT項目的正義概念可以反映其抉擇方向，然而，有一些受試者在做行為決定時，並不會使用到這些概念。

表 5-7　「命中」的分布

相符的數目	0	1	2	3	4	5	6
受試者人數 n	8	46	149	286	257	142	44
樣本%	.01	.05	.16	.31	.28	.15	.05

資料來源：作者自行編製。

目前我們並不確實知道其他的概念到底是什麼，不過一定不是DIT型的概念。無論如何，我們的計算法卻是能夠區辨做行為決定時，會使用正義概念與不用正義概念的受試者。我們稱此為「使用者」（utilizer）的向度（以使用正義概念的人來對照那些不使用的人）。

回想前一章裡 Lawrence 的研究中所提到的，她發現基本教義派的神學生雖然有成熟的正義推理能力，在 DIT 測驗中卻未使用這些概念。當被問及如何做道德判斷時，這些受試者說他們倚賴宗教的指引去解決 DIT 故事中的兩難。在這裡，我們看到宗教的規範取代了正義推理成為評斷的標準。根據此結果，我們應該將這些神學生歸類到「非使用者」的一端。因此，從這些受試者如何評估 DIT 的項目，自然無法讓我們獲取關於這些受試者如何實際做行動選擇的資訊。對於這些受試者，從他們的 DIT 分數很難預測他們的決定與行為。如果我們視此「使用者」向度為中介變項，低使用者的分數與行為決定之間顯然不會有相關。

如早先所說的，我們認為對於道德判斷與行為關係的研究，最有意思的方向是，集中焦點澄清其關係的連結與中介變項。一九八四年 Rest 和 Thoma 的研究指出，「使用者」向度為可能的中介變項之一。

　　*9.*一九八五年 Thoma 所做的論文檢驗了這個假說。Thoma 重新分析先前關於DIT分數與行為測量關係的五個研究。他加上「使用者」向度，以他自己發展出來的計算法重新分析這些研究。Thoma預測「使用者」的程度會與道德判斷對行為的影響程度有關。也就是說，若加入「利用」向度的資訊，從 DIT 分數到行為的預測力會增加。他選擇五個包含行為和態度的測量之研究──行為測量包括犯罪、合作行為、醫生的臨床表現、法律與守法的態度，和在一九七六年總統選舉的態度。以這種方式來證明「使用者」效果的普遍化。如果大部分的研究在加入「使用者」向度後便能在行為預測上有顯著的進步，我們便有信心認為正義概念和決策之間，「使用者」變項的確是一重要的中介變項。另一方面，如果只有一個或是兩個研究顯示進步，我們就不會認為「使用者」向度是具普遍性的重要變項。表 5-8 是每一個獨立變項的簡要描述和與之相對應的描述統計。

　　對這些研究的二度分析策略是建立在道德推論和行為／態度的關係，會因為「使用」程度而有某種程度減弱效果的假說。因此，一個適合的分析策略是，選擇一個能單獨感應「使用效應」對 DIT 分數影響的策略。最後 Thoma 選擇了相似於態度──處理互動關係研究所用的一般線性模式（參見Cronbach & Snow, 1977），也有稱之為「標準中介模式」的（Tellegen, Kamp, & Watson, 1982; Cohen & Cohen, 1975）。基本上，這個方法是一個階層多元迴歸模式，以行為或態度為效標，看道德推論測量的迴歸係數，來複製原來的分析（步驟一）；然後以計算法計算分數

表 5-8　行為與態度測量

樣本	行為／態度變項	n	$\overline{X}$	SD
McColgan A	第一組：配對對照組（P 分數） 第二組：準青少年犯罪組（P 分數）	26 26	23.46 17.45	12.16 7.97
Jacobs B	測驗：合作行為的數目（20 個可能合作的行為）	56	10.25	3.77
法律及秩序	法律與秩序測驗分數	70	3.70	2.23
政治態度 D	Ford/Dole-Carter/Mondale 差異分數	71	-2.39	42.30
臨床表現 E	等級量表（1＝最高等級）	133	2.14	.93

資料來源：作者自行編製。

作迴歸（步驟二）；最後以道德判斷和計算法分數向量的交叉結果作迴歸（步驟三）。最後一項才是 Thoma 最感興趣的，因為這代表了道德判斷和「使用」程度之共同效果。如果交叉結果顯著地增加對依變項測量的預測性，就代表道德判斷和行為／態度間的關係會因「使用者」程度而有差異。換句話說，「使用者」是道德推論和行為系統間之聯繫。

　　Thoma 的結果呈現在表 5-9。第一列是對應迴歸分析中的步驟一，顯示行為／態度測量與 DIT P 分數之間的關係。正如預期，道德判斷和樣本 A、法律與秩序測驗的樣本 C、實習表現的樣本 E 呈負相關（表 5-8），和合作行為的樣本 B 之所有狀況呈正相關。

雖然樣本 D 的態度分數與 *P* 分數無相關，在原來的研究中，與 D 分數卻有顯著的相關。除此之外，*P* 和樣本 B（在 Jacobs 的原來論文中並沒有報告）的分數並沒有達到顯著相關。

　　迴歸分析的步驟二呈現在表 5-9 的第二列。這些係數代表控制了道德判斷與行為／態度間的原始關係後，效標測量和「使用者」分數間的部分相關。因此這些相關反映了「使用者」此中介變項的影響。如表所示，這些相關並不支持「使用者」會影響行為／態度變異的主張。然而，這些發現並不會對 Thoma 的假說構成威脅，因為「使用者」效應被認為是對道德判斷分數與效標變異的交互作用有影響。因此對於驗證假說的測驗在步驟三的交叉結果中可看出。

表 5-9　行為／態度預測性的增加

多元迴歸步驟	樣		本		
	A	B	C	D	E
步驟一～*P* 分數	$-.29^a$	.15	$.57^a$	$-.20$	$-.22^a$
步驟二～「使用」分數	$-.04$	$-.04$	.18	$-.24^a$	$-.01$
步驟三～*P*×*U* 分數	$.30^a$	$.26^b$	$-.24^a$	$.27^a$	$-.18^a$
多元迴歸～步驟三的 R	.41	$.30^a$	$.62^a$	$.33^a$	$.27^a$

[a]$p < .05.$
[b]$p > .10.$
資料來源：作者自行編製。

　　第三列是步驟三的迴歸分析。如同前面所述的，此步驟直接驗證「使用者」的變項是道德判斷與行為／態度關係之中介變項的假說。分析結果支持這個假說，因為大部分的次級部分相關是顯著的，而且大致上是等量的。因此，我們可以說，考慮「使用者」變項能提高道德判斷與行為和態度的相關。提高相關的效果可由表 5-9 的最後一列來判斷。這些係數代表在迴歸模式中最後一個步驟的多重 R 值。比較這些值與步驟一的相關係數，我們得到大約兩倍大的相關。讀者若有興趣了解此研究的細節與對這些變項間關係的討論，以及「使用」向度的本質，可參考 Thoma 的論文。

完成了這些研究和所有這些計算，我們得到了什麼結論？具體來說，Thoma 藉由加入新的考量因素，幾乎將行為測量的預測性提高了一倍。完成了這些研究和所有這些計算，我們得到了什麼結論？具體來說，Thoma 藉由加入新的考量因素——使用者變項，幾乎將行為測量的預測性提高了一倍。這些提高預測性的獲得，並非來自於對受試者做更進一步的施測，而是在他們原有的 DIT 問卷上進行一些額外的計算，一些在問卷計分時，電腦很容易就能完成的對 P 索引值的計算。我們鼓勵其他研究者在他們的研究中使用這個索引值，這項計算「使用者」變項的公式可以在 Thoma 的論文中找到，而電腦的計算程式則是放在新的 DIT 的手冊之中（詳細的取得資訊請參見附錄）。

以理論的觀點來說，這一系列研究的成功在 Thoma 的論文裡達到高峰，Thoma 的論文顯示了正義概念與行為之間的關聯，能經由探索一連串的連結與中介變項給逼近。此「使用者」向度只是許多連結與中介變項的其中之一而已，但它卻構成了開始。希望那些我們所開發出用來追究使用者向度的研究策略，能夠促進其他研究者開發其他策略來追究其他更多的連結與中介變項。當我們更深入思索使用者向度時，如洪水般的問題便湧入腦中。舉例來說，如果那些「非使用者」並不使用正義概念決定什麼是道德上的正確，那麼他們是使用何種評判的標準呢？這裡我們感興趣的是，使用者向度上的知識是否有助於我們了解並指出解釋系統的種類，當我們在特定道德情境中採取行動時，這些解釋系統會與道德判斷結構相互競爭。再者，道德敏感度是如何與正義概念之使用相互關聯呢？是否正義概念的使用者具有比較高的道德敏感度，或者這些成分是彼此互相獨立的？第三，正義概念的使用在道德推理的發展上是否有其階段呢？舉例而言，正義概念使用者是否就是那些已經將他們的公平基模固化的人，以至於可以清楚地辨別出這類訊息於決策歷程的關係與效用？這個想法提醒了我們應該去觀察不同的發展時程上差異甚大的使用者層次。第四，我們也在想是否道德教育課程可以影響使用者。我們的想法：當短期教育之涉入對於增進結構改變，相對地不怎麼有效時，這些課程能否影響使用者？

這些就是由使用者向度所導出來的一些問題。似乎有著無數的問題會與那些對其他連結、中介變項、其他成分以及它們彼此間交互作用的研究有關聯。明顯地，仍有許多是研究者們要去努力的。我們希望我們的嘗試能發揮拋磚引玉之功，吸引其他研究者們。

第六章

························· 摘　要

James Rest 著

翁開誠譯

　　採用 DIT 所完成的研究已經有五百個了，難道我們能說的只是這些努力所得的生產量而已嗎？保守地估計，每一個研究平均大約花費了半年的工作時間，我們擁有了好幾世紀時間與研究人力所得的成果，我們究竟有了哪些進展呢？

　　這一章將從三方面來做簡單的列舉。第一是列舉出目前主要的實徵性研究成果，而這些成果都是經由合理的程序所得到，可以依賴這些現象的可重複性，也可以再以其他的研究設計而得到相類似的趨勢。第二是列舉出觀念上的進展，而這些進展來自於道德發展現象的浸淫以及對這些經驗的反省；也就是說，第二方面的列舉，表達了一些新的理論性觀點，以及一些新的研究策略。第三則列舉了由這本書所孕育出研究的新方向（同時也希望有人會想到方法來解決這其中的一些有待解決的問題）。

🎞 已可確認的成果

　　1. 道德判斷伴隨著時間與正式教育而改變，而且此改變是朝著理論上所預測的方向而發展。兩個後設分析以一萬個受試者的分析結果，指出年齡／教育可以解釋 DIT 分數變異量中的 30% 到 50%。上打的縱貫性研究也顯示出道德判斷的發展性（請見第一章）。至於年齡（生理上的年齡）與教育（在學年數／受正式教育的年數）之間相比，則教育與道德判斷發展間的相關要更強。

　　2. 有一些文章宣稱 Kohlberg 的道德發展六階段理論中的較高層，缺乏證據支持其存在。這些宣稱，忽略了有關 DIT 研究所呈現出有關較高階層的證據。DIT 主要的指標是 *P* 分數，而 *P* 分數正是階段五與階段六的分數和。儘管 DIT 對這個階層的定義與 Kohlberg 新的評分系統有一點不同，二者的相似遠超過相異。因此，五百多個 DIT 的研究正是六階層理論中較高階層的證據。

　　3. 好幾個研究指出，生活經驗與道德判斷發展間的關聯性。似乎大多數人在道德上的發展，並不是因為特定的道德經驗（例如：道德教育課程、道德領袖人物、道德危機、道德困境的經歷），而是對整個社會情境以及對自己的社會處境的逐漸覺察。在道德判斷上有所進展的人，他們喜歡學習、追求挑戰、享受具有知性刺激的環境、喜歡沈思、生活有目標有計畫、會冒險、能從更廣大的脈絡（組織、體制、社會、文化與歷史）來理解自己、自我負責，同時也負起對社會的責任。他們也從環境中得到滋養，他們被鼓勵去進修與升學，他們身處富有刺激與挑戰的環境，他們被周遭的人關心與鼓勵。當他們離開學校，成為「年輕的」成人時，他們在事業上如其所願，讓自己繼續處於具有挑戰與知性刺激的方向上，他們參與所處的社區，對廣大的社會議題也比較關心（請見第二章）。

4.設計用來促進道德判斷發展的道德教育課程，的確產生了中等、但有意義的成果。其中又以同輩間討論爭議性道德困境的課程效果最具有代表性。另外，促進一般性人格成長的課程也很有效。然而那些針對傳統知識性、學科性的課程，就不怎麼有效果。一般常認為在兒童時期，道德就已經固定了；然而事實上，我們發現成年人在接受道德教育課程後，其改變更是明顯。而教育介入時間少於三週的，似乎沒什麼效果；然而多於十二週的，其成效也與其所花時間不成比例（見第三章）。

5.在審視了採用翻譯的 DIT 所做出的二十個跨文化的研究後發現，在這多文化間的相似性遠超過其間的相異性。這些研究所呈現出的年齡趨勢、相關，以及內部結構，都與在美國用 DIT 所測得的結果相類似。然而，在別的文化中採用翻譯的 DIT 是有一些困難的；同時，要將 DIT 或 Kohlberg 的評分基模外銷到別的文化，也的確有些問題（因為這樣的程序，在尋找不同的觀念時，或不同的道德判斷歷程時，都是一種偏差）。不過，儘管如此，有趣的是，別的文化中樣本所得的 DIT 分數卻高於美國樣本所得的分數；換句話說，美國人並不因為這理論與工具是在自己國家發展，而有什麼優勢。

　　6.至於 DIT 的性別差異，則微乎其微了。只有少於 0.5%DIT 分數變異可以歸之於性別的差異（較之教育的影響力，其間有二百五十倍的差別）。Gilligan 認為在正義觀念上，女性比男性弱的看法，在此沒有得到支持。事實上，當有性別差異存在時，是女性得分比男性高。若要預測一個人的道德判斷分數，由其性別猜測，倒不如由其教育程度來猜比較準（見第四章）。

　　7.宗教，以保守與自由相對來表示時，與 DIT 的分數間具有中度，而且是顯著的相關。許多研究呈現，自由派宗教的意識形態與 DIT 高分數間相伴隨。或許自由派的宗教意識，在面對道德兩難困境時，會促成自我負責之道德決定的傾向；而保守的意識形態則會強調對外在權威與訓誡的服從（見第四章）。

　　8.回顧超過五十篇的研究，發現 DIT 與廣泛行為及態度測量間相關聯。這些行為的測量包括：合作行為、獎賞的分配、欺騙、良心抗議、對不同總統候選人的投票、對實習醫生臨床表現的評量、青少年犯罪，以及學校問題行為等。態度方面包括：政治上的自由主義或保守主義、法律與秩序態度、對權威的態度、死亡態度、對兒童控制的態度、對學校管教的態度、對死刑的態度等。DIT 與這些廣泛的行為與態度間，有著中等卻相當一致的相關。實驗性證據則指出，道德判斷並不能被化約成政治上的自由或保守。另外，由於這許多行為與態度的變異量中，仍有許多是 DIT 不足以解釋的部分，因此其他的因素在解釋這些現象時，也應該加以考慮（見第五章）。

9.其中一個值得考慮的變項似乎是「使用者」（這是指人們在做道德性決定時採用正義觀念的程度）。將五篇有關道德判斷與行為間關係的研究，重加分析，當加入這個「使用者」變項作為中介變項時，對於行為變異量的解釋就加倍。我們建議未來作行為方面的研究時，不妨將此「使用者」變項加入其分析之中（見第五章）。

10.儘管這五百多篇的研究其目的不在作有關DIT的效度研究，然而事實上，這許多有意義的成果，也的確指出 DIT 在道德判斷研究上，是個有用的測量工具。

理論上的進展

1.理論上主要的進展就是「四成分模式」。如此地將觀念加以組合，為我們做了一些事。它在理論上提供了一種視角，將各種不同的研究傳統各安其位，並且也有了統合的圖像。不同的研究傳統，在整個道德心理歷程中，大量地著重在其中一個面向上。而「四成分模式」則提供了一種眼光去看到每個取向的個別貢獻（以及其個別的限制）。它同時也提供了一種將思考、情感與行為間關係加以概念化的方式。它還提供了將研究加以組織的綱領。它也提供了設定教育目標的方向（第一章）。

2.將「四成分模式」應用在 DIT 研究上，我們將認知發展取向（六階段論）重新詮釋為「四成分模式」中的「成分二」；也就是在社會情境中，人們是如何達成其道德上對或錯的判斷，以及其行動的依據。而六階段的道德判斷在此解釋為，反映人們的觀念裡是如何將社會合作加以組織化（例如：將社會合作加以概念化成為簡單的利益交換，或親密關係的維持，或在次級社會組織中以法律與角色為基礎所形成的廣大社會網絡，或建立社會的理想原則……等）。每一種社會合作的觀念代表了一種什麼是公平、什麼是正義的看法。大體上，當人們面臨道德兩難的社會情境時，他們就涉及到了他們對社會合作的基本觀念，以及對公平的看法，同時使用這些看法直覺地決定哪些顧慮是相關的，是重要的，也於互相對立競爭的要求下排定先後順序；簡單地說，就是作為判斷道德上對錯的依據（見第一章）。然而，人們在達到其道德判斷時，並不一定都是這樣的。別的觀念與歷程也被採用而達成道德判斷（例如：宗教或政治上的意識形態）。哪一種正義觀念在決定人們的道德判斷，不同的人之間似乎是不一樣的（見第四章與第五章）。

3.認知發展理論一個最基本的想法是認為人們為了理解他們的經驗，會將其經驗加以運作、思想。這些經驗則會改變其基本的觀念結構，而觀念結構又是建構意義的來源。對道德發展而言，一直有著一個問題：究竟是哪些經驗促成了道德判斷結構的轉變？在理論上的議題是該如何描述經驗（也就是，該採用什麼樣的經驗分類系統？為了描繪人們的生活經驗，哪些有關人們經驗的訊息是該掌握住的？）。Piaget 所提的「認知失衡」（cognitive disequilibrium），以及 Kohlberg 的「角色取替機會」（role-taking opportunities）一直都太籠統，以至於無法加以操作化定義。起初，我們試著用非常具體的生活經驗，這樣的經驗很容易操作化，但是並沒有產生有力的成果。當我們將上打的研究重新反芻之後，我們發現這樣做是太過於具體而零碎了。我們需要更有深度、更有普遍性的方式來刻畫經驗。同時，在描述生活經驗時，似乎不僅是描述其客觀的一面，其主觀的一面也要包括進來；也就是受試者經驗在主觀上是如何反應的，也是我們該蒐集並且整理的。我們除了要知道受試者經歷了什麼事件之外，我們也要知道他們對這些事件是如何反應的。由類似於臨床、晤談方式所形成的對生活經驗描述的新方向，似乎是相當具有潛力的。

4.關於道德判斷六階段論的普遍性問題，對某些心理學家而言，是荒謬、錯誤、種族中心，而且是危險的。我已經提供了對普遍性主張的一種詮釋，使得這種主張能言之成理。然而，這並非是認知發展論必要的核心。對認知發展論而言，關鍵點是表象與內在結構間的區分。道德判斷發展是否只有唯一的一種內在結構，我認為這仍然是個實徵性的問題。而六階段論的普遍性也不是跨文化研究唯一的關心。另外，若將文化的不同當做是在不同生活處境下的自然實驗，那我們就有機會去發現，不同的社會因素是如何促成不同的道德發展。

5.在研究道德判斷與行為間的關係上，我們基本上認為是由許多因素共同決定的。若將研究局限在對道德判斷晤談的分析與再分析上，就太劃地自限了。我們的策略是找出這些因素，以及這些因素與道德判斷間的關聯。我們在使用者變項（utilizer variable）的研究，就是一個例子。若要非常有效地預測行為，我們想恐怕必須在真實的生活情境下能測量出所有四個成分歷程時,才有可能做到。目前這個想法仍然無法被驗證,因為在真實生活情境下測量每個成分的技術尚未發展出來。然而,這樣的理論性觀點,仍然提示了什麼是我們當前的任務、未來研究的進程,以及新的研究方向。

新的研究方向

1. 發展道德判斷的測量工具。不僅只是測量在假設情境下的道德判斷,而且是在真實的生活情境下(我們正在醫療健康領域上,了解道德決定是如何成為對象,而嘗試發展各種不同的測量方式,見第一章)。

2. 發展「成分三」與「成分四」的測量,特別是在真實的生活情境中。因為在任何一個特定的情境下,可相互取代的眾多行為之間,總有著競爭;所以,對道德動機的研究,恐怕是要與其他的動機與價值一併同時研究。

3. 研究四種成分之間的相互作用。特別是在真實的生活情境之下,並且藉著掌握到全部四種成分的訊息,而有能力去預測真實生活中的行為。

4. 改進評鑑教育性介入研究的方法學(見第三章)。特別有意思的是研究直接教導 Kohlberg 的階段理論,是如何影響其後測的分數(也就是說,所得到的發展成效,是人為的假效果,或是真實的增長)。

5.研究其他的成分（除了「成分二」，道德判斷之外）是如何受到特別的教育介入的影響（或許教育課程的效果，不過是提高了學生對道德問題的敏感度。或許教育課程所發揮的是提升了在道德抉擇時使用正義觀念的傾向，而沒有改變其對正義的基本觀念）。研究也需要確定出，行為上的改變，有多少是伴隨著教育所促成的內在歷程的改變而改變的（也就是說，教育所造成道德判斷上的增進，是否也導致了實際行為上的改變？）。

6.將有關道德發展的生活經驗的研究再向前推進。由 Deemer 與 Spickelmier 所發展出來的編碼綱要，需要再以新而且不同的樣本，再加以交叉驗證其效度。在課業／學術以及智力層面以外的其他層面，也需要被研究，以刻畫出生活經驗。而所有這些新的層面，不但要與道德判斷有關聯，也要與道德發展的其他成分有關聯。例如：促進道德判斷發展的生活經驗，是否與促進道德動機的生活經驗有所不同呢？

7.在文化差異的研究方面，僅僅是將 DIT 或 Kohlberg 的評分指南翻譯成其他語言是不夠的；應該是由歸納性取向開始，以探索性的方式，而不是以假設驗證的方式（如：Kohlberg 的理論是否為普遍性？）來進行。如同 Kohlberg 在一九五○年代剛開始所做的研究一般，以開啟性的問題問人們認為什麼是對，什麼是錯，以及為什麼。然後再以歸納的方式，發展出類別以及核心的概念。假如真的有六階段以外其他可能，用這樣的研究取向，才可能容許不同的觀念、不同的發展途徑浮現出來。

在這一本書裡，無法完盡地說盡五百篇 DIT 研究所涉及到的所有議題，我們期待其他新的回顧性評論的出現。我們也不認為上述所列的新的研究方向，已經道盡了所有未來研究的可能性。然而我們期盼這本書能引發了在這個領域內做更進一步努力的興緻。至於附錄則描述了一些做研究的工具，一些關於特定研究要獲取其有關資訊的細節，以及一些明尼蘇達研究團隊所提供的服務。

附 錄 A

社會問題相關意見

　　這份問卷旨在了解人們如何思考社會問題*。不同人常對問題的對錯有不同看法。社會問題不像數學問題有「正確」答案。我們想請您告訴我們您對下列幾個故事的看法。所有的答案卷將以電腦計分，算出團體的平均數，所以沒有人會看到您個人的答案。

　　請告訴我們您的以下資料：

姓名：＿＿＿＿＿＿＿＿＿＿　　　　　＿＿＿女
年齡：＿＿＿＿＿＿＿＿＿＿　　　　　＿＿＿男
班級：＿＿＿＿＿＿＿＿＿＿
學校：＿＿＿＿＿＿＿＿＿＿

＊＊＊

　　在此問卷中，將請您告訴我們您對幾個故事的看法。下面即是個故事例子：

　　法蘭克・瓊斯一直打算買一輛汽車。他已婚，有兩個年齡不大的小孩，一般收入。法蘭克・瓊斯想買的車將是他家中唯一的

---

*James Rest, 1972.

車子，主要用途為上下班及在鄰近地區辦事，但有時候亦可出外度假。在決定買什麼樣的車時，法蘭克‧瓊斯了解他必須考慮許多因素。以下即為一些考慮因素。

假如您是法蘭克‧瓊斯的話，在決定買什麼樣的車時，下列每個問題的重要性如何？

A 部分作答指導：（模擬試題）

請在每個考慮敘述的左邊空格內勾選其中一項（譬如說：您認為敘述 1. 在決定買車時並不重要的話，就請您在右邊的空格內打「✓」）

重要性

極重要	很重要	有些重要	不太重要	不重要	
					1.汽車交易商是否與法蘭克住在同一條街上？（注意：在此例中，填答者認為在作決定時，這因素並不重要。）
					2.若作長久打算，中古車是否較新車經濟實惠？（注意：在最左邊「極重要」的空格內打勾，顯示在決定買車時，它是個極重要的考慮因素。）
					3.車子是否為法蘭克最喜歡的綠色？

4. 汽車的立方吋排氣量是否大於 200？（注意：如果您不知道什麼是「立方吋排氣量」的話，那麼就在「不重要」的空格內打勾。）

5. 大型寬敞的車是否比小型車更好？

6. 前輪帶動渦輪傳動式引擎汽缸是否已充分分化？（注意：您若認為此敘述是莫名其妙或無意義的話，則勾選「不重要」。）

B 部分作答指導：（模擬試題）

　　請從上列幾個考慮問題中，選出其中最重要的。將其題號填在下面的「第一重要」空格處。依此方式，寫出「第二重要」、「第三重要」及「第四重要」的題號。（請注意：在此例中的「第一重要」的題號，將是取自「重要性」填答格中的極左邊者——第二題與第五題被認為是「極重要」者。在決定何者才是「第一重要」時，這個人將再重讀第二題與第五題的敘述，且在它們中，挑出「第一重要」的題號，並將另一題題號，填入「第二重要」的空格中。）

第一重要	第二重要	第三重要	第四重要
5	2	3	1

韓士與藥

在歐洲，有一位婦人因患了某種奇怪的癌症而生命垂危。醫生認為只有一種藥可能救她。這藥含有鐳成分，剛被住在同一城市的一位藥劑師所發明。此藥成本昂貴，但是藥師仍索價成本的十倍。製造此藥所須鐳的成本是二百元，然而藥師卻將一小顆藥劑定價為二千元。婦人的丈夫名叫韓士，向每一個他認識的人借錢。但他只籌到一千元，剛好是一半的價錢。他告訴藥師他太太命危，請藥師將藥便宜賣給他，或是讓他以後再付清餘款。藥師回答說：「不行，我發明此藥，而且我也將以它賺錢。」韓士感到很絕望，也開始想到潛入藥店偷藥，以挽救妻子的性命。

韓士是否應該偷此藥呢？（請擇一作答）

_____應該偷　　_____無法決定　　_____不應該偷

重要性

極重要	很重要	有些重要	不太重要	不重要	
					1.社區治安是否仍能維持。
					2.對一個愛妻甚深的丈夫為照顧妻子，去偷藥豈不是很自然的事？
					3.韓士是否甘願冒著被視為竊盜遭槍殺或被逮捕下獄的風險，去偷這個可能救活妻子的藥？

					4. 韓士是否是一個職業摔角選手，或對職業摔角選手有相當的影響力。
					5. 韓士偷藥是為了自己，還是純粹幫助別人。
					6. 藥師發明此藥的專利權是否應受到尊重。
					7. 從社會及個人的角度來看，生存的本質是否較死亡的終止更具概括性。
					8. 什麼價值是決定人們如何彼此對待的基礎。
					9. 藥師是否將被允許躲在一個只保護富人且毫無價值的法律後面。
					10. 就此例而言，法律是否阻礙了社會任何成員的最基本訴求。
					11. 藥師如此貪婪與冷酷，被偷是否咎由自取。
					12. 此例中的偷竊對整個社會是否利多於弊。

請就上述問題中，選出四個最重要的題號：

第一重要_____

第二重要_____

第三重要_____

第四重要_____

逃犯

　　有個犯人被判了十年徒刑。但是，他服刑一年後便逃獄而移居他處，改名為湯普生。八年來，他努力工作，逐漸存錢而有了自己的事業。湯普生做生意講求公道，付給屬下高薪，並將把大部分的營利所得都捐給慈善機構。然而有一天，他從前的一個老鄰居瓊斯太太，認出他就是八年前從牢裡逃出來，而為警方通緝的犯人。

瓊斯太太應不應該報告警方逮捕湯普生？（請擇一作答）

＿＿＿＿應該　　＿＿＿＿無法決定　　＿＿＿＿不應該

重要性

極重要	很重要	有些重要	不太重要	不重要	
					1.湯普生為善多年，難道還不足以證明他不是個壞人？
					2.每次有人犯案而不被懲罰，不就鼓勵更多犯罪？
					3.假如沒有監獄及法律制度的壓迫，我們豈不活得更好？
					4.湯普生是否真的償還了他對社會的虧欠？
					5.社會是否將使湯普生對公平的期待落空？

6. 監獄遠離社會有什麼好處？尤其對慈善的人而言？

7. 誰能如此鐵石心腸把湯普生又送回牢中？

8. 如果讓湯普生逍遙法外，那麼對那些必須服滿刑期的犯人是否公平呢？

9. 瓊斯太太是否是湯普生的好朋友？

10. 在任何情況下，檢舉逃犯難道不是國民的責任？

11. 如何才能讓人民的意願及公眾的福利，得到最佳滿足？

12. 湯普生重回牢中，對他是否有任何好處或是可以保護任何人？

請從上述問題中，選出四個最重要的題號：

第一重要_____

第二重要_____

第三重要_____

第四重要_____

醫生的難題

　　有一位婦人患了無法治癒的癌症，最多只能再活六個月。癌症帶給她極大的痛苦；但是她實在太虛弱了，一小顆如嗎啡的止痛藥都會加速她的死亡。她常常因極度的痛苦而陷於精神錯亂、幾乎瘋狂的狀態。在她神智清醒的時候，她會懇求醫生給她足夠的止痛藥，好讓她提早結束生命。這位婦人說她再也無法忍受病痛了，更何況她幾個月後也要死。

醫生應該如何做？（請擇一作答）

_____他應該給那婦人較多止痛藥，以結束她的生命

_____無法決定

_____不應該給過量止痛藥

重要性

極重要	很重要	有些重要	不太重要	不重要	
					1. 病婦的家人是否贊同給她過量止痛藥？
					2. 醫生若給她過量藥劑，在法律上是否也像其他人一樣，是犯了殺人罪？
					3. 社會若不控制人們的生死決定權，人們是否會活得更好？
					4. 醫生能否將這件事處理得看起來像是意外事故一樣？
					5. 政府是否有權強迫不想活的人繼續生存下去？
					6. 「死亡重於社會對個人價值之詮釋」之價值到底為何？

					7.醫生是否同情病婦的痛苦,抑或更關心社會的可能想法。
					8.幫助別人結束生命是否是一種合作性的負責行為?
					9.是否只有上帝才能決定每個人的生命應於何時終止。
					10.醫生的個人行為法則所依據的基本價值為何?
					11.社會能否承受讓每一個想死的人都能結束自己生命的後果?
					12.社會能否容許自殺與安樂死,而同時仍能保護那些想存活者的生命?

請從上述問題中,選出四個最重要的題號:

第一重要_____

第二重要_____

第三重要_____

第四重要_____

學生接管

　　哈佛大學有一群被稱為「學生支持民主社會」(簡稱 SDS)的學生團體。這些學生認為大學不應有陸軍訓練課程。SDS 的學

246

生反對越戰，而學校的陸軍訓練課程卻協助將學生送往越南打仗。SDS 的學生要求哈佛大學停止將陸軍訓練課程作為大學裡的一門科目。這表示哈佛學生不能再以此軍事訓練，作為一般科目，也不能以此作為獲得學位的學分。

哈佛大學的教授贊同 SDS 的想法，投票同意中止將陸軍訓練課程作為學校的課程。但是校長卻說他想將陸軍訓練課程保留，作為學校的一門科目。SDS 的學生覺得校長不理睬教師們的投票結果及學生的要求。

因此，去年四月的某一天，兩百個 SDS 的學生走進學校的行政大樓，要求每一個人離開。學生說他們這樣做是為了迫使哈佛大學終止將陸軍訓練課程作為學校的一門科目。

學生應接管行政大樓嗎？（請擇一作答）

_____ 是的，他們應接管此大樓

_____ 無法決定

_____ 不，他們不應接管此大樓

重要性

極重要	很重要	有些重要	不太重要	不重要	
					1. 學生如此做是真的為幫助他人，或只是表示他們的反對？
					2. 學生是否有權接管不屬於他們的財產？

				3.學生是否明白他們可能因此遭到逮補、罰款,甚至被退學嗎?
				4.長期而言,接管大樓對更多人有更多助益嗎?
				5.校長不顧教師們的表決,是否屬他權力範圍。
				6.占領大樓會激怒大眾並為所有學生帶來惡名嗎?
				7.學生的接管大樓與正義原則一致嗎?
				8.允許一次學生接管的行為,是否將鼓勵更多的學生接管行為?
				9.校長如此不合理與不合作,將會為自己招來誤解嗎?
				10.大學的管理權應掌控於少數行政人員之手或是所有人的手裡?
				11.學生所信守的原則是否高出法律之上?
				12.大學當局的決定是否應為學生所遵守?

請從上述問題中,選出四個最重要的題號:

第一重要_____

第二重要_____

第三重要_____

第四重要_____

韋伯斯特

　　韋伯斯特是一家加油站的老闆與經理。他想雇用一個技工幫忙，但好技工卻不易雇到。唯一他認為可能是個好技工的人是李先生，然而李先生卻是位中國人。韋伯斯特自己對東方人並沒有任何成見；但是他不敢雇用李先生，因為他的很多顧客不喜歡東方人。若李先生到加油站工作，他的顧客可能因此不與他做生意。

　　當李先生問起韋伯斯特他是否可以得到這份工作，韋伯斯特說他已經雇用了別人。事實上，韋伯斯特並未另雇他人，因為韋伯斯特實在無法找到其他優秀的技工。

韋伯斯特在當時應該怎麼做？

_____應該雇用李先生

_____無法決定

_____不應該雇用李先生

重要性

極重要	很重要	有些重要	不太重要	不重要	
					1.老闆是否有權決定其事業決策？
					2.法律是否禁止在聘用人時不得有強烈的種族歧視？
					3.韋伯斯特自己對東方人有偏見，抑或拒聘此人實無摻雜他個人成見。

					4.是雇用好技工或是順從顧客們的期望,有益於韋伯斯特的生意。
					5.在決定社會角色如何安置時,什麼個別差異應被列入考慮?
					6.貪婪與競爭的資本主義制度是否應被完全揚棄。
					7.韋伯斯特所處社會的大多數人看法是否與他的顧客一樣,或者大眾是反對種族偏見?
					8.雇用像李先生這樣有能力者是善用其才;反之,則是浪費社會資源?
					9.拒聘李先生是否與韋伯斯特個人的道德信念一致?
					10.在知道這份工作對李先生是多麼重要時,韋伯斯特能狠得下心來拒聘他嗎?
					11.「要愛你的同胞」此一基督教信條是否可應用到這個例子上。
					12.若有人真的需要,他都應得到幫助,而不論你將從他那裡得到什麼回報?

請從上述問題中,選出四個最重要的題號:

第一重要＿＿＿＿＿＿

第二重要＿＿＿＿＿＿

第三重要＿＿＿＿＿＿

第四重要＿＿＿＿＿＿

報紙

傅瑞德是一個高三學生，他想發行一種小型學生報紙。藉此，他可以表達自己諸多意見。他想讓大家知道他反對越戰以及反對學校的某些規定，如禁止男生蓄長髮的校規。

當傅瑞德籌辦此報紙時，他請求校長的許可。校長回答只要每次出刊前，把所有的文章交給他審閱通過，就可以發行。接下來的兩週，校長核准了傅瑞德所有的文稿，傅瑞德也順利出版二期報紙。

但是校長卻沒料到傅瑞德的報紙竟會引起這麼大的注意力。學生讀了報論後很激動，組織起來抗議學校禁止蓄長髮以及其他的規定。家長們則持異議，怒責傅瑞德的報論。他們打電話給校長指出該報的立場是不愛國，不應被發行。由於家長激烈情緒愈發高漲，校長於是命令傅瑞德停止出刊。他給傅瑞德的理由是該報對學校的運作具破壞性。

校長應該禁止傅瑞德的報紙嗎？（請擇一作答）

_____應該　　_____無法決定　　_____不應該

重要性

極重要	很重要	有些重要	不太重要	不重要	
					1.校長是對學生還是對家長負較多責任？
					2.校長曾經答應該報可長期發行，抑或他只是許諾一期一期地審核？
					3.如果校長禁止該報的話，學生們是否會做更強烈的抗議？
					4.當學校的福祉被威脅時，校長是否有權對學生下令？
					5.在此事件中，校長是否有說「不」的言論自由？
					6.若校長停止此報的發行，他是否也阻礙了對重要問題的充分討論？
					7.校長的命令是否會使傅瑞德失去對校長的信心。
					8.傅瑞德是否真的愛國愛校。
					9.停刊對學生批判思考的教育，有何影響？
					10.傅瑞德發行報紙以發表己見的行為，是否在某方面侵犯了他人的權益？
					11.當校長是最了解學校事務的人，他是否應受憤怒家長的影響。
					12.傅瑞德是否想利用該報挑起仇恨與不滿。

請從上述問題中，選出四個最重要的題號：

第一重要_____

第二重要_____

第三重要_____

第四重要_____

附 錄 B

🎬 界定問題測驗說明

　　界定問題測驗（Defining Issues Test, DIT）的設計是基於以下的假設：人的心智發展階段不同，導致他對於道德兩難問題有不同的解釋，對於兩難問題中何者為關鍵議題有不同的認知，也會對於何謂正確、何謂公平，有不同的直覺。不同的兩難問題設計方式，反映出設計者對於社會經驗的組織方式有不同的看法，因而採取不同取向的潛藏結構（underlying structure）。這些潛藏結構本身的意義，是沒有必要向受試者去清楚說明其間的規則系統，或是以語言表現背後的哲學意義。更確切的說，潛藏結構是測驗運作的背景，且對於受試者而言，就好像是一種自明的常識以及直覺。

　　界定問題測驗的進行方式如下：受試者首先檢視一個道德兩難故事，然後從界定問題測驗所提供的一組考慮因素中，挑選出他個人認為在此種道德兩難狀況下，決定了應該如何去做後，其背後的考慮因素。受試者的工作就是仔細思考每一個考慮因素，然後從這些考慮因素中選擇出哪些考慮因素，才是他決定該如何去做的重要考慮因素。界定問題測驗中的兩難故事，除了 Kohlberg 最有名的「韓士與藥」，以及他所運用的其他兩難故事外，也包括 Alan Lockwood（1970）的博士論文所運用的三個兩難故事。界定問題測驗共有六個兩難故事，每一個故事都伴隨了十二個考慮因素，因此整個測驗總共有七十二個考慮因素。界定問題測驗的考慮因素，是依據大量的訪談資料以及每一個兩難故事發展出來的計分指導整理出來的。每一個考慮因素都非常謹慎的以類似的字彙以及語法撰寫。考慮因素也以提問的方式來撰寫，如此可以使受試者將注意力集中在該考慮因素所提出觀點的論證上，避免受試者將該考慮因素當成是為某一種行為所作的建議（例如：在韓士兩難故事中，建議受試者去偷藥或是不去偷藥）。考慮因素的設計，是以能夠診斷出人們對於公平的認識是屬於哪一個基模（即：不同的道德判斷階段）為依據。考慮因素的設計，並非以涵括所有來自受試者面對兩難故事所產生的種種真實反應或是意識形態為依據。界定問題測驗提供一套考慮因素，每個考慮因素背後代表不同的正義概念，界定問題測驗強迫受試者，從這些考慮因素中做出選擇。因此，一個受試者在做測驗中的六個道德兩難問題時，如果不斷的選擇階段四：「法律與秩序」，我們就可以推論這個受試者的思考，顯著的具有某一個特定的正義概念。有時候，一個受試者有可能會基於個人特質，一時挑選某些特定的考慮因素，而與他／她本身對於正義的概念毫無關係。但總的來說，當我們將所有六個故事的七十二個考慮因素一併來看時，這些基於個人特質所選擇出來的考慮因素，會呈現隨機分布，以至於相互抵銷，不會呈現在最後計算的總分之中。

　　界定問題測驗計分方法中，*P* 指標是最被廣泛運用的一種。*P* 代表「原則性的道德」，也就是階段五及階段六。*P* 指標代表受試者對階段五及階段六所賦予的相對重要性。*P* 指標的計算方法：受試者在重要性排序中，如果將道德階段五及道德階段六列為第一重要者，予以 4 分加權計分；將道德階段五及道德階段六列為第二重要者，予以 3 分加權計分；將道德階段五及道德階段六列為第三重要者，予以 2 分加權計分；將道德階段五及道德階段六列為第四重要者，則予以 1 分加權計分；最後將以上這些得分加總。通常將這個加總出來的分數，以百分比方式呈現，範圍是從 0 到 95 之間。相較於界定問題測驗為主的各種計分方法中，*P* 指標具有效度與信度趨勢的高度一致性。

　　也有其他計分方式曾經被計算出來。依據重要性排序的加權計分方式，也可以計算出其他道德階段（階段二、三、四）的分數。Davison 曾經依據潛在特質以及量表編製的展開模型，發展出一個簡易的分數：*D* 指標（見 Rest, 1979a）。最近（一九七九年以後）的研究結果顯示：*D* 指標的效度與信度趨勢的一致性，沒有比 *P* 指標來的強。其他的計分方式還有內在效度 M 分數、一致性檢查以及 A 分數（反社會態度分數，見第五章的討論內容）等。第五章也討論「使用者」分數以及「行動選擇」指標等分數計算方式。

　　廣泛深入的效度以及信度研究已經完成（如同本書的序言所述），這些研究結果可以在 Rest 於 1979a、1983 年的論文，以及界定問題測驗手冊中找到。

界定問題測驗與 Kohlberg 的道德判斷研究之比較

　　雖然界定問題測驗是從 Kohlberg 的訪談研究結果發展出來的，然而二者之間在方法上與理論上有幾個重要的差異。界定問題測驗是屬於一種多重選擇測驗而不是一種訪談過程。在 Kohlberg 的訪談研究中，受試者於接受訪談時，自發的敘述他對於兩難故事的看法，而在界定問題測驗中，受試者則從呈現在他們眼前的考慮因素中做評定（rate）以及排序（rank）。一般而言，相較於自發性敘述個人觀點（Kohlberg 的訪談方法），受試者比較容易從事辨識的工作（好比界定問題測驗的方法），也因此界定問題測驗相較於 Kohlberg 的訪談方式，比較能夠測驗出受試者高道德階段思考的向度。例如：在 Kohlberg 的訪談研究中，即使受試者是來自專業人士或是中年成人，幾乎沒有人具有階段五道德思考能力。而以界定問題測驗進行時，則在青少年中至少發現了一些具有階段五道德思考的跡象（雖然不是非常的顯著）。這兩種道德判斷研究，在資料蒐集方式上，都有方法論方面的問題。這些方法論上的問題各自不同，誤差的來源也就不同，也因此各自容易遭受不同的批評。

　　任何一種辨識的工作方式（例如界定問題測驗所採用的辨識方法），方法本身就會產生問題：一個受試者即使不了解考慮因素的意義，也可以逕自選擇考慮因素的以及排序的工作。為了減少這方面的問題，界定問題測驗引入了內在信度檢查的工作。內在信度檢查的工作方式，是將一些沒有意義，但是看起來有一點複雜的敘述，散置在界定問題測驗之中，用來檢查一個受試者，是否真的了解考慮因素的重點，或僅是了解該考慮因素的表面意義（例如字彙以及語法）。如果受試者將許多這類帶有無意義且敘述複雜的考慮因素，排序在第一重要，則我們推斷這個受試者，並未真正了解該考慮因素的重點，並將此受試者的測驗，視為一個無效問卷。界定問題測驗也引入了內在一致性檢查工作，用來檢查一個受試者是否根本不了解各考慮因素的意義，而隨機的作答。一般而言，所有的考慮因素都是以提問的方式撰寫，並且考慮適當程度的字彙，引發受試者基於他對該考慮因素意義的理解；而不是基於該考慮因素字彙或是語法的複雜程度，予以作答（詳細的說明，見 Rest, 1979a，第四章）。

而對於自發性敘述個人觀點（例如 Kohlberg）的訪談研究方法而言，方法本身也會產生問題：除非受試者對於訪談者的發問，能夠明確清晰的以言語表達出他個人的觀點，否則他的觀點將不會被計分。也唯有當受試者能夠以令人信服的方式，辯護他所提出的觀點，訪談者才能夠對於受試者所表達的觀點具有信心。因此，當一個受試者如果無法非常清晰明確的陳述他個人的觀點，訪談者是否就可以確認該受試者不了解他自己所提出的觀點？是故，問題的關鍵就在於：某些受試者的思考能力比表達能力強，以致受試者的表達能力，雖然低於 Kohlberg 在他的訪談計分手冊中所嚴格定義的表達能力，可是他們所擁有的思考能力，的確足以讓他們做出比較高階段的道德決定。近年來 Kohlberg 本人所做的研究結果也顯示，靜默的或是更直覺的思考，相較於可以用言語表達的觀點，對於道德行為的表現可能更為關鍵。Kohlberg 因此對於道德行為，是以道德價值觀作為指引所做出的一種責任承擔的選擇，而這個選擇，與道德階段的複雜性無關的說法，給予肯定（Kohlberg, 1984, pp. 535-536）。也因此，Kohlberg 的計分方式，很可能會低估了受試者的道德思考過程（而界定問題測驗，在這個意義上，很可能會遭受到：高估受試者道德思考過程的批評）。

　　界定問題測驗方法與 Kohlberg 訪談方法的誤差來源有所不同，可能說明了這兩種方法之間的某些差異性。取決於樣本的同質性程度，界定問題測驗方法與 Kohlberg 訪談方法彼此之間的相關係數介於.3 到.7 之間，也驗證了兩種評量方法並非等效。不論如何，這兩種方法具有類似的縱貫趨勢、相關性模式都與教育的介入程度有關（見 Rest, 1983）。這也許是因為有某種強大堅實的潛藏現象，能夠同時克服了這兩種方法各自所具有的誤差與弱點之故。此兩種方法，各自採用不同實徵取向的特殊互補方式，共同支持六個道德階段理論。許多研究報告顯示，Kohlberg 的訪談研究方法足以實證前面四個道德階段的存在，可是卻缺乏階段五及階段六存在的明顯證據（這可能是因為在 Kohlberg 的計分方法下，除非受試者曾經接受過哲學方面的教育，才能夠在回答例如韓士與藥的兩難問題時，被評量出具有高於階段四以上的道德思考能力）。然而界定問題測驗研究法，對於前面四個道德發展階段的證據，則相當薄弱（這可能是因為年齡低於十三或十四歲的受試者，無法以界定問題測驗進行道德思考判斷測量）。界定問

題測驗方法之所以可行，是因為階段五及階段六依循著一個有別
於其他低階段的發展模式。事實上，如果將階段五及階段六刪除，
則在界定問題測驗中，就沒有任何計分方法值得分析了。

　　界定問題測驗與 Kohlberg 訪談法之間的另外一個方法論上的
差異，是來自於彼此對於發展階段指標的訂定方式有所不同。
Kohlberg 的訪談法運用特定的算則（以最高階段分數為參考標準，
針對受試者，計算他運用最多的是哪一個思考階段），然後將該
階段作為受試者的道德思考判斷階段（亦即：「一個屬於階段四
的受試者」或是「一個屬於階段二的受試者」）。而在界定問題
測驗的研究中（Rest, 1979a　第四以及第八章），無論使用任何一
種算則，我們並未發現這些屬於某一個階段的受試者，會有強烈
的發展趨勢（例如：縱貫的向上提升、短期內的重測穩定、輻合－
擴散的相關模式）。反而是發現有兩個指標，最能夠展現界定問
題測驗的效力：P 指標（通常以百分比表示，$P\%$），以及 D 指
標。這兩個指標是基於一個連續的變數，來描述一個受試者發展
的階段為何。而這兩個指標，是有系統的針對數十個指標的實徵
研究決定出來，並取代 Kohlberg 的階段分類算則，作為道德思考
階段的指標。由於發展理論本身不夠先進，不能夠以先驗的方式，
指引我們如何去針對我們採取特殊的資料蒐集方式，找出最合適
的方法來進行指標建立的工作，因此，我們必須透過實驗的方式，
找出哪些是最適合界定問題測驗的計分方法。以一個連續變數作
為指標的方式，並不意味著我們已經放棄了對於不同的定性思考
模式中所具有的內在結構的探討。事實上，界定問題測驗在訂定

各個考慮因素的階段的時候，就已經預設了思考是具有各種結構，我們不就某一個受試者派定他是屬於某一個或者另外一個階段這種方法來描述該受試者的發展狀況，反而轉向採用量的方式來處理每一個階段分類質的結果，最後得到的是一個以連續指標為基礎的簡易分數。此種不同的分數表現方式其實是來自於我們傾向於支持採用一種「軟屬性」的階段概念（"soft" concept of stage）（在這個意義下，所謂一個軟屬性階段，是用來解釋我們如何從許多個行動中，決定出有哪一個行動，是合乎道德上的正確性；一個人，會取決於他當時所面臨的許多狀況因素，可能同時擁有以及同時運用各種階段來思考），相較於 Kohlberg 對於階段的「硬屬性」概念（"hard" concept of stage）（在這個意義下，所謂一個硬屬性階段，就是支配某一個人思考的管理程序，不論面對何種情況，都具有一種不變性與一致性，而且一定會依循一個嚴格不變的次序發展；進一步的討論內容，參見 Rest, 1979a，以及 Colby 等人 1983）。

從理論的角度看，Kohlberg 訪談法與界定問題測驗法，對於六個階段的定義方式，有重要的差異。如同大多數的讀者所知，自從一九五八年以來，Kohlberg 已經數次變更他自己對於六個階段的定義。事實上，有一個研究結果顯示，針對某一個特定的訪談紀錄，如果分別以 Kohlberg 一九五八年版本以及最新版本的計分系統予以計分，則這兩個計分結果彼此之間的相關性僅有大約.39（Kohlberg, Colby, & Damon, 1978）。當然，各種 Kohlberg 階段系統之間，有家族的類似性，而界定問題測驗對階段的定義由於來自於 Kohlberg，因此與 Kohlberg 各個階段系統之間也有家族的類似性存在。所有階段系統的定義，都是依據正義的概念（其間，每一個階段的定義，也與正義的諸多意義之間，有些許差異）。然而，Kohlberg 最後一個計分版本，比較強調形式主義的觀點（亦即：可逆性、普遍性、規範性）。與 Kohlberg 相較，界定問題測驗則從不同的角度：從如何將社會合作組織起來的觀點，作為階段定義的核心特徵。例如：依據界定問題測驗的計分方式，一個受試者如果對社會合作的觀念，傾向於思考為一種人際之間的面對面關係；而另外一個受試者，對於社會合作的觀念，則在一種次級機構的社會網絡架構中，所應扮演的角色的責任，來思考社會合作的觀念。則這兩個受試者的階段便有所不同。對於 Kohlberg 而言，兩種階段概念定義之間的差異，是屬於「內容」（content）的差異，不是結構上（structural）的差異，而在他所定義的階段中，這種內容差異不是他所關切的。Kohlberg 甚至奮力將這種屬於內容差異的因素，從他的階段定義中予以淨化，最終得到一個非常抽象的階段的判準。因此，Kohlberg 系統與界定問題測驗之間的主要差異，展現在這兩種系統對於階段的判準的抽象程度。Kohlberg 比較有興趣致力於定義出一個「硬屬性」的階段，然後發展出一套計分系統，將階段分數的不一致性以及縱貫性的反向降到最低的程度。而我則並不致力於定義出一個「硬屬性」的階段，對我來說，最好是端視一套判準定義能否清楚的闡明人們如何進行道德決策為主要依據，來作為階段判準的定義。從 Kohlberg 的觀點，界定問題測驗將結構與內涵混淆起來；而從我的觀點，對於如何去展現人們是如何依據他個人公平的直覺力來做出道德判斷而言，Kohlberg 的系統則是過度抽象，並非是一種最佳的方法。

附錄 C

明大中心的服務

在明尼蘇達大學（明大），我及我的同僚成立了倫理發展研究中心（the Center for the Study of Ethical Development）。這是一個對此研究領域有相互興趣師生的自由組織。研究補助款因特定研究而有來去，但是團隊於此已聚會有年，且產出了超過一百篇以上的研究報告。我們有來自其他大學寄來的大量研究報告，大量的 DIT 資料庫（上萬個受試者），及無數道德判斷資料的電腦計分與分析。我們聚會是為了商議我們的研究專案，是為了激發新觀點，也為了當事情不如所期望順利進展時，互相同情。

因為中心不為任何外界經費所贊助，我們只能經由分擔經費來分享中心的服務與資源。許多研究報告可經由收費方式，寄送給有興趣者。另外在收費基礎上，也可安排下列一些服務。

1. 一九八六年 DIT 手冊：包括了問卷本身（如附錄 A 所呈現者）、施測的建議、計算不同指標的指導、電腦程式、解釋及使用這些不同分數的指導、信效度摘要、不同樣本特性的相關常模資料。手冊可經由來信至下列地址而得：

Center for the Study of Ethical Development

University of Minnesota

206 Burton Hall

178 Pillsbury Drive S. E.

Minneapolis, MN 55455.

2. DIT 研究的現時目錄：包括了公共領域（出版的報告及博士論文，可自密西根州 Ann Arbor 的 University Microfilms 公司或自 ERIC 取得），及寄給我們的非公共領域之研究報告（付梓前者、尚未出版的手稿、有關 DIT 研究的個人通信）。現時已有超過五百篇的目錄，一年至少有二次更新資料。有意者請來信至上述地址。

3. J. R. Rest（1979a）的《判定道德議題之發展》（*Development in judging moral issues*）一書。此書先前由明尼蘇達大學出版，現已絕版，但可由中心取得複印的平裝本。

4.計分服務：有數種方式可自DIT問卷取得不同分數。首先，手冊中有 DIT 手工計分的指導語；但是，手工計分無法得出 Davison 的 D 分數或 Thoma 的 U 分數。其次，手冊提供電腦程式的原始碼，此可轉成你所使用的電腦系統，因此你可直接跑電腦程式。你可進一步直接與我們聯絡，以安排購買合適的電腦程式與計分。請來信以知詳情。

5.文章與報告的影印：一般而言，研究者自己首先應自公共領域中試著獲得他們想要者（出版的文章及書，及自 Ann Arbor 可得的學位論文）。當然，對已出版的書及期刊資料，我們不能違犯其版權。對作者允許我們可以流通的非公共領域的資料，我們將以收費方式為有意者影印（費用包括處理、影印及郵寄費用）。請來信至上述地址以聯絡本中心。

　　6.訪問本中心：不同國家,包括美國的研究者及學生曾至此,
而我們也歡迎他們的來訪。他們至此或為使用研究報告的檔案,
或為與這裡的人討論或諮詢,或為知悉正在進行的不同專案,或
只是來孵化他們的觀念。通常在秋季班上課時,每二個星期聚會
一次,整年裡也有偶爾的聚會。我們已能接待一些訪問學者(提
供住宿及所需,但無薪資)。

　　7.統計分析：一些研究生曾為不同的研究,分析 DIT 資料。
這些有經驗的研究生,可於議定的計時付費方式下,提供統計服
務。

譯者註：讀者可上網至明大倫理發展研究中心,閱其網頁。

Adams, R. D. 1982. "The Effects of a Moral Education Seminar upon the Stage of Moral Reasoning of Student Teachers." Doctoral dissertation, University of Tulsa, Oklahoma.

Allen, R. and Kickbush, K. 1976. "Evaluation of the Nicolet High School Confluent Education Project for the Second Year, 1974-75." Unpublished manuscript, Nicolet High School, Glendale, Wisconsin.

Allport, G. W. and Ross, J. M. 1967. "Personal Religious Orientation and Prejudice." *Journal of Personality and Social Psychology 5*: 432-43.

Aronfreed, J. 1968. *Conduct and Conscience*. New York: Academic Press.

Astin, A. W. 1978. *Four Critical Years*. San Francisco, CA: Jossey-Bass.

Avise, M. J. 1980. "A Study to Determine the Growth in Moral Development in Dexfield High School's 1979-80 Fall Peer Helper Program." Unpublished manuscript. Des Moines, IA: Drake University.

Balfour, M. J. 1975. "An Investigation of a School-Community Involvement Program's Effect on the Moral Development of Participants." Master's thesis. Minneapolis, MN: University of Minnesota.

Baltes, P. B. 1968. "Longitudinal and Cross-Sectional Sequences in the Study of Age and Generation Effects." *Human Development 11*: 145-71.

Bandura, A. 1977. *Social Learning Theory*. Englewood Cliffs, NJ: Prentice-Hall.

Bandura, A. and McDonald, F. J. 1963. "The Influence of Social Reinforcement and the Behavior of Models in Shaping Children's Moral Judgments." *Journal of Abnormal and Social Psychology 67*: 274-81.

Bandura, A., Underwood, B., and Fromson, M. E. 1975. "Disinhibition of Aggression through Diffusion of Responsibility and Dehumanization of Victims." *Journal of Research in Personality 9*: 253-69.

Barnett, R. 1982. "Change in Moral Judgment and College Experience." Master's thesis. Minneapolis, MN: University of Minnesota.

Barnett, R. 1985. "Dissimulation in Moral Reasoning." Doctoral dissertation. Minneapolis, MN: University of Minnesota.

Barnett, R. and Volker, J. M. 1985. "Moral Judgment and Life Experience." Unpublished manuscript. Minneapolis, MN: University of Minnesota.

Barrett, D. E. and Yarrow, M. R. 1977. "Prosocial Behavior, Social Inferential Ability, and Assertiveness in Children." *Child Development 48*: 475-81.

Bebeau, M. J., Oberle, M., and Rest, J. R. 1984. "Developing Alternate Cases for the Dental Sensitivity Test (DEST)." Program and Abstracts, abstract no. 228. *Journal of Dental Research 63* (March): 196.

Bebeau, M. J., Reifel, N. M., and Speidel, T. M. 1981. "Measuring the Type and Frequency of Professional Dilemmas in Dentistry." Program and Abstracts, abstract no. 891. *Journal of Dental Research 60* (March).

Bebeau, M. J., Rest, J. R., and Yamoor, C. M. 1985. "Measuring Dental Students' Ethical Sensitivity." *Journal of Dental Education 49*, no. 4: 225-35.

Beck, C. 1985. "Is There Really Development? An Alternative Interpretation." Paper presented at the annual conference of the Association for Moral Education, Toronto, Canada.

Beddoe, I. B. 1981. "Assessing Principled Moral Thinking among Student Teachers in Trinidad and Tobago." Unpublished manuscript.

Benor, D. E., Notzer, N., Sheehan, T. J., and Norman, C. R. 1982. "Moral Reasoning as a Criterion for Admission to Medical School." Paper presented at the AERA Annual Conference, March.

Berkowitz, M. W. 1980. "The Role of Transactive Discussion in Moral Development: The History of a Six-Year Program of Research—Part II." *Moral Education Forum 5*: 15-27.

Berndt, T. J. 1985. "Moral Reasoning: Measurement and Development." In *Research in Moral Development*, M. M. Brabeck (chair). Symposium conducted at the meeting of the American Educational Research Association, Chicago.

Bidwell, S. Y. 1982. "Attitudes of Caregivers toward Grief: A Cognitive-Developmental Investigation." Unpublished master's thesis. Minneapolis, MN: University of Minnesota.

Biggs, D. and Barnett, R. 1981. "Moral Judgment Development of College Students." *Research in Higher Education 14*: 91-102.

Biggs, D., Schomberg, S., and Brown, J. 1977. "Moral Development of Freshmen and Their Pre-College Experience." *Research of Higher Education 7*: 329-39.

Blackner, B. L. 1975. "Moral Development of Young Adults Involved in Weekday Religious Education and Self-Concept Relationships." *Dissertation Abstracts International 35*: 5009A (University Microfilms no. 75-4160).

Blasi, A. 1980. "Bridging Moral Cognition and Moral Action: A Critical Review of the Literature." *Psychological Bulletin 88*: 1-45.

Blasi, A. 1984. "Moral Identity: Its Role in Moral Functioning." In *Morality, Moral Behavior, and Moral Development*, edited by W. M. Kurtines and J. L. Gewirtz, pp. 128-39. New York: Academic Press.

Blatt, M. and Kohlberg, L. 1975. "The Effects of Classroom Moral Discussion upon Children's Level of Moral Judgment." *Journal of Moral Education 4*: 129-61.

Bloom, R. 1978. "Discipline: Another Face of Moral Reasoning." *College Student Journal* 12.

270   Bloom, R. B. 1977. "Resistance to Faking on the Defining Issues Test of Moral Development." Unpublished manuscript. Williamsburg, VA: College of William and Mary.

Boland, M. L. 1980. "The Effect of Classroom Discussion of Moral Dilemmas on Junior High Student's Level of Principled Moral Judgment." Unpublished manuscript. Louisville, KY: Spalding College.

Bowen, H. R. 1978. *Investment in Learning: The Individual and Social Value of American Higher Education.* San Francisco, CA: Jossey-Bass.

Boyd, C. D. 1980. "Enhancing Ethical Development: An Intervention Program." Paper presented at the Eastern Academy of Management, Buffalo, New York."

Brabeck, M. 1984. "Ethical Characteristics of Whistle Blowers." *Journal of Research in Personality 18*: 41-53.

Brandt, R. R. 1959. *Ethical Theory.* Englewood Cliffs, NJ: Prentice-Hall.

Bredemeier, B. J. and Shields, D. L. 1984. "The Utility of Moral Stage Analysis in the Investigation of Athletic Aggression." *Sociology of Sport Journal 1*: 138-49.

Bridges, C. and Priest, R. 1983. "Development of Values and Moral Judgments of West Point Cadets." Unpublished manuscript, West Point, NY: United States Military Academy.

Bridston, E. D. 1979. "The Development of Principled Moral Reasoning in Baccalaureate Nursing Students." Doctoral dissertation, University of San Francisco.

Broadhurst, B. P. 1980. "Report: The Defining Issues Test." Unpublished manuscript, Colorado State University.

Broverman, I., Vogel, S., Broverman, D., Clarkson, F., and Rosenkrantz, p. 1972. "Sex-Role Stereotypes: A Current Appraisal." *Journal of Social Issues 28*: 59-78.

Browm, D. M. and Annis, L. 1978. "Moral Development and Religious Behavior." *Psychological Reports 43*: 1230.

Bzuneck, J. K. 1978. "Moral Judgment of Delinquent and Non-Delinquent Adolescents in Relation to Father Absence." Doctoral dissertation, Brazil.

Cady, M. 1982. "Assessment of Moral Development among Clergy in Bloomington." Unpublished manuscript. Minneapolis, MN: Augsburg College.

Cain, T. 1982. "The Moral and Ego Development of High School Subcultures." Master's thesis. Minneapolis, MN: University of Minnesota.

Campbell, D. T. and Stanley, J. C. 1963. "Experimental and Quasi-Experimental Research on Teaching." In *Handbook of Research on Teaching*, edited by N. L. Gage, pp. 171-246. Chicago, IL: Rand McNally.

Carella, S. D. 1977. "Disciplinary Judgments of Disruptive Behavior by Individuals and Dyads Differing in Moral Reasoning." Unpublished manuscript.

Charles, R. A. 1978. "The Relationship between Moral Judgment Development and Predictive Ability." Doctoral dissertation. Columbia, SC: University of South Carolina.

Chickering, A. W. 1969. *Education and Identity*. San Francisco, CA: Jossey-Bass.

Clark, G. 1979. "Discussion of Moral Dilemmas in the Development of Moral Reasoning." Unpublished manuscript. Spartanburg, SC: Spartanburg Day School.

Clark, G. 1983. "Leadership and Leader Effectiveness in Small Group Discussion of Moral Dilemmas." Doctoral dissertation. Columbia, SC: University of

South Carolina.

Clarke, J. 1978. "Prediction of the Development of Moral Judgment in Primary School Children." Doctoral dissertation. Sidney, Australia: MacQuarie University.

Clouse, B. 1979. "Moral Judgment of Teacher Education Students as Related to Sex, Politics and Religion." Unpublished manuscript. Bloomington, IN: Indiana State University.

Coder, R. 1975. "Moral Judgment in Adults." Doctoral dissertation. Minneapolis, MN: University of Minnesota.

Cognetta, P. 1977. "Deliberate Psychological Education: A Highschool Cross-Age Teaching Model." *Counseling Psychologist 4*: 22-24.

Cohen, J. 1969. *Statistical Power Analysis for the Behavioral Sciences*. New York: Academic Press.

Cohen, J. and Cohen, P. 1975. *Applied Multiple Regression/Correlation Analysis for the Behavioral Sciences*. Hillsdale, NJ: Erlbaum.

Colby, A., Kohlberg, L., Biggs, J., and Lieberman, M. 1983. "A Longitudinal Study of Moral Judgment." *SRCD Monograph* 48 (1-2, serial no. 200).

Collins, W. A., Wellman, H. M., Keniston, A., and Westby, S. D. 1978. "Age-Related Aspects of Comprehension and Inference from a Televised Dramatic Narrative." *Child Development 49*: 389-99.

Cook, C. D. 1976. "Moral Reasoning and Attitude about Treatment of Critically Ill Patients and Performance in Pediatricians." Paper presented at the American Pediatric Society, SUNY, Downstate Medical Center, April.

Cooney, M. D. 1983. "A Comparison of Married and Cohabiting Individuals with Regard to Egoistic Morality and Moral Judgment Development." Doctoral dissertation. Minneapolis, MN: University of Minnesota.

Cooper, D. 1972. "The Analysis of an Objective Measure of Moral Development." Doctoral dissertation. Minneapolis, MN: University of Minnesota.

Copeland, J. and Parish, T. S. 1979. "An Attempt to Enhance Moral Judgment of Offenders." *Psychological Reports 45:* 831-43.

Corcoran, K. J. (n. d.) "Locus of Control and Moral Development and the Impressions of a Confederate in a Trickery Situation." Unpublished manuscript.

Cronbach, L. J. and Snow, R. E. 1977. *Aptitudes and Instructional Methods*. New York: Irvington.

Crowder, J. W. 1978. "The Defining Issues Test and Correlates of Moral Judgment." Master's thesis. College Park, MD: University of Maryland.

Damon, W. 1977. *The Social World of the Child*. San Francisco: Jossey-Bass.

Damon, W. 1984. "Self-Understanding and Moral Development from Childhood to Adolescence." In *Morality, Moral Behavior, and Moral Development*, edited by W. M. Kurtines and J. L. Gewirtz. pp. 109-27. New York: Wiley.

Darley, J. and Batson, C. 1973. "From Jerusalem to Jericho: A Study of Situational and Dispositional Variables in Helping Behavior." *Journal of Personality & Social Psychology 27*: 100-108.

Deal, M. D. 1978. "The Relationship of Philosophy of Human Nature, Level of Cognitive Moral Reasoning and Pupil Control Ideology of Graduate Students in a Department of Curriculum and Instruction." Doctoral dissertation. Stillwater, OK: Oklahoma State University.

Dean, J. 1976. *Blind Ambition*. New York: Simon and Schuster.

Deemer, D. (in press). "Life Experiences and Moral Judgment Development." Doctoral dissertation. Minneapolis, MN: University of Minnesota.

Dewey, J. 1959. *Moral Principle in Education*. New York: Philosophical Library.

DeWolfe, T. E. and Jackson, L. A. 1984. "Birds of a Brighter Feather: Level of Moral Reasoning and Attitude Similarity as Determinants of Interpersonal Attraction," *Psychological Reports 54*: 303-308.

Deyoung, A. M. 1982. "A Study of Relationships between Teacher and Student Levels of Moral Reasoning in a Japanese Setting." Doctoral dissertation. Lansing, MI: Michigan State University.

Dickinson, V. 1979. "The Relation of Principled Moral Thinking to Commonly Measured Sample Characteristics and to Family Correlates in Samples of Australian Highschool Adolescents and Family Triads." Doctoral dissertation. Sidney, Australia: MacQuarie University.

Dickinson, V. and Gabriel, J. 1982. "Principled Moral Thinking (DIT P Percent Score) of Australian Adolescents: Sample Characteristics and F Correlates." *Genetic Psychology Monographs 106*: 20-29.

Dispoto, R. G. 1977. "Moral Valuing and Environmental Variables." *Journal and Research in Science Teaching 14*: 273-80.

Donaldson, D. J. 1981. "Effecting Moral Development in Professional College Students." Doctoral dissertation. St. Louis, MO: University of Missouri.

Durkheim, E. 1961. *Moral Education*. New York: Free Press.

Eberhardy, J. 1982. "An Analysis of Moral Decision Making among Nursing Students Facing Professional Problems." Doctoral dissertation. Minneapolis, MN: University of Minnesota.

Eisenberg, N. (ed). 1982. *The Development of Prosocial Behavior*. New York: Academic Press.

Ellis, A. 1977. "Rational Emotive Therapy: Research Data that Supports the Clinical and Personality Hypothesis of RET and Other Modes of Cognitive-Beha-vioral Theraphy." *Counseling Psychologist* 7: 2-42.

Emler, N., Renwick, S., and Malone, B. 1983. "The Relationship between Moral Reasoning and Political Orientation." *Journal of Personality and Social Psychology 45*: 1073-80.

Enright, R., Lapsley, M., and Levy, M. 1983. "Moral Education Strategies." In *Cognitive Strategy Research: Educational Applications*, edited by M. Pressley and I. Levin, pp. 43-83. Springer-Verlag.

Erickson, B. L., Colby, S., Libbey, P., and Lohmann, G. 1976. "The Young Adolescent: A Curriculum to Promote Psychological Growth." In *Developmental Education*, edited by G. D. Miller. St. Paul, MN: Minnesota Department of Education.

Erikson, E. 1958. *Young Man Luther*. New York: Norton.

Ernsberger, D. J. 1977. "Intrinsic-Extrinsic Religious Identification and Level of Moral Development." *Dissertation Abstracts International 37*: 6302B (University Microfilms no. 77-11, 510).

Ernsberger, D. J. and Manaster, G. J. 1981. "Moral Development, Intrinsic/Extrinsic Religious Orientation and Denominational Teachings." *Genetic Psychology Monographs 104*: 23-41.

Eyler, J. 1980. "Citizenship Education for Conflict: An Empirical Assessment of the Relationship between Principled Thinking and Tolerance for Conflict and Diversity." *Theory and Research in Social Education 8*, no. 2: 11-26.

Eysenck, H. J. 1976. "The Biology of Morality." In *Moral Development and Behavior*, edited by T. Lickona, pp. 108-23. New York: Holt, Rinehart & Winston.

Farrelly, T. 1980. "Peer Group Discussion as a Strategy in Moral Education." Doctoral dissertation. Lakeland, FL: University of South Florida.

Felton, G. M. (n.d.) "Attribution of Responsibility, Ethical/Moral Reasoning and the Ability of Undergraduate and Graduate Nursing Students to Resolve Ethical/Moral Dilemmas." Unpublished manuscript.

Fincham, F. D. and Barling, J. 1979. "Effects of Alcohol on Moral Functioning in Male Social Drinkers." *Journal of Genetic Psychology 134*: 79-88.

Finkler, D. 1980. Personal communication.

Fleetwood, R. S. and Parish, T. S. 1976. "The Relationship between Moral Development Test Scores of Juvenile Delinquents and Their Inclusion in a Moral Dilemmas Discussion Group." *Psychological Reports 39*: 1075-80.

Fleiss, J. L. 1969. "Estimating the Magnitude of Experimental Effects." *Psychology Bulletin 72*: 273-76.

Forsyth, M. 1980. Personal communication.

Fox, P. 1982. "Stages of Moral Development in Greek and English Schools." Unpublished manuscript, England.

Frankena, W. K. 1970. "The Concept of Morality." In *The Definition of Morality*, edited by G. Wallace and A. Walker, pp. 146-73. London: Methuen.

French, M. D. 1977. "A Study of Kohlbergian Moral Development and Selected Behaviors among High School Students in Classes Using Values Clarification and Other Teaching Methods." Doctoral dissertation. Auburn, GA: Auburn University.

Galbraith, R. E. and Jones, T. M. 1976. "Moral Reasoning: A Teaching Handbook for Adapting Kohlberg to the Classroom." Minneapolis, MN: Greenhaven Press.

Gallagher, W. 1978. "Implication of a Kohlbergian Value Development Curriculum in Highschool Literature." Doctoral dissertation. New York: Fordham University.

Geis, G. 1977. "The Relationship between Type of Peer Interaction and Development in Moral Judgment." Unpublished manuscript. Ambassador, CA: Ambassador College.

Gendron, L. 1981. "An Empirical Study of the Defining Issues Test in Taiwan." Unpublished manuscript. Taiwan: Fujen Catholic University.

Getz, I. 1984. "The Relation of Moral Reasoning and Religion: A Review of the Literature." *Counseling and Values 28*: 94-116.

Getz, I. 1985. "The Relation of Moral and Religious Ideology to Human Rights." Doctoral dissertation. Minneapolis, MN: University of Minnesota.

Gibbs, J. C. and Widaman, K. F. 1982. *Social Intelligence: Measuring the Development of Sociomoral Reflection*. Englewood Cliffs, NJ: Prentice-Hall.

Gilligan, C. 1977. "In a Different Voice: Women's Conceptions of the Self and Morality." *Harvard Educational Review 47*: 481-517.

Gilligan, C. 1982. *In a Different Voice*. Cambridge, MA: Harvard University Press.

Glass, G. V. 1977. "Integrating Findings: The Meta-Analysis of Research." *Review of Research in Education 5*: 351-79.

Goddard, R. C. 1983. "Increase in Moral Reasoning as a Function of Didactic Training in Actualization and Assertiveness." Unpublished manuscript. Big Rapids, MI: Ferris State College.

Goldiamond, I. 1968. "Moral Development: A Functional Analysis." *Psychology Today*, September, 31ff.

Greene, J. A. 1980. "A Study to Investigate the Effects of Empathy Instruction on Moral Development." Doctoral dissertation. Nashville, TN: Vanderbilt University, George Peabody College for Teachers.

Gunzburg, D. W., Wegner, D. M., and Anooshian, L. 1977. "Moral Judgment and Distributive Justice." *Human Development 20*: 160-70.

Gutkin, D. and Suls, J. 1979. "The Relation between the Ethics of Personal Conscience-Social Responsibility and Principled Moral Reasoning." *Journal of Youth and Adolescence 8*: 433-41.

Hanford, J. J. 1980. "Advancing Moral Reasoning in Bioethics with Nursing Students: A Report of a Faculty Research Project." Unpublished manuscript. Big Rapids, MI: Ferris State College.

Harris, A. T. 1981. "A Study of the Relationship between Stages of Moral Development and the Religious Factors of Knowledge, Belief and Practice in Catholic Highschool Adolescents." *Dissertation Abstracts International 42*: 638A-639A (University Microfilms no. 8116131).

Hau, K. T. 1983. "A Cross-Cultural Study of a Moral Judgment Test (the D.I.T.)." Master's thesis. Hong Kong: Chinese University.

Hay, J. 1983. "A Study of Principled Moral Reasoning within a Sample of Conscientious Objectors." *Moral Education Forum 7*, no. 3: 1-8.

Hays, L. V. and Olkin, I. 1980. *Statistics for Psychologists*. New York: Holt, Rinehart & Winston.

Hedges, L. V. 1981. "Distribution Theory for Glass's Estimator of Effect Size and Related Estimators." *Journal of Educational Statistics 6*: 107-28.

Heyns, P. M., Niekerk, and Rouk, J. A. 1981. "Moral Judgment and Behavioral Dimensions of Juvenile Delinquency." *International Journal of Advanced Counseling 4*: 139-51.

Hoffman, M. L. 1976. "Empathy, Role-Taking, Guilt and Development of Altruistic

Motives. In *Moral Development and Behavior: Theory Research and Social Issues*, edited by T. Lickona, pp. 124-43. Chicago, IL: Holt, Rinehart & Winston.

Hoffman, M. L. 1981. "Is Altruism Part of Human Nature?" *Journal of Personality and Social Psychology 40*: 121-37.

Hogan, R. 1975. "Moral Development and the Structure of Personality." in *Moral Development: Current Theory and Research*, edited by D. J. Depalma and J. M. Foley, pp. 153-63. Hillsdale, NJ: Erlbaum.

Hogan, R. and Emler, N. P. 1978. "The Biases in Contemporary Social Psychology." *Social Research 45*, no. 3: 478-534.

Holley, S. 1978. "Change in the Pattern of Use of Different Levels of Moral Reasoning Associated with Short-Term Individual Counseling." Doctoral dissertation. University of Texas at Austin.

Hurt, B. L. 1974. "Psychological Education for College Students: A Cognitive-Developmental Curriculum." Doctoral dissertation. Minneapolis, MN: University of Minnesota.

Isen, A. M. 1970. "Success, Failure, Attention, and Reaction to Others: The Warm Glow of Success." *Journal of Personality and Social Psychology 15*: 294-301.

Ismail, M. A. 1976. "A Cross-Cultural Study of Moral Judgment: The Relationship between American and Saudi Arabic University Students in the Defining Issues Test." Doctoral dissertation. Oklahoma University.

Jacobs, M. K. 1977. "The DIT Related to Behavior in an Experimental Setting: Promise Keeping in the Prisoner's Dilemma Game." In *Development in Judging Moral Issues: A Summary of Research Using the Defining Issues Test*, edited by J. Rest. Minneapolis, MN: Minnesota Moral Research Projects.

Jacobson, L. T. 1977. "A Study of Relationships among Mother, Student and Teacher Levels of Moral Reasoning in a Department of Defense Middle School." Doctoral dissertation. East Lansing, MI: Michigan State University.

Johnson, J. A. and Hogan, R. 1981. "Moral Judgments and Self Presentations." *Journal of Research in Personality 15*: 57-63.

Johnson, S. F. 1984. "The Relationship between Parent Occupation and Education and Student Moral Development." Master's thesis. Institute, WV: West Virginia College of Graduate Studies.

Johnston, M., Lumbomudrob, C., and Parsons, M. 1982. "The Cognitive Development of Teachers: Report on a Study in Progress." *Moral Education Forum 7*, no. 4: 24-36.

Kagarise, L. E. 1983. "Male Juvenile Delinquency Type of Crime and Level of Moral Maturity." Master's thesis. Millersville, PA: Millersville University.

Kaseman, T. C. 1980. "A Longitudinal Study of Moral Development of the West Point Class of 1981." West Point, NY: United States Military Academy, Department of Behavioral Sciences and Leadership.

Keller, B. B. 1975. "Verbal Communication Characteristics of Couples at Principled, Conventional or Mixed Levels of Moral Development." Master's thesis. Williamsburg, VA: College of William and Mary.

Kenvin, W. A. 1981. "A Study of the Effect of Systematic Value Instruction on Level of Moral Judgment." Doctoral dissertation. New Brunswick, NJ: Rutgers University.

Killeen, O. P. 1977. "The Relationship between Cognitive Levels of Thinking and Levels of Moral Judgment as Compared in Adolescents 12-18 in Catholic and Public Schools." *Dissertation Abstracts International 38*: 6621A (University

Microfilms no. 7804596).

Kitchner, K., King, P., Davison, M., Parker, C., and Wood, P. 1984. "A Longitudinal Study of Moral and Ego Development in Young Adults." *Journal of Youth and Adolescence 13*: 197-211.

Kohlberg, L. 1958. "The Development of Modes of Moral Thinking and Choice in the Years 10 to 16." Doctoral dissertation. University of Chicago.

Kohlberg, L. 1969. "Stage and Sequence: The Cognitive-Developmental Approach to Socialization." In *Handbook of Socialization Theory and Research*, edited by D. Goslin, pp. 347-480. Chicago, IL: Rand McNally.

Kohlberg, L. 1971. "From Is to Ought: How to Commit the Naturalistic Fallacy and Get Away with It in the Study of Moral Development." In *Cognitive Development and Epistemology*, edited by T. Mischel, pp. 151-236. New York: Academic Press.

Kohlberg, L. 1984. *Essays on Moral Development. Volume II. The Psychology of Moral Development*. New York: Harper and Row.

Kohlberg, L. 1985. "The Just Community Approach to Moral Education in Theory and Practice." In *Moral Education: Theory and Application*, edited by M. W. Berkowitz and F. Oser, pp. 27-88. Hillsdale, NJ: Erlbaum.

Kohlberg, L. and Candee, D. 1984. "The Relationship of Moral Judgment to Moral Action." In *Essays on Moral Development. Volume II. The Psychology of Moral Development*, edited by L. Kohlberg, pp. 498-581. New York: Harper & Row.

Kohlberg, L., Colby, A., and Damon, W. 1978. "Assessment of Moral Judgment in Childhood and Youth." Grant proposal to the National Institute of Health.

Kraack, T. 1985. "The Relation of Moral Development to Involvement and Leadership Experiences." Doctoral dissertation. Minneapolis, MN: University of Minnesota.

Krebs, D. 1975. "Empathy and Altruism." *Journal of Personality and Social Psychology 32*: 1124-46.

Krebs, R. L. 1967. "Some Relations between Moral Judgment, Attention, and Resistance to Temptation." Doctoral dissertation. University of Chicago.

Kurtines, W. and Grief, E. 1974. "The Development of Moral Thought: Review and Evaluation of Kohlberg's Approach." *Psychological Bulletin 81*: 453-70.

Kurtines, W. and Gewirtz, J. (eds.) 1984. *Morality, Moral Behavior, and Moral Development*. New York: Wiley.

Lab of Comparative Human Cognition. 1983. "Culture and Cognitive Development." In *Handbook of Child Psychology, Vol. 1: History, Theory, and Methods*, 4th ed., edited by W. Kessen, pp. 295-356. New York: Wiley.

Laisure, S. and Dacton, T. C. 1981. "Using Moral Dilemma Discussion for Para-Professional Staff Training in Residence Hall." Unpublished manuscript. Kent, OH: Kent State University.

Lapsley, D. K., Sison, G. G., and Enright, R. D. 1976. "A Note Concerning Moral Judgment, Authority Biases and the Defining Issues Test." Unpublished manuscript. University of New Orleans.

Lawrence, J. A. 1979. "The Component Procedure of Moral Judgment Making." *Dissertation Abstracts International 40*: 896B (University Microfilms no. 7918360).

Lawrence, J. A. 1980. "Moral Judgment Intervention Studies Using the Defining Issues Test." *Journal of Moral Education 9*: 14-29.

Leming, J. S. 1978. "Cheating Behavior, Situational Influence and Moral Development." *Journal of Educational Research 71*: 214-17.

Leming, J. S. 1981. "Curricular Effectiveness in Moral/Values Education: A Review of Research." *Journal of Moral Education 10*: 147-64.

Letchworth, G. A. and McGee, D. 1981. "Influence of Ego-Involvement, Attitude and Moral Development on Situational Moral Reasoning." Unpublished manuscript. University of Oklahoma.

Levine, A. 1980. *When Dreams and Heroes Died: A Portrait of Today's College Student*. San Francisco, CA: Jossey-Bass.

Lockwood, A. 1970. "Relations of Political and Moral Thought." Doctoral dissertation. Cambridge, MA: Harvard University.

Lockwood, A. 1978. "The Effects of Values Clarification and Moral Development Curricula on School-Age Subjects: A Critical Review of Recent Research." *Review of Educational Research 48*: 325-64.

London, P. 1970. "The Rescuers: Motivational Hypotheses about Christians Who Saved Jews from the Nazis." In *Altruism and Helping Behavior*, edited by J. Macaulay and L. Berkowitz. New York: Academic Press.

Lonky, E., Reihman, J., and Serlin, R. 1981. "Political Values and Moral Judgment in Adolescence." *Youth and Society 12*: 423-41.

Lorr, M. and Zea, R. L. 1977. "Moral Judgment and Liberal-Conservative Attitude." *Psychological Reports 40*: 627-29.

Lupfer, M. 1982. "Jucidial Sentencing and Judge's Moral Development." Unpublished manuscript. Memphis, TN: Memphis State University.

Lupfer, M., Cohn, B., and Brown. 1982. "Jury Decisions as a Function of Level of Moral Reasoning." Unpublished manuscript. Memphis, TN: Memphis State University.

Ma, H. K. 1980. "A Study of the Moral Development of Adolescents." Master's thesis. University of London.

Malinowski, C. I. and Smith, C. P. (in press). "Moral Reasoning and Moral Conduct: An Investigation Prompted by Kohlberg's Theory." *Journal of Personality and Social Psychology.*

Malloy, F. J. 1984. "Moral Development and the Study of Medical Ethics." Master's thesis. University of Wisconsin-Madison.

Mamville, K. 1978. "A Test of Cleary's Hypothesis with Respect to Teaching Methodologies." Doctoral dissertation. Boston University.

Maratsos, M. 1983. "Some Current Issues in the Study of the Acquisition of Grammar." In *Handbook of Child Psychology, Vol. III: Cognitive Development*, 4th ed., edited by J. H. Flavell and E. M. Markman, pp. 707-86. New York: Wiley.

Marston, D. 1978. "Social Cognition and Behavior Problems in School: A Three Year Follow-Up Study of 38 Adolescents." Unpublished manuscript. University of Minnesota.

Martin, R. M., Shafto, M., and Van Deinse, W. 1977. "The Reliability, Validity, and Design of the Defining Issues Test." *Developmental Psychology 13*: 460-68.

Masters, J. C. and Santrock, J. W. 1976. "Studies in the Self-Regulation of Behavior: Effects of Contingent Cognitive and Affective Events." *Developmental Psychology 12*: 334-48.

McColgan, E. B., Rest, J. R., and Pruitt, D. B. 1983. "Moral Judgment and Antisocial Behavior in Early Adolescence." *Journal of Applied Developmental Psychology 4*: 189-99.

McGeorge, C. 1975. "The Susceptibility to Faking of the Defining Issues Test of Moral Development." *Developmental Psychology 11*: 108.

McGeorge, C. 1976. "Some Correlates of Principled Moral Thinking in Young Adults." *Journal of Moral Education 5*: 265-73.

McKenzie, J. 1980. "A Curriculum for Stimulating Moral Reasoning in High—school Students Using Values Clarification and Moral Development Interventions." Doctoral dissertation. Boston College.

Meehan, K. A., Woll, S. B., and Abbott, R. D. 1979. "The Role of Dissimulation and Social Desirability in the Measurement of Moral Reasoning." *Journal of Research in Personality 13*: 25-38.

Mentkowski, M. and Strait, M. 1983. "A Longitudinal Study of Student Change in Cognitive Development and Generic Abilities in an Outcome-Centered Liberal Arts Curriculum." *Final Report to the National Institute of Education*, no. 6. Office of Research and Evaluation, Alverno College, Milwaukee, Wisconsin.

Meyer, P. 1977. "Intellectual Development: Analysis of Religious Content." *Counseling Psychologist 6*, no. 4: 47-50.

Miller, C. 1979. "Relationship between Level of Moral Reasoning and Religiosity." Unpublished manuscript. Wellesley, MA: Wellesley College.

Mills, C. and Hogan, R. 1978. "A Role Theoretical Interpretation of Personality Scale Item Responses." *Journal of Personality 46*: 778-85.

Mischel, W. 1974. "Processes in Delay of Gratification." In *Advances in Social Psychology, Vol.* 7, edited by L. Berkowitz. New York: Academic Press.

Mischel, W. 1976. *Introduction to Personality*, 2d ed. New York: Wiley.

Mischel, W. and Mischel, H. 1976. "A Cognitive Social-Learning Approach to Morality and Self Regulation." In *Moral Development and Behavior*, edited by T. Lickona, pp. 84-107. New York: Holt, Rinehart & Winston.

Moon, Y. L. 1984. "Cross-Cultural Studies on Moral Judgment Development Using the Defining Issues Test." Unpublished manuscript. Minneapolis, MN: University of Minnesota.

Moon, Y. L. 1986. "An Examination of Sex Bias of Test Items in the Defining Issues Test of Moral Judgment." Doctoral dissertation. Minneapolis, MN: University of Minnesota.

Morrison, T., Toews, O., and Rest, J. 1973. "An Evaluation of a Jurisprudential Model for Teaching Social Studies to Junior High School Students." Study in Progress. University of Manitoba, Canada.

Mosher, R. I. and Sprinthall, N. 1970. "Psychological Education in Secondary Schools: A Program to Promote Individual and Human Development." *American Psychologist 25*: 911-24.

Nardi, P. and Tsujimoto, R. 1978. "The Relationship of Moral Maturity and Ethical Attitude." *Journal of Personality 7*: 365-77.

Nichols, K., Isham, M., and Austad, C. 1977. "A Junior High School Curriculum to Promote Psychological Growth and Moral Reasoning." In *Developmental Theory and Its Application in Guidance Program*, edited by G. D. Miller. St. Paul, MN: Pupil Personnel Services Section, Minnesota Department of Education.

Nisan, M. and Kohlberg, L. 1982. "Universality and Cross-Cultural Variation in Moral Development: A Longitudinal and Cross-Sectional Study in Turkey." *Child Development 53*: 865-76.

Nitzberg, M. 1980. "The Relationship of Moral Development and Interpersonal Functioning in Juvenile Delinquent Subgroups." Doctoral dissertation. Long Island, NY: Nova University.

Nucci, L. 1981. "Conceptions of Personal Issues: A Domain Distinct from Moral or Social Concepts." *Child Development 52*: 114-21.

Oberlander, K. J. 1980. "An Experimental Determination of the Effects of a Film about Moral Behavior and of Peer Group Discussion Regarding Moral Dilemmas upon the Moral Development of College Students." Doctoral dissertation. Los Angeles, CA: University of Southern California.

O'Gorman, T. P. 1979. "An Investigation of Moral Judgment and Religious Knowledge Scores of Catholic Highschool Boys from Catholic and Public Schools." *Dissertation Abstracts International 40*: 1365A (University Microfilms no. 7920460).

Oja, S. N. 1977. "A Cognitive-Structural Approach to Adult Conceptual Moral and Ego Development through in Service Education." In *Developmental Theory and Its Application in Guidance Program*, edited by G. D. Miller, pp. 291-98. St. Paul, MN: Minnesota Department of Education.

Olson, A. A. 1982. "Effects of Leadership Training and Experience on Student Development." Doctoral dissertation. Seattle, WA: Seattle University.

Panowitsch, H. R. 1975. "Change and Stability in the Defining Issues Test." Doctoral dissertation. Minneapolis, MN: University of Minnesota.

Park, J. Y. and Johnson, R. C. 1983. "Moral Development in Rural and Urban Korea." Unpublished manuscript. Seoul, Korea: Hankkook University of Foreign Studies.

Piaget, J. 1965. *The Moral Judgment of the Child*. M. Gabain, trans. New York: Free Press (originally published 1932).

Piaget, J. 1970. "Piaget's Theory." In *Carmichael's Manual of Child Psychology, Vol. 1*, edited by P. H. Mussen, pp. 703-32. New York: Wiley.

Pittel, S. M. and Mendelsohn, G. A. 1966. "Measurement of Moral Values: A Review and Critique." *Psychological Bulletin 66*: 22-35.

Piwko, J. 1975. "The Effects of a Moral Development Workshop." Unpublished manuscript. Winona, MN: St. Mary's College.

Prahallada, N. N. 1982. "An Investigation of the Moral Judgments of Junior College Students and Their Relationship with the Socio-Economic Status, Intelligence and Personality Adjustment." Doctoral dissertation. University of Mysore, India.

Preston, D. 1979, "A Moral Education Program Conducted in the Health and Physical Education Curriculum." Doctoral dissertation. Athens, GA: University of Georgia.

Radich, V. M. 1982. "Conservatism, Altruism, Religious Orientation and the Defining Issues Test: With Catholic, Brethren and Non-Religious Adolescents." Unpublished manuscript. Murdoch University, Murdoch, Australia.

Radke-Yarrow, M., Zahn-Waxler, C., and Chapman, M. 1983. "Children's Prosocial Dispositions and Behavior." In *Handbook of Childhood Psychology*, (edited by P. Mussen), Vol. 4: *Socialization, Personality, and Social Development* (edited by E. M. Hetherington), 4th ed., pp. 469-547. New York: Wiley.

Rawls, J. 1971. *A Theory of Justice*. Cambridge, MA: Harvard University Press.

Reck, C. 1978. "A Study of the Relationship between Participants in School Services and Moral Development." Doctoral dissertation. St. Louis, MO: St. Louis University.

Redman, G. 1980. "A Study of Stages of Moral and Intellectual Reasoning and Level of Self Esteem of College Students in Teacher Education." Unpublished manuscript. St. Paul, MN: Hamline University.

Rest, G. 1977. "Voting Preference in the 1976 Presidential Election and the Influ-
ence of Moral Reasoning." Unpublished manuscript. Ann Arbor, MI: Univer-
sity of Michigan.

Rest, J. 1975. "Longitudinal Study of the Defining Issues Test: A Strategy for Anal-
yzing Developmental Change." *Developmental Psychology 11*: 738-48.

Rest, J. R. 1976. "New Approaches in the Assessment of Moral Judgment." In *Mor-
al Development and Behavior*, edited by T. Lickona, pp. 198-220. New York:
Holt, Rinehart & Winston.

Rest, J. R. 1979a. *Development in Judging Moral Issues*. Minneapolis, MN: Uni-
versity of Minnesota Press (Available from MMRP, University of Minnesota).

_____. 1979b. *Revised Manual for the Defining Issues Test*. Unpublished manuscript.
MMRP Technical Report. Minneapolis, MN: University of Minnesota.

_____. 1983. "Morality." In *Manual of Child Psychology* (edited by P. Mussen). *Vol.
3: Cognitive Development*, edited by J. Flavell and E. Markham, pp. 556-629.
New York: Wiley.

_____. 1984. "The Major Components of Morality." In *Morality, Moral Behavior,
and Moral Development*, edited by W. Kurtines and J. Gewirtz, pp. 24-40. New
York: Wiley.

Rest, J., Davison, M., and Robbins, S. 1978. "Age Trends in Judging Moral Issues:
A Review of Cross-Sectional, Longitudinal, and Sequential Studies of the De-
fining Issues Test." *Child Development 49*: 263-79.

Rest, J. R., Cooper, D., Coder, R., Masanz, J., and Anderson, D. 1974. "Judging the
Important Issues in Moral Dilemmas—an Objective Measure of Develop-
ment." *Developmental Psychology 10*: 491-501.

Rest, J. R. and Thoma, S. 1984. "The Relation of Moral Judgment Structures to Decision-Making in Specific Situations: The Utilizer and Nonutilizer Dimension." Unpublished manuscript. Minneapolis, MN: University of Minnesota.

Rest, J. R. and Thoma, S. J. 1985. "Relation of Moral Judgment Development to Formal Education." *Developmental Psychology 21*: 709-14.

Riley, D. A. 1981. "Moral Judgment in Adults: The Effects of Age, Group Discussion and Pretest Sensitization." Doctoral dissertation. New York: Fordham University.

Sach, D. A. 1978. "Implementing Moral Education: An Administrative Concern." Doctoral dissertation. Cambridge, MA: Harvard University.

Sauberman, D. 1978. "Irrational Attribution of Responsibility: Who, What, When and Why." Paper presented to the Eastern Psychological Association, Washington, D.C.

Schaie, K. W. 1970. "A Reinterpretation of Age-Related Changes in Cognitive Structure and Functioning." In *Life-Span Developmental Psychology: Research and Theory*, edited by L. R. Goulet and P. B. Baltes. New York: Academic Press.

Schlaefli, A., Rest, J. R., and Thoma, S. J. 1985. "Does Moral Education Improve Moral Judgment? A Meta-Analysis of Intervention Studies Using the Defining Issues Test." *Review of Educational Research 55*, no. 3: 319-52.

Schomberg, S. F. 1978. "Moral Judgment Development and Freshmen Year Experiences." *Dissertation Abstracts International 39*: 3482A (University Microfilms no. 7823960).

Schwartz, S. H. 1977. "Normative Influences on Altruism." In *Advances in Experimental Social Psychology, 10*, edited by L. Berkowitz. New York: Academic Press.

Shafer, J. 1978. "The Effect of Kohlberg Dilemmas on Moral Reasoning, Attitudes, Thinking, Locus of Control, Self-Concept and Perceptions of Elementary Science Methods Students." Doctoral dissertation. Fort Collins, CO: University of Northern Colorado.

Shantz, C. U. 1983. "Social Cognition." In *Manual of Child Psychology* (edited by P. Mussen), *Vol. 3: Cognitive Development* (edited by J. Flavell and E. Markman), 4th ed., pp. 495-555. New York: Wiley.

Sheehan, T. J., Hustad, S. D., and Candee, D. 1981. "The Development of Moral Judgment over Three Years in a Group of Medical Students." Paper presented at AERA Convention, Los Angeles.

Sheehan, T. J., Husted, S. D., Candee, D., Cook, C. D., and Bargen, M. 1980. "Moral Judgment as a Predictor of Clinical Performance." *Evaluation and the Health Professions 3*: 393-404.

Siegal, M. 1974. "An Experiment in Moral Education: AVER in Surrey." Paper Presented at Annual Conference, Canadian Society for Study of Education, Toronto, Ontario.

Simpson, E. L. 1974. "Moral Development Research: A Case of Scientific Cultural Bias." *Human Development 17:* 81-106.

Smith, A. 1978. "The Developmental Issues and Themes in the Discipline Setting: Suggestions for Educational Practice." Unpublished manuscript. Wittenberg University, West Germany.

Snarey, J. R. 1985. "Cross-Cultural Universality of Social-Moral Development: A Critical Review of Kohlbergian Research." *Psychological Bulletin 97*: 202-32.

Snarey, J. R. Reimer, J., and Kohlberg, L. 1985. "The Development of Social-Moral Reasoning among Kibbutz Adolescents: A Longitudinal Cross-Cultural Study." *Developmental Psychology 20*(1): 3-17.

Spickelmier, J. L. 1983. "College Experience and Moral Judgment Development." Doctoral dissertation. Minneapolis, MN: University of Minnesota.

Sprechel, P. 1976. "Moral Judgment in Pre-Adolescents: Peer Morality Versus Authority Morality." Master's thesis. Madison, WI: University of Wisconsin.

Sprinthall, N. A. and Bernier, J. E. 1977. "Moral and Cognitive Development for Teachers: A Neglected Area." Chapter for Fordham University Symposium: *Programs and rational in value-moral education*. New York: Fordham University Press.

St. Denis, H. 1980. "Effects of Moral Education Strategies on Nursing Students' Moral Reasoning and Level of Self-Actualization." Doctoral dissertation. Catholic University of America.

Staub, E. 1978, 1979. *Positive Social Behavior and Morality, 1-2*. New York: Academic Press.

Steibe, S. 1980. "Level of Fairness Reasoning and Human Values as Predictions of Social Justice Related Behavior." Doctoral dissertation. University of Ottawa.

Stevenson, B. 1981. "Curriculum Intervention." Doctoral dissertation. Minneapolis, MN: University of Minnesota.

Stoop, D. A. 1979. "The Relation between Religious Education and the Process of Maturity through the Developmental Stages of Moral Judgment" (doctoral dissertation, University of Southern California, 1979). *Dissertation Abstracts International 40*: 3912A.

Tellegen, A., Kamp, J., and Waston, D. 1982. "Recognizing Individual Differences in Predictive Structure." *Psychological Review 89*, no. 1: 95-105.

Thoma, S. J. 1983. Defining Issues Test scores. Unpublished raw data.

_____. 1984. "Estimating Gender Differences in the Comprehension and Preference of Moral Issues." Unpublished manuscript. Minneapolis, MN: University of Minnesota.

_____. 1985. "On Improving the Relationship between Moral Reasoning and External Criteria: The Utilizer/Nonutilizer Dimension." Doctoral dissertation. Minneapolis, MN: University of Minnesota.

Thornlindsson, T. 1978. "Social Organization, Role-Taking, Elaborated Language and Moral Judgment in an Icelandic Setting." Doctoral dissertation. Iowa City, IO: University of Iowa.

Tsaing, W. C. 1980. "Moral Judgment Development and Familial Factors." Master's thesis. National Taiwan Normal University.

Tsuchiya, T., Bebeau, M. J., Waithe, M. E., and Rest, J. R. 1985. "Testing the Construct Validity of the Dental Ethical Sensitivity Test (DEST)." Program and Abstracts, Abstract no. 102. *Journal of Dental Research 64*: 186.

Tucker, A. B. 1977. "Psychological Growth in Liberal Art Course: A Cross-Cultural Experience." In *Developmental Theory and Its Application in Guidance Programs: Systematic Efforts to Promote Growth*, edited by G. D. Miller, pp. 225-49. St. Paul, MN: Pupil Personnel Section, Minnesota Department of Education.

Turiel, E. 1966. "An Experimental Test of the Sequentiality of Developmental Stages in the Child's Moral Judgments." *Journal of Personality and Social Psychology 3*, no. 6: 611-18.

_____. 1978. "Social Regulations and Domains of Social Concepts." In *New Directions for Child Development*, edited by W. Damon, pp. 45-74. San Francisco, CA: Jossey-Bass.

Villanueva, E. S. 1982. "Validation of a Moral Judgment Instrument for Filipino Students." Doctoral dissertation. Quexon City, Philippines: University of the Philippines System.

Volker, J. M. 1979. "Moral Reasoning and College Experience." Unpublished manuscript. Minneapolis, MN: University of Minnesota.

_____. 1984. "Counseling Experience, Moral Judgment, Awareness of Consequences, and Moral Sensitivity in Counseling Practice." Doctoral dissertation. Minneapolis, MN: University of Minnesota.

Wahrman, I. S. 1981. "The Relationship of Dogmatism, Religious Affiliation and Moral Judgment Development." *Journal of Psychology 108*: 151-54.

Walgren, M. B. 1985. "Relationship between Moral Reasoning and Career Values." Master's thesis. Minneapolis, MN: University of Minnesota.

Walker, L. J. 1974. "The Effect of Narrative Model on Stages of Moral Development." Unpublished manuscript. University of New Brunswick, Canada.

_____. 1980. "Cognitive and Perspective-Taking Prerequisites for Moral Development." *Child Development 51*: 131-39.

_____. 1985. "Sex Difference in the Development of Moral Reasoning: A Critical Review." *Child Development 55*: 677-91.

Walker, L. J., de Vries, B., and Bichard, S. L. 1984. "The Hierarchical Nature of Stages of Moral Development." *Developmental Psychology 20*: 960-66.

Walster, E. and Walster, G. W. 1975. "Equity and Social Justice." *Journal of Social Issues 31*: 21-43.

Walters, T. P. 1981. "A Study of the Relationship between Religious Orientation and Cognitive Moral Maturity in Volunteer Religion Teachers from Selected Suburban Chicago Parishes in the Archdiocese of Detroit." *Dissertation Abstracts*

International 41: 1517A-1518A (University Microfilms no. 8022800).

Watson, W. 1983. "A Study of Factors Affecting the Development of Moral Judgment." Unpublished manuscript. Monash Chirering, Clayton, Victoria, Australia.

Whiteley, J. 1982. *Character Development in College Students*. Schenectady, NY: Character Education Press.

Willging, T. E. and Dunn, T. G. 1982. "The Moral Development of Law Students." *Journal of Legal Education 31*: 306-58.

Wilson, E. O. 1975. *Sociobiology: The New Synthesis*. Cambridge, MA: Belkap Press of Harvard University Press.

Wilson, T. 1978. "Work and You (W.A.Y.): A Human Development Oriented Guidance and Work Experience Program." Unpublished manuscript. Newport Harbor High School, Newport Beach, CA.

Wolf, R. J. 1980. "A Study of the Relationship between Religious Education, Religious Experience, Maturity, and Moral Development." *Dissertation Abstracts International 40*: 6219A-6220A (University Microfilms no. 8010312).

Wong, J. M. B. 1977. "Psychological Growth for Women: An In-Service Curriculum Intervention for Teachers." In *Developmental Theory and Its Application in Guidance Programs: Systematic Efforts to Promote Growth*, edited by G. D. Miller, pp. 265-85. St. Paul, MN: Pupil Personnel Section, Minnesota Department of Education.

Zajonc, R. B. 1980. "Feeling and Thinking: Preferences Need No Inferences." *American Psychologist 35*: 151-75.

索　引

國家圖書館出版品預行編目資料

道德發展：研究與理論之進展／James R.
Rest 著；呂維理等譯.--初版.--臺北
市：心理, 2004（民 93）
　　面；　　公分.--（一般教育；71）
參考書目：面
譯自：Moral Development : Advances in
Research and Theory.
ISBN 957-702-689-3（平裝）

1.發展心理學　　　2.道德

173.6　　　　　　　　　93011083

一般教育 71　　**道德發展：研究與理論之進展**

原　作　者：James R. Rest
總　校　閱：張鳳燕
譯　　　者：呂維理、林文瑛、翁開誠、張鳳燕、單文經
執 行 編 輯：林怡君
總　編　輯：林敬堯
發　行　人：邱維城
出　版　者：心理出版社股份有限公司
社　　　址：台北市和平東路一段 180 號 7 樓
總　　　機：(02) 23671490　　傳　　真：(02) 23671457
郵　　　撥：19293172　心理出版社股份有限公司
電子信箱：psychoco@ms15.hinet.net
網　　　址：www.psy.com.tw
駐美代表：Lisa Wu　　tel: 973 546-5845　　fax: 973 546-7651
登 記 證：局版北市業字第 1372 號
電腦排版：亞帛打字印刷有限公司
印　刷　者：玖進印刷有限公司
初版一刷：2004 年 6 月

讀者意見回函卡

No. _____   填寫日期：　年　月　日

感謝您購買本公司出版品。為提升我們的服務品質，請惠填以下資料寄回本社【或傳真(02)2367-1457】提供我們出書、修訂及辦活動之參考。您將不定期收到本公司最新出版及活動訊息。謝謝您！

姓名：_____　性別：1□男　2□女

職業：1□教師 2□學生 3□上班族 4□家庭主婦 5□自由業 6□其他____

學歷：1□博士 2□碩士 3□大學 4□專科 5□高中 6□國中 7□國中以下

服務單位：_____ 部門：_____ 職稱：_____

服務地址：_____ 電話：_____ 傳真：_____

住家地址：_____ 電話：_____ 傳真：_____

電子郵件地址：_____

書名：_____

一、您認為本書的優點：（可複選）

　❶□內容 ❷□文筆 ❸□校對 ❹□編排 ❺□封面 ❻□其他____

二、您認為本書需再加強的地方：（可複選）

　❶□內容 ❷□文筆 ❸□校對 ❹□編排 ❺□封面 ❻□其他____

三、您購買本書的消息來源：（請單選）

　❶□本公司 ❷□逛書局⇨_____書局 ❸□老師或親友介紹

　❹□書展⇨____書展 ❺□心理心雜誌 ❻□書評 ❼其他_____

四、您希望我們舉辦何種活動：（可複選）

　❶□作者演講 ❷□研習會 ❸□研討會 ❹□書展 ❺□其他____

五、您購買本書的原因：（可複選）

　❶□對主題感興趣 ❷□上課教材⇨課程名稱_____

　❸□舉辦活動 ❹□其他_____　　　（請翻頁繼續）

心理出版社 股份有限公司

台北市 106 和平東路一段 180 號 7 樓

TEL: (02) 2367-1490
FAX: (02) 2367-1457
EMAIL:psychoco@ms15.hinet.net

沿線對折訂好後寄回

六、您希望我們多出版何種類型的書籍

❶□心理 ❷□輔導 ❸□教育 ❹□社工 ❺□測驗 ❻□其他

七、如果您是老師，是否有撰寫教科書的計劃：□有□無

書名／課程：＿＿＿＿＿＿＿＿＿＿＿＿＿＿＿＿＿＿

八、您教授／修習的課程：

上學期：＿＿＿＿＿＿＿＿＿＿＿＿＿＿＿＿＿＿＿＿

下學期：＿＿＿＿＿＿＿＿＿＿＿＿＿＿＿＿＿＿＿＿

進修班：＿＿＿＿＿＿＿＿＿＿＿＿＿＿＿＿＿＿＿＿

暑　假：＿＿＿＿＿＿＿＿＿＿＿＿＿＿＿＿＿＿＿＿

寒　假：＿＿＿＿＿＿＿＿＿＿＿＿＿＿＿＿＿＿＿＿

學分班：＿＿＿＿＿＿＿＿＿＿＿＿＿＿＿＿＿＿＿＿

九、您的其他意見

＿＿＿＿＿＿＿＿＿＿＿＿＿＿＿＿＿＿＿＿＿＿＿＿＿＿

謝謝您的指教！　　　　　　　　　　　　　41071